Anti-frustration Ability
Measurement and Promotion

抗挫折能力
测量与提升

杨秀君 著

华东师范大学出版社
·上海·

图书在版编目(CIP)数据

抗挫折能力:测量与提升/杨秀君著.—上海:华东师范大学出版社,2023
ISBN 978-7-5760-3925-2

Ⅰ.①抗… Ⅱ.①杨… Ⅲ.①挫折教育-青少年读物 Ⅳ.①G44-49

中国国家版本馆CIP数据核字(2023)第105036号

抗挫折能力:测量与提升

著　　者　杨秀君
责任编辑　彭呈军
特约编辑　潘家琳
责任校对　江小华
装帧设计　郝　钰

出版发行　华东师范大学出版社
社　　址　上海市中山北路3663号 邮编200062
网　　址　www.ecnupress.com.cn
电　　话　021-60821666　行政传真 021-62572105
客服电话　021-62865537　门市(邮购)电话 021-62869887
地　　址　上海市中山北路3663号华东师范大学校内先锋路口
网　　店　http://hdsdcbs.tmall.com

印 刷 者　常熟市文化印刷有限公司
开　　本　787毫米×1092毫米　1/16
印　　张　15.75
字　　数　278千字
版　　次　2023年9月第1版
印　　次　2023年9月第1次
书　　号　ISBN 978-7-5760-3925-2
定　　价　58.00元

出版人　王　焰

(如发现本版图书有印订质量问题,请寄回本社客服中心调换或电话021-62865537联系)

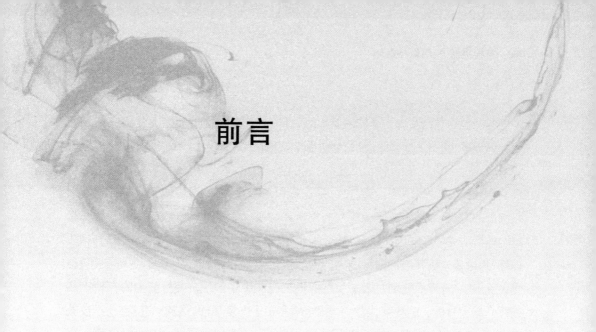

前言

对于抗挫折能力这个词,大家都不陌生。从小学、中学,到大学,我们随时随地都在感受着抗挫折能力的重要性。或许是某次考试不尽如人意,或许是与人相处有点问题,或许是谈恋爱不那么顺利,又或许是生活中出现了一些意料之外的事情……在同样的情况出现之后,有的人视作灾难,久久走不出挫折的阴影;但也有的人能坦然待之,并不会过多地受到挫折的影响。或者说,在同样的挫折下,有的人痛苦难耐,而有的人却能百折不回。很显然,在相同的挫折面前,不同的抗挫折能力会带来截然不同的结果,这正说明了抗挫折能力的重要性。

无论是大学生,还是中小学生,有的学生在经历过严重的身体损伤、家庭灾难,甚或是危及生命的挫折、困难后,将其视为自己人生的宝贵财富;但也有一些身体健康、家庭和睦、父母慈祥的,却在抱怨着自己的生活环境,认为生活中时时处处皆有挫折,进而颓废蹉跎。两相对比,不能不说抗挫折能力在我们的生活中扮演着非常重要的角色。

笔者长期关注着挫折与抗挫折能力这一重要的话题,先后承担了"大学生学习挫折的现状及教育对策研究""提高大学生抗挫折能力研究""中小学生心理危机预防指南研究""中小学生抗挫折能力提升机制研究"和"抗挫折能力的影响因素与提升机制研究"等多项关于挫折与抗挫折能力的课题。在这一系列的研究中,基于扎实的理论研究,调研了大量的大中小学生本人、教师和家长,获取了丰富的实证数据,并对一些典型的个案进行了深入的访谈,积累了充分的第一手素材。在此,非常希望将这些内容呈现给读者,帮助大中小学生、教师和家长等了解相关的基础知识,学会利用量表进行测量以获取具体的数据,阅读典型案例以学习正面榜样的经验、避免负面事件的出现,并思考自身在抗挫折能力提升中可以发挥的作用。

本书包括导论及十一章的内容。导论部分，论及抗挫折能力及其研究的重要性。第一章，介绍了什么是挫折、挫折感的影响因素、受挫后的反应，并论及抗挫折能力与挫折承受力等的辨析、抗挫折能力与心理弹性的辨析、抗挫折能力的三个层次、抗挫折能力的表现等。第二章、第三章和第四章，较为详尽地介绍了大学生学习挫折的测量、大学生抗挫折能力的测量和中小学生抗挫折能力的测量。第五章是抗挫折能力的影响因素研究，从个体感知到的外部社会支持和个体内部的自尊、抑郁、焦虑来分析其与抗挫折能力的关系。第六章、第七章，从学习、人际交往、恋爱、生活适应等方面分别对大学生抗挫折能力和中小学生抗挫折能力的典型案例进行介绍和分析。第八章、第九章、第十章和第十一章，分别论及家庭教育、学校教育、社会教育和个体在抗挫折能力提升中发挥出的基础作用、促进作用、保障作用和主体作用。

笔者在写作过程中，致力于让本书呈现出三大特色。第一是系统性。本书从抗挫折能力基本理论知识入手，依次推进到抗挫折能力的测量、抗挫折能力的影响因素研究、抗挫折能力典型案例分析和抗挫折能力提升机制分析，体系上较为完整，涵盖了抗挫折能力的理论研究和实证研究，希望读者在阅读本书之后对抗挫折能力有一个较为全面、系统的认识。第二是科学性。本书非常注重知识的严谨与科学，特别是在量表编制部分，在理论研究的基础上通过开放式问卷调查、访谈、专家咨询等方法编制初始量表，然后严格按照心理测量的程序和要求，预测量表并统计分析，再通过较大样本的调查分析，研制出信度、效度较高的，符合学生年龄特点的抗挫折能力量表，从而使本书内容具备科学性。第三是可操作性。本书除了理论的探索，也非常注重著作的实际应用价值。笔者在多年研究的基础上，积累了科学的量表、典型的个案及有效的提升方法，希望读者在阅读本书的时候能带着问题而来，并能从书中找到解决问题的办法或思路，以切实解决现实生活中的一些问题。

本书可供心理学、教育学等相关学科研究者使用，也可供大中小学生本人及其教师、家长等阅读。希望本书的出版能让更多的人来关注抗挫折能力这一重要的话题，能激发起更多的研究者和教育工作者参与抗挫折能力的研究，能帮助广大的大中小学生及其教师、家长等学会测量并了解抗挫折能力，以实现大中小学生抗挫折能力提升并促进"健康中国"战略发展。由于精力和能力所限，书中定有诸多不足之处，敬请批评指正。

目录

导 论 / 001

第一章　挫折与抗挫折能力面面观 / 003

第一节　认识挫折 / 003
一、什么是挫折？/ 003
二、关于挫折的理论 / 005
三、常见的挫折 / 007
四、挫折的原因 / 010

第二节　正视挫折感 / 012
一、什么是挫折感？/ 012
二、挫折感的影响因素 / 013
三、受挫后的反应 / 015

第三节　理解抗挫折能力 / 017
一、抗挫折能力与挫折承受力等的辨析 / 017
二、抗挫折能力与心理弹性的辨析 / 019
三、抗挫折能力的三个层次 / 020
四、抗挫折能力的表现 / 021

第二章　大学生学习挫折的测量 / 023

第一节　走近学习挫折 / 023
一、难以回避的学习挫折 / 023
二、学习挫折的含义 / 024

第二节 学习挫折量表的编制 / 024
　　一、学习挫折量表题目的编制 / 024
　　二、学习挫折的测量与计分 / 027

第三章　大学生抗挫折能力的测量 / 031

第一节　大学生一般抗挫折能力的测量 / 032
　　一、一般抗挫折能力量表的介绍 / 032
　　二、一般抗挫折能力的测量与计分 / 037
第二节　大学生人际交往抗挫折能力的测量 / 038
　　一、人际交往抗挫折能力量表的介绍 / 038
　　二、人际交往抗挫折能力的测量与计分 / 039
第三节　大学生恋爱抗挫折能力的测量 / 041
　　一、恋爱抗挫折能力量表的介绍 / 041
　　二、恋爱抗挫折能力的测量与计分 / 042

第四章　中小学生抗挫折能力的测量 / 044

第一节　中小学生抗挫折能力提升的必要性 / 044
第二节　中小学生抗挫折能力提升的可行性 / 046
第三节　中小学生抗挫折能力的测量 / 048
　　一、中小学生抗挫折能力量表的编制 / 048
　　二、中小学生抗挫折能力的测量与计分 / 054

第五章　抗挫折能力的影响因素研究 / 058

第一节　社会支持与抗挫折能力 / 058
　　一、多维感知社会支持量表 / 059
　　二、社会支持与抗挫折能力的关系 / 060
　　三、构建自己的社会支持系统 / 061
第二节　个体因素与抗挫折能力 / 062
　　一、个体的自尊、抑郁、焦虑 / 062
　　二、自尊、抑郁、焦虑与抗挫折能力的关系 / 063

第六章 大学生抗挫折能力的案例分析 / 065

第一节 学习方面的抗挫折能力 / 065
一、走出高考失利的阴霾 / 065
二、终于不再害怕考试 / 069

第二节 人际交往方面的抗挫折能力 / 072
一、贴标语的风波 / 072
二、"能睡着了,真好!" / 075

第三节 恋爱方面的抗挫折能力 / 078
一、失恋就失去一切了吗? / 079
二、相爱容易相处也不难 / 082

第四节 求职方面的抗挫折能力 / 085
一、文凭不等于就业便利 / 085
二、进入社会,从学习《就业协议书》开始 / 088

第五节 生活方面的抗挫折能力 / 092
一、我想回家…… / 092
二、都是篮球惹的祸 / 096
三、一路艰辛,一路成长 / 098

第七章 中小学生抗挫折能力的案例分析 / 101

第一节 学习方面的抗挫折能力 / 101
一、我是一个失败者吗? / 101
二、焦虑引发抑郁的优等生 / 104

第二节 人际交往方面的抗挫折能力 / 106
一、人生难免挫折 / 106
二、自卑的心 / 109

第三节 情感方面的抗挫折能力 / 112
一、为情所困的优等生 / 112
二、禁果之忧 / 114

第四节 适应方面的抗挫折能力 / 117
一、转学不适的孩子 / 117
二、初升高的烦恼 / 119

第五节 家庭方面的抗挫折能力 / 121

　　　　一、爸爸妈妈，你们管管我吧！/ 121
　　　　二、受伤的"刺猬"/ 124
　　　　三、一位一线心理老师的诉说 / 127

第八章　家庭——抗挫折能力的港湾 / 130
第一节　建立稳固的家庭结构 / 130
　　　　一、给孩子一个完整的家庭 / 131
　　　　二、关注一方缺位的单亲家庭或离异家庭 / 136
第二节　优化家庭环境 / 137
　　　　一、构建和谐的家庭心理环境 / 138
　　　　二、改善家庭物质环境 / 146
第三节　开展科学的家庭教育 / 151
　　　　一、"言传"与"身教"相结合 / 151
　　　　二、有意识地创设挫折情境 / 152
　　　　三、对孩子提出一定的要求 / 153

第九章　学校——抗挫折能力的守卫者 / 159
第一节　发挥课程教育的作用 / 159
　　　　一、发挥好思想政治理论课的引导作用 / 159
　　　　二、利用好心理健康教育课程的直接作用 / 161
　　　　三、结合其他课程进行抗挫折能力教育 / 162
第二节　发挥学校课外活动的作用 / 162
　　　　一、重视社团活动的作用 / 163
　　　　二、重视文体活动的作用 / 163
　　　　三、重视社会服务活动的作用 / 164
第三节　营造良好的学校氛围 / 166
　　　　一、与学生建立良好的师生关系 / 167
　　　　二、发挥榜样的示范作用 / 173
　　　　三、加强学校心理辅导 / 175

第十章　社会——抗挫折能力的保障者 / 178
第一节　发挥政府的调控作用 / 178

　　　　一、完善相关政策法规 / 178
　　　　二、注重社会导向 / 180
　　第二节　构筑社会支持系统 / 182
　　　　一、社区 / 183
　　　　二、青少年活动中心等机构 / 186
　　　　三、心理咨询机构和危机干预机构 / 189
　　第三节　发挥大众传媒的作用 / 191
　　　　一、形成积极的社会舆论导向 / 192
　　　　二、拓宽宣传渠道 / 193

第十一章　个体——抗挫折能力提升的主体 / 195
　　第一节　形成积极的认知 / 195
　　　　一、树立正确的挫折观 / 196
　　　　二、对自己持有积极的评价 / 198
　　　　三、遭遇挫折后的自我调适 / 203
　　第二节　保持积极的情绪 / 209
　　　　一、积极情绪的功能 / 210
　　　　二、培养积极的情绪 / 211
　　　　三、建立良好的人际关系 / 214
　　第三节　在实践中磨炼意志 / 216
　　　　一、意志与抗挫折能力 / 216
　　　　二、培养良好的意志品质 / 217
　　　　三、积极争取锻炼自我的机会 / 218

参考文献 / 225

附　录 / 230
　　　　附录一：多维感知社会支持量表(MSPSS) / 230
　　　　附录二：自尊量表(SES) / 233
　　　　附录三：自评抑郁量表(SDS) / 234
　　　　附录四：自评焦虑量表(SAS) / 236

后　记 / 238

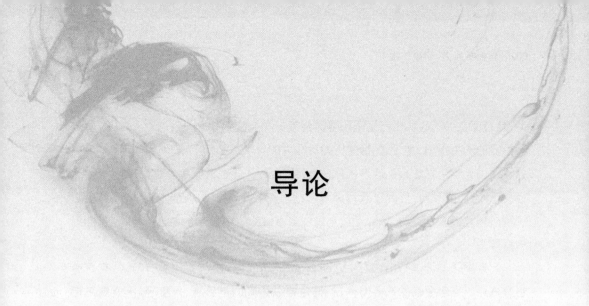

导论

抗挫折能力(Anti-frustration Ability)是心理学领域的重要研究课题,属于积极心理学的范畴。从理论领域来看,挫折、抗挫折能力方面的研究问题早在20世纪初就进入大众的视野,引发诸多研究者的兴趣,但总体上感性经验总结较多而实证研究相对较为缺乏。究其原因,主要是信度、效度较高的抗挫折能力量表未能得到推广。从实践领域来看,大中小学生群体的抗挫折能力现状并不乐观,近年来频频发生的心理危机事件甚至表明大中小学生的抗挫折能力现状堪忧。当前,迫切需要通过实证测量来了解大中小学生抗挫折能力的现状、影响因素等,并建立抗挫折能力的提升机制。

"抗挫折能力"顾名思义,即个人抵抗挫折的能力。该概念与挫折承受力、挫折容忍力、抗逆力、心理弹性等均具有紧密的联系,有时也为人们所通用;但很显然,这些概念之间也有很大的不同:从字面上看,"抗挫折能力"显得较为积极主动,有积极对抗挫折的含义,属于积极心理学的范畴,而"挫折承受力"和"挫折容忍力"等概念则相对较为消极被动,重于承受挫折、容忍挫折等;而与"抗逆力""心理弹性"相比,"抗挫折能力"的含义较为明确,容易为大众所理解,而"抗逆力""心理弹性"的含义则不够明确,容易引起歧义。可以预期,在日后的研究和应用中,"抗挫折能力"一词会得到更多的使用。

抗挫折能力(或早期使用较多的挫折承受力)非常重要,为此国家出台了一系列的相关政策。教育部《中小学心理健康教育指导纲要(2012年修订)》中明确指出,要帮助学生提高"承受挫折"的能力。中共中央、国务院《关于进一步加强和改进大学生思想政治教育的意见》(中发〔2004〕16号)明确指出:"要重视心理健康教育……增强大学生克服困难、经受考验、承受挫折的能力。"教育部、卫生部、共青团中央《关于进一步加强和改进大学生心理健康教育的意见》(教社政〔2005〕1号)指出,要"帮助大学生消除心理困惑,增强克服困难、承受挫折的能力"。2020年12

月,教育部在关于政协十三届全国委员会第三次会议第3284号(教育类316号)提案答复的函中指出,"加强包括挫折教育在内的大学生心理健康教育是新形势下加强和改进大学生思想政治教育工作的重要内容,是促进大学生全面发展的重要途径和手段"。要"把心理健康教育课程包括挫折教育内容纳入整体教学计划,全面统筹心理健康教育资源,增强全员全过程全方位的心理育人合力,进一步完善挫折教育体系"。

习近平总书记曾指出:"人生之路,有坦途也有陡坡,有平川也有险滩,有直道也有弯路。青年面临的选择很多,关键是要以正确的世界观、人生观、价值观来指导自己的选择。无数人成功的事实表明,青年时代,选择吃苦也就选择了收获,选择奉献也就选择了高尚。青年时期一定要多经历一点摔打、挫折、考验,有利于走好一生的路。要历练宠辱不惊的心理素质,坚定百折不挠的进取意志,保持乐观向上的精神状态,变挫折为动力,用从挫折中吸取的教训启迪人生,使人生获得升华和超越。"

近期,关于抗挫折能力的研究也表明了该概念的重要性。有研究表明,抗挫折能力与挫折感呈显著负相关;抗挫折心理能力与自杀意念之间呈显著负相关;抗挫折心理能力对择业心态具有预测作用;抗挫折能力与乐观归因风格、感恩等显著相关;抗挫折能力与主观社会支持、支持利用度、自尊、自我效能感等显著相关。但当前,对抗挫折能力的测量、提升方法等的研究还需要加强。所以,笔者在对抗挫折能力进行多年研究的基础上,致力于形成一本关于抗挫折能力的具有科学性和系统性的著作。

可以说,对抗挫折能力进行研究是贯彻落实国家相关文件精神的重要举措,有助于加强和改进大中小学生心理健康教育,对提高大中小学生的抗挫折能力具有重要的意义。大中小学生自己、家人和教师等都很有必要来认真学习关于抗挫折能力的知识,关注大中小学生抗挫折能力的测量与提升这一重要的问题。

第一章　挫折与抗挫折能力面面观

俗话说"人生不如意事,十之八九",挫折在客观世界是普遍存在的。特别是随着社会的飞速发展,高竞争、快节奏、多元化给人们带来机遇的同时,也不可避免地带来了一系列的挑战和压力。许多人在面对学习、工作或生活中的挫折时,不能承受、不会排解,或不能从挫折中获得应有的成长,甚至还出现了让人心痛的事件。所以,了解一些关于挫折、抗挫折能力的相关知识,就显得很有必要了。

第一节　认 识 挫 折

一、什么是挫折?

人生的道路不可能一片坦途,挫折就像是我们前进路途中难以避免的暴风骤雨、坑洼低谷。那究竟什么是挫折,如何给挫折下一个明确的定义呢?对于挫折的含义,在不少词典和著作中都有解释,如:

《新华词典》将挫折解释为:①事情进行中遇到困难和阻碍;②失败;失利。[1]

车文博主编的《心理咨询大百科全书》中指出,一般而言,挫折指个体在从事有目的的活动的过程中,因客观或主观的原因而受到阻碍或干扰,致使动机不能实现,需要不能满足时的情绪体验。[2]

朱智贤主编的《心理学大词典》中指出,挫折(frustration)是个体在从事有目的

---

[1] 商务印书馆辞书研究中心修订.新华词典[M].北京:商务印书馆,2002:158.
[2] 车文博.心理咨询大百科全书[M].杭州:浙江科学技术出版社,2001:9-10.

的活动过程中遇到障碍或干扰,致使个人动机不能实现、需要不能满足时的情绪状态。它可分为:①需求(need)挫折,即不能满足需要时引起;②行动(action)挫折,行动不能实现时引起;③目标(goal)挫折,达不到既定目标时引起;④损失(loss)挫折,失去个人所有时引起。①

李海洲、边和平的《挫折教育论》认为,挫折的概念有狭义和广义之分。狭义的挫折,专指有目的的活动受到阻碍时而产生的消极情绪反应。广义的挫折,泛指一切能够引起人们精神紧张、造成疲劳过度和心理变化的刺激性生活事件。②

张旭东、车文博的《挫折应对和大学生心理健康》认为,挫折是当个体在从事有目的的活动中,受到外部的干扰或阻碍时,会产生某种心理反应,并表现为紧张情绪。③

陈选华的《挫折教育引论》认为,挫折是指人们在某种动机的推动下,所要达到的目标受到阻碍和干扰而无法满足和达到时,所产生的紧张状态和消极的情感反应。④

对该概念,虽然具体的表述不同,但其核心含义是基本一致的。总体来看,挫折心理包括三要素:一是**挫折情境**,即干扰或阻碍个体意志行动的情境。个体意志行动过程遭遇障碍,导致行动失败的客观情况,可分为主观挫折情境和客观挫折情境,这是挫折发生的先决条件。二是**挫折认知**,即个体对挫折情境的认知、态度与评价,一般可分为真实的挫折认知和想象的挫折认知。这是个体是否会产生挫折感和如何对待挫折的关键。三是**挫折反应**,即伴随挫折认知而产生的情绪与行为反应。挫折情境、挫折认知和挫折反应同时存在时,便构成了挫折心理。有时只有挫折认知和挫折反应这两个因素也会构成心理挫折。⑤ 挫折情境和挫折反应之间没有直接必然的联系,二者之间是通过挫折认知来确定的。因此,在挫折情境、挫折认知和挫折反应这三者之中,挫折认知是最重要的因素。

在生活中,我们会发现:不同的人对相同的挫折情境所产生的主观心理感受不尽相同,即同样的事情在不同的人那里却会有完全不同的反应:面对同样的事

---

① 朱智贤.心理学大词典[M].北京:北京师范大学出版社,1989:89.
② 李海洲,边和平.挫折教育论[M].南京:江苏教育出版社,2001:22-23.
③ 张旭东,车文博.挫折应对与大学生心理健康[M].北京:科学出版社,2005:65-66.
④ 陈选华.挫折教育引论[M].合肥:中国科学技术大学出版社,2006:74-78.
⑤ 杨秀君.心理素质与人生:哈佛心理手记[M].上海:华东师范大学出版社,2016:13-14.

情,有的人会认为是天大的挫折,沉溺于挫折的痛苦之中,怨天尤人、自怨自艾,从此一蹶不振,把自己定义在失败之列;而有的人却会认为是小事一桩、根本不值一提,选择坦然面对和接受。其间的差别主要取决于个体的认知及个体的抱负水平。

挫折对人既有利也有弊。一方面,挫折可以让人对自己有更多、更全面的思考,可以增强个体的认知能力,提升个体的抗挫折能力;另一方面,挫折也会给人带来痛苦,会使人沉沦,甚至毁掉个人的前途。最终,挫折会产生怎样的结果,给人带来的是利还是弊,这取决于当事人的应对方法。

二、关于挫折的理论

(一) 我国关于挫折的理论

我国在古代有许多文学作品中都有关于挫折的内容。在当前中小学语文课本的古文部分就有不少相关内容的选读,如选自《孟子·告子下》的"生于忧患,死于安乐"一文里有经典的句子如:"舜发于畎亩之中,傅说举于版筑之间,胶鬲举于鱼盐之中,管夷吾举于士,孙叔敖举于海,百里奚举于市。故天将降大任于是人也,必先苦其心志,劳其筋骨,饿其体肤,空乏其身,行拂乱其所为,所以动心忍性,曾益其所不能。"从这些论述中,我们能感受到挫折的积极一面,也能认识到抗挫折能力的重要性。"生于忧患,死于安乐"成为《孟子》最著名的篇章之一,我们不妨以其作为座右铭,激励自己在挫折中奋起。

(二) 国外关于挫折的理论

对挫折的研究,国外起步比较早。在20世纪三四十年代,就出现了挫折方面的专著,形成了比较系统的理论。以下,仅介绍一些常见的关于挫折的理论。

1. 挫折本能学说

在挫折产生原因方面,比较有名的是英国心理学家麦独孤(McDougall, W.)的挫折本能学说。麦独孤认为:"斗争行为就是一种没有特定目标的特殊本能的表现。打开这种本能的钥匙,与其说是某种感觉印象或者任何类型的感觉模式,不如说是任何其他本能努力产生的障碍,这种障碍阻碍了指向它天然目标的顺利进程。""不管我们审视动物王国的什么地方,都会得到同样的规则:一般来说,在一只动物身上,起作用的冲动越强烈,其他生物就越容易激起它愤怒的竞争行为——只要这种生物具备这种反应的能力。"① 仔细体会这两句话，可以感受到麦独孤在挫折原因分析上对本能的重视。

2. 精神分析学派的挫折理论

在弗洛伊德的早期作品中，包含了很多关于挫折的例子。比如："一位女性病人，因受到来自丈夫的挫折，表现出希望孩子死去的愿望，因为孩子在她的生命中代表丈夫的延续；一个成年男人在职业上受到由一位竞争对手带来的挫折，于是这男人在梦中将这竞争对手给干掉了；被冷落的孩子仇恨'抢走了'父母宠爱的婴儿；被同性别的父母管教的孩子，产生了对这位家长的强烈厌恶。"②

在弗洛伊德的早期作品中，弗洛伊德认为，寻找快乐和回避痛苦的倾向是所有心理功能的基本机制。如果寻找快乐和回避痛苦的行为被阻碍，挫折就会发生。挫折是对这种情况的本能反应，指向那些被认为是挫折来源的、外部世界的人或物体。而对那些蓄意自残或自杀的异常现象，弗洛伊德则认为是攻击在焦虑（惩罚的威胁）的影响下"转向内部"的例子。③ 由上可见，精神分析学派也是从本能反应的角度对挫折及其反应进行了解析。

3. 行为主义学派的挫折理论

在挫折的反应方面有美国心理学家多拉德和米勒（Dollard, J. & Miller, N. E.）等提出的"挫折—侵犯"理论、巴克（Barker, R.）等提出的"挫折—倒退"理论、阿姆塞尔（Amsel, A.）的"挫折—奋进"理论等。这些理论推动了国外对挫折的研究。在此，为大家介绍一下多拉德和米勒的"挫折—侵犯"理论。

多拉德和米勒的研究基于一个假设：挫折导致攻击。也就是说，他们认为"攻击行为的出现总是说明有挫折存在，同时，挫折的存在也总是会导致某种形式的攻击"。即，可辨认的各种攻击行为一般都可以追溯到某种形式的挫折，或者说是由挫折导致的。他们也指出，不能简单地认为无论挫折何时发生，某种类型或某种程

---

① ［美］约翰·多拉德(John Dollard)，伦纳德·W·杜布(Leonard W. Doob)，尼尔·E·米勒(Neal E. Miller)，奥瓦尔·莫瑞尔(O. H. Mowrer)，罗伯特·西尔斯(Robert R. Sears). 挫折与攻击[M]. 邢雷雷，译. 北京：中国人民大学出版社，2018：9.

② ［美］约翰·多拉德(John Dollard)，伦纳德·W·杜布(Leonard W. Doob)，尼尔·E·米勒(Neal E. Miller)，奥瓦尔·莫瑞尔(O. H. Mowrer)，罗伯特·西尔斯(Robert R. Sears). 挫折与攻击[M]. 邢雷雷，译. 北京：中国人民大学出版社，2018：9.

③ ［美］约翰·多拉德(John Dollard)，伦纳德·W·杜布(Leonard W. Doob)，尼尔·E·米勒(Neal E. Miller)，奥瓦尔·莫瑞尔(O. H. Mowrer)，罗伯特·西尔斯(Robert R. Sears). 挫折与攻击[M]. 邢雷雷，译. 北京：中国人民大学出版社，2018：9.

度的攻击都一定会发生。在很多成年人甚至儿童中，一般紧随挫折而来的是显而易见的接受现实和重新调整，因为人们在社会生活中学会了压抑和控制自己的攻击行为。他们认为，尽管这些行为可以暂时被压抑、延迟、掩盖、转移，或者从人们此时此刻的目标偏离，但是它们并没有被摧毁[①]。由上可见，行为主义学派中多拉德和米勒提出了挫折导致攻击、侵犯的理论，该理论在一定程度上解释了挫折将引发的后果。

4. 认知主义学派挫折理论

20世纪50年代，美国著名的心理学家艾里斯(Ellis, A.)在创立合理情绪疗法(Rational-Emotive Therapy, RET)时提出了挫折的ABC理论。其中，A(Activating Events)指的是诱发事件，即当事人所遭遇的事件。B(Beliefs)指的是当事人所持的思想和信念，即对所发生事件的看法和观点。C(Emotional Consequences)指的是诱发性事件发生后的结果，即当事人对于诱发性事件发生后的情绪及行为后果。该理论认为，诱发性事件只是引起情绪及行动反应的间接原因，人们对诱发性事件所持的信念、看法等才是引起情绪及行为反应的直接原因。也就是说，人们在遭受挫折以后，是否会产生挫折感以及强度如何，主要取决于人们对挫折及其意义的认识、评价和理解，即对挫折的认知。根据该理论，我们可以通过改变认知来调节情绪，从而改善挫折感，提高抗挫折能力。可以说，认知主义学派的挫折理论是当前广为人们所接受的挫折理论。

三、常见的挫折

大中小学生容易遭遇的挫折是多种多样的，从挫折的内容和性质来看，在学校生活中常见的挫折有以下几种：

(一) 生理方面的挫折

大中小学生的自我意识已经初步确立，开始关注自我的形象，注重他人的评价，如果在身高、外表、健康等生理方面稍有不足，就容易感受到挫折。如对自己的

[①] [美]约翰·多拉德(John Dollard)，伦纳德·W·杜布(Leonard W. Doob)，尼尔·E·米勒(Neal E. Miller)，奥瓦尔·莫瑞尔(O. H. Mowrer)，罗伯特·西尔斯(Robert R. Sears). 挫折与攻击[M]. 邢雷雷，译. 北京：中国人民大学出版社，2018：9.

外貌、仪表不满意,觉得自己太胖、太矮、皮肤太黑、眼睛太小,甚至是有生理上的缺陷,如口吃等,就非常容易产生挫折。

小李,有生理上的缺陷,很在意他人对自己的态度,有的时候同学们无意的眼神、动作都可能被小李误解为对自己的排斥和鄙视而产生抑郁、焦虑情绪。他不愿参加集体活动,也不愿意与别人交往。

小刘从小喜欢篮球,课余时间不断练习投篮,一心想参加校篮球队,可是由于身材矮小,始终无法入选校篮球队,这让他觉得是遭遇了人生的重大挫折。

俄国著名文学家托尔斯泰曾说:"人不是因为美丽而可爱,而是因为可爱而美丽。"相比于外表美的暂时性,内心的力量才是经久不衰的。无须困顿于自己的生理缺陷,要勇于正视自己,战胜不满和消极情绪,寻求积极的路径,以才补缺。

(二) 学习方面的挫折

学习挫折是由于在学习上的失败而产生的消极情绪体验。学习是学生的主要任务,在学习活动中产生挫折,往往是最常见的。如学业成绩达不到自己的目标、课程繁重、作业做不出、学习环境不适应、觉得自己学习不如别人等,都会带来学习挫折。

某大学一年级的学生小张,在中学时学习成绩非常优异,经常被老师表扬。上大学后,她对大学生活充满了美好的憧憬,决心保持名列前茅,但是由于大学阶段强手如林,且学习内容和方法与中学阶段大为不同,让她长期处于紧张状态,第一学期的成绩只是中等。这对于她来说,简直是不可以接受。更糟的打击是在第二学期,有两门功课居然挂起了红灯,这让小张几乎走向崩溃。

所以,我们看到:挫折作为一种心理感受,与自我认识、自我定位有紧密的联系。我们要注意自己的学习目标,设置时注意目标不要太高也不要太低。如果目标太高,容易使人产生比较大的心理压力;而如果目标太低,又起不到应有的激励作用;如果设置中等难度的目标,则可以在努力之后有较大的可能达成目标。另外,教师要引导学生正确分析遭遇学习挫折的原因,拒绝两种习惯性归因,即把失败完全归咎于外因或者内因;过多埋怨他人或责备自己,这都无助于战胜挫折。最后,要让学生认识到学习方法的选择也是非常重要的。大家一方面需要设置恰当的学习目标,另一方面也要注意寻找恰当的学习方法,让自己尽快适应学校的学习生活。

(三) 人际交往方面的挫折

人际交往对个体来说是非常重要的事情。只有能正常与人交往,个体才能有归属感,才能在群体中获得愉快的体验。但是,有些个体却在人际交往中感到不适应或感觉很恐慌,甚至产生人际交往的挫折,如觉得自己被别人冷落而不知道如何改进,容易与人发生冲突,与朋友关系很僵等。

小章,与同宿舍的某同学发生冲突。继而,对其他同学也感觉愤愤不平,与同学的感情日渐淡漠。后来,心情一直没有得到调整,就很少参加集体活动。最后,发展到不愿意待在学校。他感觉很苦恼、很孤独。

小孟,只知道一味迎合别人,没有自己的主观想法。看到别人表情不对,就会害怕是不是自己哪里做错了,总是担心朋友的不开心是不是因为自己。别人要求帮忙,总会纠结要不要帮:如果帮,心里其实不是很乐意;不帮,又怕朋友生气。

而小朱的问题,则是宿舍同学总是很晚才睡觉,有时候会晚到三四点钟还在放音乐。小朱很苦闷,换宿舍又不是那么方便。他不知道怎么办好。

人际交往中每个人都会遇到这样那样的问题。有在学习或干部竞选上的竞争、有朋友相处的问题、有被人猜疑的烦恼等。所谓"金无足赤,人无完人",大家要善于在人际交往中发现自己的优点和不足,学会剖析自己。所以,大家真的很有必要思考一下:自己在人际交往方面应该注意些什么?怎样既能保持自己的个性、独立,又能与朋友们保持正常的交往?

(四) 恋爱方面的挫折

大、中学生的性意识处于萌芽、觉醒和发展阶段,自然希望与异性接触,甚至发展为恋爱关系。但由于对异性情感方面还缺乏正确认识,容易陷入恋爱困境。恋爱中的挫折,常见的有单相思、失恋等。

小刘与小马是老乡,在老乡聚会后,小刘就陷入了单相思的苦恼。他对她朝思暮想,很想见到她,但又怕见到她。他不敢表白自己的心意。在下一次老乡聚会上,他发现小马与另外一位老乡似乎已经关系不一般了。从此,小刘更是神情恍惚,不知道白天黑夜的区别了。

小洪身边的同学大多都找到了(男)女朋友,就只有自己还是孤身一人。小洪也追求过别人,但是被拒绝了。小洪周围的伙伴们还经常聚在一起讨论恋爱方面的话题,小洪感觉自己很难融入他们的话题之中。

恋爱方面的不顺,似乎很难避免。要么是追求自己的人自己并无感觉,要么是自己喜欢的人却没有选择自己,要么是恋人之间的争执或分手,要么是在恋爱过程中被伤得体无完肤等。美丽的爱情犹如带刺的玫瑰,恋爱的挫折比比皆是。

(五) 求职择业方面的挫折

求职择业挫折就是指在求职过程中遭遇障碍,使就业目标无法实现而产生的消极心理感受。如果对自己的定位不准确,在求职择业的过程中,也非常容易受到挫折的困扰。

小董对自己的要求很高,学习成绩也很好,她对未来的工作充满了憧憬。她觉得自己各方面条件都不错,找工作应该没有多大的问题。可是,找工作的过程却充满了不顺。简历投出去了 N 份,回音却寥寥可数。少数的几次面试效果也很差。她开始怀疑自己,觉得内心受到伤害。

在求职过程中,我们可能遭遇诸多的情况,如找不到工作、找到的工作不理想、原来以为比自己差的人找到的工作却比自己好、发现就业中存在种种不公平的现象等。诸多此类的现象会让我们感觉受挫。

求职择业是大学生成为"社会人"的必经阶段,本身就是一种优胜劣汰的竞争,在这过程中不可避免会遇到困难,产生消极情绪。因此,在择业过程中,要正确看待自身的优势与劣势,确立合适的就业期望。另外,如果在求职中遭遇了挫折,感觉非常焦虑或紧张的时候,则要学会自我调整、自我安慰,有效调整各种不健康的心理。

以上,只是简略地列举了生活中常见的挫折。后文中,我们会有专门的章节来具体分析生活中常见的挫折。

四、挫折的原因

既然挫折难以避免,那么,思考挫折产生的原因,找出症结所在,也许可以帮助应对挫折或减少挫折。一般来说,"挫折"的产生,不外乎内、外两个方面的原因。

第一,内部原因,即内因,指的是由个人内在的因素带来的阻碍或限制,包括个体生理与心理因素两个方面。生理方面的原因,一般包括身高、性别、年龄、容貌、疾病等生理因素,即个体有可能因为身材矮小、容貌不佳、身体残疾等导致无法参加活动或无法实现既定目标。生理因素通常可能成为挫折产生的直接原因。心理方面的原因,通常包括个体的认知、能力、需求、兴趣、性格、自我意识等心理因素,如个体可能会因为认知方面的偏执、唱歌画画等某方面能力低下、性格木讷、过分自卑或过分自负等心理问题而阻碍目标实现或妨碍需求满足。心理因素是挫折产生的重要原因。

第二,外部客观原因,简称外因,包括自然条件和社会条件两个方面。自然条件常指非人为力量造成的自然环境因素,如恶劣的气候、强烈的噪音、突然爆发的火灾、无法逃避的疫情等。如果个体遭遇这些因素,非常容易产生挫折感。社会条件常指社会生活中由社会人为因素引起的不利情况,包括经济、政治、人际关系以及生活中的不幸事件等。这些情况也容易引发个体的挫折感。特别是当今社会生活节奏的加快,使一些社会问题凸显,会给人带来困扰。

挫折就像是一把双刃剑,它可能对人产生积极的影响,也可能对人产生消极的影响。对意志坚强的人和意志软弱的人来说,同样的挫折所产生的影响是完全不同的。挫折具有双重性,它可以使意志软弱的人在遭遇挫折之后一蹶不振,它也可以使意志坚强的人在挫折中奋起直追。挫折可以锻炼人的意志力,使其更为坚韧。通过思考自己所遭遇的挫折,可以找出自身的弱点和不足,有利于扬长避短。

活动 1

回忆自己所经历过的挫折及其给自己带来的影响。从正面和负面两个方面来思考。

表 1.1　自己经历过的挫折

发生时间	挫折经过	原因分析	对自己的负面影响	对自己的正面影响

活动 2

想一想,挫折还有哪些好处?

例:挫折可以让我换个角度思考问题。

1. _____
2. _____

3. _____
4. _____
5. _____

第二节　正视挫折感

一、什么是挫折感？

挫折感是一种主观感受。挫折感与挫折有着紧密的联系，可以说，挫折包含的含义更为广泛，如前所述，挫折包含挫折情境、挫折认知和挫折反应；而挫折感则集中于主观感受。

在以往的研究中，有研究者将挫折界定为达到目标的障碍，即是一种"事件"；也有研究者将挫折界定为挫折事件发生后的消极情感反应，即是一种"情绪情感"。所以，为了明确区分挫折感与挫折，有研究者会用挫折感一词来专指个体在从事有目的的活动但遇到阻碍或干扰，导致个体动机不能够实现、个人需要得不到满足时所产生的消极情感反应。也可以简明地写为：挫折感就是个体在遭遇挫折之后所体验到的不良情绪情感，如痛苦、失望、悲伤等。

在平常的生活中，我们会发现：面对同样的挫折，不同的人会体验到不同的挫折感。比如说，同样是失恋，有的人虽然悲伤但能控制自己的情绪，能将自己的挫折感控制在一定范围内，能让自己的生活尽快恢复正常；但有的人则久久走不出失恋的阴影，将自己的挫折感无限放大，生活从此黯淡无光；当然还有人的挫折感会大到自己不能承受，甚至为此走上绝路，做出伤人或伤己的举动。这说明，不同的个体由于认知不同、期望不同、性格不同等，即便是受到同样的挫折，也会有不同的挫折感；挫折感与个体的认知、意志、个性等有着紧密的关系。

从另外的角度来看，如果个体对挫折有正确的认识，对事情的期望没有过高，则有可能减弱面对挫折时的挫折感。这也是我们在生活中经常能发现的，那些"久经沙场"、经验丰富的个体，即便在事情很糟糕的时候也能不急不躁。

国内关于挫折感的研究，比较早的是曹静梅(1993)以华南师范大学本科一至四年级学生为对象的调查研究。该研究发现，不同年级的大学生对挫折的体验有较大的差异。一年级和四年级学生对挫折感体验较多,三年级学生挫折体验最少,显示了大学生挫折感的总体发展趋势呈"V"字型。这表明,一、四年级是挫折感的高发时期。在此期间,学生容易产生较多的心理问题,应加强对这两个年级学生的帮助和引导。该调查还发现,师范大学学生的各种挫折感按其发生率高低排列依次为:能力方面、学业方面、理想实现方面、个人情感方面、自身条件方面[1]。该调查虽然是多年之前的,但其研究结果还是非常值得我们思考与借鉴的。

二、挫折感的影响因素

挫折感的影响因素有许多,有主观因素,也有客观因素。许多客观的影响因素,比如自然环境、家庭环境、学校环境、社会环境等,我们难以掌控,所以,在此我们主要来探讨作为个体可以掌控的个人方面的因素。希望以下关于个人因素方面的探讨可以帮助大家思考如何来减少生活中的挫折感。

从个体来说,是否会有挫折感、挫折感的强度如何等,有认知方面的因素,有意志方面的因素,也有个性方面的因素。其中,最为主要的是认知方面的因素。

(一) 认知因素

1. **对挫折事件的认知**

可以设想:如果某人认为某件事情很重要,一旦失败了就可能体会到强烈的挫折感;而如果认为某件事情并不是那么重要,即便失败了也不一定体会到强烈的挫折感。所以,挫折感的重要影响因素之一就是对挫折事件的认知。

2. **对自己期望的认知**

有一句俗语叫作:"希望越大,失望越大。"说的就是这个道理。如果个体的抱负水平比较高,一旦遭遇挫折,则挫折感会非常强烈;而如果个体的抱负水平中等,即便遭遇挫折,也不会体验到太过强烈的挫折感。在重要考试中,如果某位学生对自己的期望是一定要考第一名,那他即便考分很高,是第二名,他也会体验到挫折感。

3. **对人生的认知**

有的人对人生有正确的认知,知道在漫长的人生中遭遇挫折是正常的现象,知

---

[1] 曹静梅.对大学生挫折感的调查研究[J].心理学探新,1993年第2期,第58-63页.

道人生并不是由某一件事情所决定,这样,即便在生活中遭遇了挫折也能正确对待,不会有过分强烈的挫折感;而有的人则对人生持有比较片面的认识,以为某件事情的失败就是人生的失败,那么一旦遭遇挫折就不能接受,自然会体验到强烈的挫折感。

(二) 意志因素

意志是指自觉地确定目的,并根据目的来支配、调节自己的行动,克服各种困难,以实现目的的心理过程。意志也是影响挫折感的重要因素。

1. 从意志的品质来分析,意志品质之一是自觉性,指个体在行动中具有明确的目的,能使自己的行动服从社会要求的意志品质。如果一个人对自己的学习、生活等有着明确的规划,对自己平时如何认真学习、如何对待生活等,能有明确的目的或想法,这就是意志品质的自觉性。不难想到:意志的自觉性可以帮助我们认真对待学习、生活。即便生活中偶有挫折事件发生,个体也能认识到自己在学习、生活中的追求是值得的,能在自己的目标指引下,好好地生活,不会因为一时的挫折而过分体验到挫折感。

2. 意志品质之二是果断性,指个体善于抓住时机,迅速而又合理地采取决定并实现所做决定的意志品质。与果断性相反的意志品质是优柔寡断。有果断性的个体,在遭遇挫折时,能迅速判断事情的现状,不会过分优柔寡断,从而也不会长时间沉浸在挫折之中;而优柔寡断的个体则会在挫折事件中久久走不出来。

3. 意志品质之三是坚韧性,指对行动目的具有坚持性,能在行动中保持充沛的精力和毅力的意志品质。与坚韧性相反的意志品质是动摇。对于大中小学生来说,学习是最为重要的一个任务。在遭遇挫折时,具有坚韧性意志品质的同学会让自己坚持学习,克服学习中的困难,不会长时间受困于挫折感;而坚韧性意志品质较差的同学则可能在遭遇挫折之后就放弃认真学习。

4. 意志品质之四是自制力,指在意志行动中能够自觉地控制自己的情绪,约束自己的动作和言语方面的品质。与自制力品质相反的是冲动性。挫折事件发生之后,人人都会有挫折感,这很正常。但自制力比较差的同学容易沉浸在挫折之中,体验到较为强烈的挫折感;而自制力较强的同学则能控制自己的情绪,让自己尽快从挫折中走出来,不会长时间受挫折感的困扰。

同一个人,在不同的环境或时间下,对同样的挫折的反应也是不一样的。这是因为时间不同了,环境不同了,人的心境、期望等也发生了变化。

三、受挫后的反应

在面对相同的挫折时,不同的人会有不同的反应。挫折反应的个别差异取决于许多条件:如,个人的挫折经历、个人的抱负水平、个人对诱发挫折的事件的认识、个人的自信心、个人的性格气质等。受挫后,我们会采取这样或那样的反应方式,对此我们也可以将其理解为个体的心理防御。

(一) 相对积极的心理防御

这种反应方式是正视挫折、承认挫折,能正确地分析挫折产生的主客观原因,总结经验教训,采取积极的行为方式,最后战胜挫折。主要表现为:升华、补偿、幽默、表同、文饰等。

1. 升华:指用一种具有建设性的目标来代替原来不能实现的目标,借以弥补因受挫而受到伤害的自尊心,减轻痛苦。升华是最具有积极性和建设性的防御机制。例如某人失恋后非常痛苦,但他将精力转向写诗、写小说或其他活动,以抒发自己的情感。典型的例子有歌德失恋后创作了世界文学名著《少年维特之烦恼》,司马迁遭宫刑之辱后,发愤完成《史记》这一不朽巨著等。现代生活中,有人在失恋后奋力学习或工作,将失恋的痛苦升华为学习或工作的力量,从而获得了以前不曾想过的成功。这样的例子也屡见不鲜。

2. 补偿:指当个体在实现目标的过程中,由于主客观条件的限制,致使个人目标无法实现时,用其他的、可能达到成功的活动来代替。通过新的需要的满足来弥补原有欲望得不到满足或目标不能实现所带来的痛苦。典型的例子有聋哑人邰丽华,凭借努力和天赋成为舞蹈家。再如,某位同学的学习成绩较为一般,但他的学生工作能力很强,他可以通过在学生工作中的成就来弥补学习成绩上的不足;某位同学受制于生理条件的缺陷,不能在运动场上展示自己,但他可以通过努力,在学习上名列前茅。这就是人们常说的"失之东隅,收之桑榆"。

3. 幽默:当一个人在大众面前处于很尴尬的局面时,可以采用夸张、双关语等手段,以机智、风趣的方式来表达自己的意图或意见,从而化解困境,维持自己的心理平衡。

4. 表同:即认同,指一个人在遭遇挫折时可以思考一些身边的榜样人物事迹。例如个体在学习遭遇挫折的时候,可以把一些科学家、老师等作为自己的认同对象,从他们的挫折、遭遇中汲取经验教训。当你遭遇挫折的时候,不妨想一想:历史上的名人有哪一个不是遭遇了诸多的挫折呢?在前进的过程中遭遇挫折是很正常的事情,关键是要从挫折中奋起。

5. 文饰:又称合理化或自我安慰。是个人无法达成其追求的目标时,用一种合理的理由来解释所遭受的挫折,以减轻或消除心理困扰的方式。文饰的表现形式有"找借口""酸葡萄心理""甜柠檬心理"等。比如说,某人本来很想在某次考试或面试中通过,但是没有成功,便说"这考试/面试不通过也没有什么,照样能生活""谋事在人,成事在天"等,也是一种让受挫者心理实现平衡的理由。适当的文饰,可以缓和心理紧张,消除心理压力,具有一定的积极作用。

(二) 相对消极的心理防御

相对消极的心理防御指遭受挫折后所表现的带有强烈情绪色彩的非理性行为,大多表现为退缩、逃避和自欺欺人,虽然能暂时起到缓解心理冲突的作用,但却包含着拒绝面对现实的压抑和自我意识的扭曲,主要表现为冷漠、逆反、轻生、压抑、投射等。

1. 冷漠:冷漠是个体在遭遇挫折之后,对环境表现出的一种冷淡或退让的态度。主要表现为对挫折环境的无动于衷和漠不关心,表面上似乎毫无情绪反应,实则是压抑内心的痛苦体验。如果个体觉得自己没有希望战胜厄运或者摆脱困境时,就以冷漠方式来对付挫折。一般内向型个性与心理承受力弱、自信心差的人更倾向以冷漠的方式对付挫折。

2. 逆反:即当个体遭到挫折后,内心非常愤怒,于是对一些正确的意见和建议也不采纳,甚至是往相反的方向去行动的表现。如某人考试失败,本来应该好好学习,争取下次考试获得成功,但是他为了保护自己的自尊,偏不采纳父母的建议,甚至是"父母说东,他偏向西行"。

3. 轻生:指个体受挫以后,表现出的一种消极的、极端的、抛弃自己生命的行为反应。在遭遇了突然的打击或长期积累消极的情绪而不知道如何缓解的时候,个体产生厌世轻生、自伤、自残甚至自杀的行为。对于个体来说,轻生可以摆脱内心的痛苦,但这对家庭和社会来说是一种非常痛心和遗憾的行为。

4. 压抑:指个体把头脑中不能接受的一些想法、情绪等加以抑制,故意不去想一些痛苦的事情,避免伤心的回忆等。这些痛苦的事情、伤心的经历,虽然被压抑可以暂时不被个体意识到,但如果发生类似的事情或进入类似的场景之后,个体依然会回忆起来。在许多心理咨询的案例中,有些个体通过催眠激活了被自己压抑的痛苦记忆,经过咨询师的引导,正确对待那段不良的回忆之后,则慢慢地获得了内心的释然,恢复了心理的正常。

挫折的消极防卫机制,其他的还有投射、反向、幻想、否定、退化、行为倒退等。

第三节 理解抗挫折能力

抗挫折能力(Anti-frustration Ability)可顾名思义,即个人抵抗挫折的能力。在国内,使用较多的相关概念是挫折承受力、挫折耐受力、挫折容忍力等。

一、抗挫折能力与挫折承受力等的辨析

较早使用"挫折承受力"(frustration tolerance)这一概念的是美国心理测验专家罗森茨威格(Rosenzweig, S.)。1938年,罗森茨威格指出:挫折是阻碍目标实现的障碍,挫折承受力是"抵抗挫折而没有不良反应的能力",并创设了逆境对话测验(Rosenzweig Picture-Frustration Study)[1]。他认为,挫折承受力即个体适应挫折、抗御和对付挫折的能力,是个体受到挫折后免于行为失常的能力[2]。而 Wiebe(1991)认为挫折容忍力是个体面对失败或困难时,仍然愿意继续坚持下去的一种倾向[3]。

此后,有不少研究者在不同领域对挫折承受力进行了研究(Clifford. M. M., 1988,1990),在 1934 到 1974 年间的研究较多(Rosenzweig, S., 1976),Rosenzweig, S. 和 Rosenzweig, L. 还对 1934 到 1974 年间使用逆境对话测验的研究进行了综述[4]。

黄希庭(2004)主编的《简明心理学辞典》中指出,挫折容忍力(frustration

---

[1] Harrington, N. (2011). Frustration intolerance: Therapy issues and strategies [J]. *Journal of Rational-Emotive and Cognitive-Behavior Therapy*, 29(1):4 - 16.
[2] 郑日昌. 大学生心理卫生[M]. 济南:山东教育出版社,1999:95.
[3] Weibe, D. J. (1991). Hardiness and stress moderation: A test of proposed mechanism [J]. *Journal of Personality and Social Psychology*, 60(1):89 - 99.
[4] Rosenzweig, S. & Rosenzweig, L. (1976). Guide to Research on the Rosenzweig Picture-Frustration (P-F) Study, 1934 - 1974 [J]. *Journal of Personality Assessment*, 40(6):599 - 606.

tolerance)是个人在挫折情景下能承受精神打击而不致人格崩溃的能力[1]。

冯江平(1991)认为:"挫折承受力是指个体遭受挫折后,能够忍受和排解挫折的程度。即个体适应挫折、抗御和对付挫折的一种能力。挫折承受力包括挫折耐受力和挫折排解力。挫折耐受力是指个体遭受挫折时经受得起挫折的打击和压力,保持心理和行为正常的能力。挫折排解力是指个体遭遇挫折后,对挫折进行直接的调整和转变,积极改善挫折情境,解脱挫折状态的能力。"[2]

张旭东、车文博(2005)认为:"挫折承受力是指个体在遭遇挫折情境时,能否经得起打击和压力,有无摆脱和排解困境而使自己避免心理与行为失常的一种耐受力。亦即个体适应挫折、抵抗挫折和应对挫折的一种能力,故又称挫折容忍力。"[3]

在对挫折承受力进行研究的过程中,笔者认为在挫折承受力这一概念中,"承受"一词显得较为被动消极,而抗挫折能力则相对较为主动积极;以及,在进行调研的过程中,笔者进一步认识到,抗挫折能力的含义除了包括挫折耐受力和挫折排解力,还应该包括挫折成长力,即除了耐受挫折、排解挫折,还要善于从挫折中汲取经验教训,从挫折中成长。所以,杨秀君(2013,2016)认为:"抗挫折能力是个体抵抗挫折的能力,包括挫折耐受力、挫折排解力和挫折成长力,即个体能耐受挫折、排解挫折,并能从挫折中成长的能力。"[4][5]

从以上概念表述中,我们可以发现,抗挫折能力与挫折承受力、挫折耐受力、挫折容忍力等概念非常类似,许多时候也在通用。笔者在阅读文献中发现,在研究的早期,"挫折承受力"和"挫折容忍力"等概念用得较多,而在近几年则是"抗挫折能力"这一概念用得相对较多。

从字面意思看,抗挫折能力显得较为积极主动,有积极对抗挫折的含义;而"挫折承受力"和"挫折容忍力"等概念则相对较为消极被动,重于承受、容忍挫折等含义。可以预期,在日后的研究中,"抗挫折能力"一词会比"挫折承受力"和"挫折容忍力"等得到更多的使用。

---

[1] 黄希庭.简明心理学辞典[M].合肥:安徽人民出版社,2004:53.
[2] 冯江平.挫折心理学[M].太原:山西教育出版社,1991:78-80.
[3] 张旭东,车文博.挫折应对与大学生心理健康[M].北京:科学出版社,2005:162-163.
[4] 杨秀君.失恋心理的调适与恋爱抗挫折能力的提高[J].思想理论教育,2013年第8下期,第91-94页.
[5] 杨秀君.心理素质与人生:哈佛心理手记[M].上海:华东师范大学出版社,2016:16.

二、抗挫折能力与心理弹性的辨析

与抗挫折能力较为相关的另一个概念是心理弹性(resilience,也有译复原力、压弹、抗逆力、韧性、情绪弹性等)。心理弹性指人的心理功能不仅没有受到严重压力或逆境的损伤性影响而且还得到发展的心理现象(Rutter, 2000; Masten, 2001; Harvey & Delfabbro, 2004; Wrihgt & Masten, 2005; Kaplan, 2005 等)。心理弹性是一个含义非常广泛的概念,当前对于心理弹性的定义仍然存在分歧[1]。美国心理学会将其定义为"个体面对逆境、创伤、悲剧、威胁或其他重大压力时的反弹能力"[2]。综合已有文献,大致可以分为三类:(1)强调能力或人格特质的特质论,如加梅齐(Garmezy, 1991)将心理弹性定义为"个体在面临压力事件时能够恢复和保持健康的心理状态,从而能够良好适应压力情境的能力";(2)强调积极适应结果的结果论,如鲁特(Rutter, 1990)将心理弹性定义为"个体在逆境中能够克服困难,从而恢复良好适应的结果";(3)强调适应过程的过程论,如卢瑟(Luther, 2000)等认为"心理弹性是一种功能也是一种动态的过程,它是个体与环境进行交互作用的过程"。结果论关注的是适应的结果,特质论强调个体原有的相对比较稳定的能力和人格特质,过程论认为心理弹性是人们在压力、挫折与逆境面前不断变化、不断应对的动态发展过程。过程论整合了结果论和特质论的关键点,既强调了个体良好的适应结果和内在的应对能力,又描述了个体与环境的动态性交互作用,更具有整合性而被多数研究者采纳。尽管提法不同,概念的内涵与外延不尽相同,但所有心理弹性的概念界定都包含了两个必不可少的方面,即:(1)经历过重大的消极生活事件;(2)能从重大消极生活事件中恢复或积极适应于逆境并发展良好[3]。而从相关量表测量来看,西方常用自我韧性量表测量个体根据挫折和应激情境的需要而调整自己行为的能力;康纳-戴维森(Connor-Davidson)韧性量表测量有利于促进个体适应逆境的积极心理品质[4]。

---

[1] 席居哲,桑标,左志宏.心理弹性(Resilience)研究的回顾与展望[J].心理科学,2008 年第 31 卷第 4 期,第 995 – 998 页.
[2] Southwick, S. M. & Charney, D. S. (2012). The Science of Resilience: Implications for the Prevention and Treatment of Depression [J]. *Science*, 338(6103):79 – 82.
[3] 张敏,卢家楣.青少年情绪弹性问卷的研究报告[J].心理科学,2010 年第 33 卷第 1 期,第 24 – 27 页.
[4] 于肖楠,张建新.自我韧性量表与 Connor-Davidson 韧性量表的应用比较[J].心理科学,2007 年第 30 卷第 5 期,第 1169 – 1171 页.

从以上叙述可见,抗挫折能力和心理弹性二者有交叉、重叠的成分。但是,二者也有明显的区别。一是含义上的区别:心理弹性的含义较为宽泛,指向困难、挑战、应激、挫折、压力、逆境等;而抗挫折能力的含义较为具体、明确,即特别指向挫折。二是心理弹性强调恢复,而抗挫折能力在程度上不止是复原,还强调进一步的发展。三是从字面意义上看,心理弹性对于大众而言,理解稍有困难,可能会有歧义;而抗挫折能力的意思明确,易为大众理解。

三、抗挫折能力的三个层次

抗挫折能力是个体抵抗挫折的能力,包括挫折耐受力、挫折排解力和挫折成长力,即个体能耐受挫折、排解挫折,并能从挫折中成长的能力。具体来说,挫折耐受力是指个体遭遇挫折时能经受住挫折的打击,保持心理和行为正常的能力,即"能忍耐"。挫折排解力是指个体遭遇挫折后,对挫折状态和挫折情境进行有效排解,使自己的情绪和生活等尽快恢复正常的能力,即"能排解"。挫折成长力是个体在遭遇挫折后,能从挫折中汲取经验教训,获得心理上成长的能力,即"能成长"。

挫折耐受力是抗挫折能力中较低的层次,"能耐受"是抗挫折能力的基础。挫折耐受力强的人在遭遇挫折时,有较强的耐受能力,不会产生强烈的情绪波动,能保持正常的学习生活;相反,挫折耐受力弱的人在遭遇挫折时耐受力差,轻者不能承受挫折带来的痛苦而沮丧悲观、自暴自弃;重者则因一点点情感或其他方面的挫折而抛弃自己宝贵的生命。挫折耐受力的高低,一般会受生理条件、挫折经验以及主观判断等多种因素的影响。

挫折排解力是中等的层次,"能排解"是抗挫折能力的手段。"抗挫折能力的高低不仅表现在能否耐受住挫折的打击,还表现在能否尽快排解挫折,走出挫折的阴影,让自己的生活尽快恢复正常。"[①]挫折排解力强的人,往往能够较为准确地分清楚挫折的类型和性质,而且可以在短时间内运用适当的方法解决挫折的冲突;而挫折排解力弱的人往往不会主动排解挫折,遇到挫折只是消极对待,不能积极地排解挫折带来的不良情绪,不会利用积极的挫折应对机制。是否能在短时间内尽快排解挫折带来的不良情绪,是挫折排解能力高低的重要体现。

---

① 杨秀君. 失恋心理的调适与恋爱抗挫折能力的提高[J]. 思想理论教育,2013 年第 16 期,第 91 - 94 页.

挫折成长力是较高的层次,"能成长"是抗挫折能力的目标。挫折成长力强的个体,在经历挫折之后能汲取经验教训,能避免再次遭遇同样的挫折,或遇到挫折时能更有效地面对;挫折成长力弱的个体,害怕挫折、不知道如何应对挫折,不能从挫折中汲取经验教训,也不能从挫折中得到积极的发展和成长。例如,挫折成长力强的个体在遭遇学习挫折之后,能及时查找学习失败的原因,总结经验,为自己规划日后的学习计划,认真学习,提高学习成绩,避免再次遭遇学习挫折;而挫折成长力弱的个体在遭遇学习挫折之后,不能总结经验教训,仍然不努力学习,或者是害怕学习,有逃避学习的心理,即遭遇了学习挫折之后没有获得心理成长,反而出现了心理的退行等。

挫折耐受力、挫折排解力和挫折成长力是个体应对挫折的不同阶段。(1)挫折耐受力是挫折排解力和挫折成长力的前提和基础;挫折耐受力低,则挫折排解力和挫折成长力也会低;但挫折耐受力高,却并不一定会有高的挫折排解力和挫折成长力。生活中,也不乏只会忍受而不会排解和成长的个体。可以说,挫折耐受力是挫折排解力和挫折成长力的必要条件。(2)挫折排解力是抗挫折能力中的重要内容。挫折排解力以挫折耐受力为基础,挫折排解力的提高反过来会促进挫折耐受力的提高;挫折排解力又是挫折成长力的基础,挫折排解力的提升有助于挫折成长力的提升。(3)挫折成长力是在挫折耐受力和挫折排解力的基础上发展起来的,挫折成长力的发展又会对挫折耐受力和挫折排解力的提高起到促进作用。所以,三者相互联系、相互促进,形成个体独特的抗挫折能力。

所以,本研究在编制抗挫折能力量表时也将从这三方面展开,从挫折耐受力、挫折排解力和挫折成长力三个方面来建构大中小学生抗挫折能力量表。未来也将从这三个方面来编制适用于幼儿和小学低年级的基于图片的儿童挫折能力量表。

四、抗挫折能力的表现

抗挫折能力不同的人,其表现是截然不同的。

抗挫折能力高的人:在挫折耐受力方面,面对挫折时能耐受住挫折的打击,能维持正常的生活;在挫折排解力方面,知道如何排解挫折,知道如何尽快从挫折中走出来;而在挫折成长力方面,善于从挫折中汲取经验教训,从挫折中得到积极的发展和成长。

抗挫折能力低的人:在挫折耐受力方面,遇到挫折时不能承受挫折的打击,他们为所遭遇的挫折而痛苦不已,甚至因为考试失败、失恋等而选择了轻生的道路;在挫折排解力方面,遇到挫折后不知道如何来排解内心的苦闷、忧伤或愤怒,长期沉浸在失败的痛苦之中;而在挫折成长力方面,他们不能从挫折中汲取经验教训,不能从挫折中得到成长。

总体来看,抗挫折能力高的人,能耐受挫折、排解挫折,能从挫折中成长,其挫折反应较小,沉浸在挫折中的时间较短,挫折带来的消极影响也较小;而抗挫折能力低的人,则刚好相反,他们不能耐受挫折、不能尽快地排解挫折,也不能从挫折中汲取应有的经验教训,他们的挫折反应较大,沉浸在挫折中的时间较长,挫折带来的消极影响也较大。

以及,抗挫折能力也有其生理机制。抗挫折能力与先天的神经特征有关,有的人的神经系统耐受性高,兴奋和抑制平衡,抗挫折能力强;而有的人则刚好相反,神经系统耐受性低,兴奋和抑制不平衡,抗挫折能力弱。

总之,不同的抗挫折能力可能带来不同的人生,我们很有必要通过测量来了解自己的抗挫折能力,并思考如何提升抗挫折能力。在下一篇章,欢迎各位跟随作者来测量一下自己的抗挫折能力。

第二章　大学生学习挫折的测量

第一节　走近学习挫折

一、难以回避的学习挫折

学习是大学生的主要任务。但是,在完成自己学业的过程中,并不是所有的学生都是一帆风顺的。据媒体报道:某年,某大学一名大四学生考试不及格难拿毕业证,选择了跳楼身亡;某年,某大学一名大三学生由于留级导致心理压力过大,跳楼身亡;某年,某大学外国语学院一名大四学生从宿舍五楼跳下,该生在考研失败后精神一直处于恍惚状态……在大学校园,由于学习方面的挫折而走上绝路的报道真的是不绝于耳。

的确,由于大学的学习并不像许多人所以为的"上了大学就轻松了",如果出现学习任务重、学习要求高、学习压力大、学习方法不适应等情况,大学生在学习过程中遭遇学习挫折则在所难免。甚至可以说,学习挫折是大学生最容易遇到的挫折之一。笔者在大学教学和心理咨询的过程中,经常感受到不少大学生在学习过程中总是体验到挫折感,而不能体验到成功感,这激励笔者关注学生的学习心理问题。另外,笔者曾作为特邀嘉宾参加过某高校关于大学生逃课的讨论,其间深为学生们对逃课、厌学的叙述所震撼!虽说学生逃课、厌学的原因繁多,但在学习过程中太多体验到挫折而较少体验到成功的欢乐,是一条重要的、普遍的原因。

当前,大学生的学习质量和学习心理是教育系统关注的问题,但现代社会的竞争和压力不可避免地会对学生的学习和心理带来很大冲击。那么,当前大学生学习挫折的现状究竟如何?我们应采取怎样的教育对策?对此,需要我们通过实证研究来回答,而不仅仅是一些经验层面上的探讨。

关于大学生学习挫折的研究可以为政府和教育行政机构的有关部门了解情况、制定教育政策、解决相关问题等提供实证资料,也有助于大学生了解并应对学习方面的心理挫折。

二、学习挫折的含义

对于学习挫折,在心理学词典上并无具体的界定,在少量论文中,有作者提出了自己的认识。借鉴不同学者对挫折和学习挫折的研究,笔者认为,**学习挫折是个体在完成学业活动的过程中,由于主客观的障碍和干扰,使其以为自己不能达到预期的学习目标而产生的消极情绪体验。学习挫折包括认知的成分和情绪情感的成分。**

学习挫折是大学生面临的主要挫折之一,但是直接以大学生的学习挫折为主题的研究相对较少,相对较多的是在一般的挫折研究中涉及大学生学习挫折的原因、表现、应对方式、对策等。而且,这些研究多是理论的探讨,而实证研究却相对较少。可以说,缺乏相应的测量工具,是限制学习挫折方面研究深入开展的一个重要的原因。信度和效度较高的学习挫折量表是各研究者的实证研究之间具有可比性的重要工具和保证。

第二节 学习挫折量表的编制

一、学习挫折量表题目的编制

课题组采用整群随机取样的方法,对1241名有效被试进行了研究。

首先,根据学习挫折的定义和理论研究,编制开放式问卷。

表 2.1 学习挫折开放式问卷

回忆自己进入大学以来,在学习方面所经历过的挫折,并分析挫折产生的原因。

发生时间	挫折经过	挫折产生的原因

续 表

发生时间	挫折经过	挫折产生的原因

对上海市某高校大一到大四的130名学生进行开放式问卷调查,将收集到的信息加以分类整理如下:

表2.2 学习挫折情境及出现频率

学习挫折情境	出现频率
个别科目考试成绩不及格	50
个别科目考试成绩不高	44
英语四、六级考试未通过	12
在某些课堂上听不懂老师的讲解或同学的发言	11
弄不懂某些课程内容,学习比较吃力	9
个别科目的基础差	8
高考落榜	8
学习成绩或绩点下降	5
平时学习很用功,但考试成绩不尽如人意	5
大多数科目的考试压力很大	5
对专业课的掌握不够	5
某些选拔考试或竞赛未通过	5

(注:表中仅列出出现频率高于5的项目)

从表2.2可见,考试不及格、考试成绩不高是同学经常遇见的学习挫折。在仔细进行分类研究并征求专家意见的基础上,我们形成了包含93个题目的原始量表。量表采用Likert四级评分,不符合记1分,不大符合记2分,基本符合记3分,符合记4分。93道题目中包括10道反向题目、2道测谎题目,得分越高表明学习挫折越大。

其次,对上海某大学的大一到大四的本科生进行初测,收回有效问卷312份。以量表内项目的决断值(CR值,又称临界比)及项目与总分的相关为标准,删除决断值未达显著性的题目及项目与总分的相关低于0.30的题项。对剩余的题目进行主成分分析,删除在所有因子上负荷量小于0.30的项目和在两个或两个以上因子上负荷量大于 0.35 的项目。征求专家的意见,确定了 30 道题目,并设计了 2 道测谎题,作为剔除无效问卷的参考标准。这样,就形成了由 32 道题目组成的量表。

然后,将由 32 道题目组成的量表施测于高校本科生,有效被试 799 人。其中男生 359 人,女生 440 人;文科 359 人,理科 228 人,工科 158 人,体育艺术和医学类 54 人;大一学生 173 人,大二学生 252 人,大三学生 275 人,大四学生 99 人。再次通过项目分析、因素分析等,删除了 14 道题目。考虑到问卷题量不大,便不再设置测谎题。故此,形成了由 16 道题目组成的量表。

该量表包括 5 个因子,具体情况为:第一个因子的题目如"那些学习成绩很好的同学让我自惭形秽。""我对学校的学习有畏惧心理。"等,是学习挫折引起的自卑、灰心、畏惧等心理,故命名为"学习挫折引起的消极情绪";第二个因子的题目如"我解答不出有些科目的考试题目。""我在有些课堂上提不出解题方法。"等,都是在学习过程中所体验到的挫折,故命名为"学习过程的挫折";第三个因子的题目如"我能找到适合自己的学习方法。""我能实现自己的学习目标。"等,都是对学习的积极认知方面的题目,故命名为"学习的积极认知";第四个因子的题目如"我的学习在年级排名靠后。""我的有些科目考试成绩不及格。"等,都是学习结果方面的挫折,故命名为"学习结果的挫折";第五个因子的题目如"我认为教师的授课方式陈旧,这使我心情失落。""某些课程老师给分太低,使我心情糟糕。"等,都是与教师相关的挫折,故命名为"教师相关的挫折"。

研究表明,该量表包括**"学习挫折引起的消极情绪"**因子、**"学习过程的挫折"**因子、**"学习的积极认知"**因子、**"学习结果的挫折"**因子和**"教师相关的挫折"**因子共五个因子。笔者认为这几个因子非常有效地反映了学习挫折的概念。首先,"学习挫折引起的消极情绪"因子非常直接地反映了学习挫折的概念。如前所述,学习挫折包括认知成分和情感成分,所以,消极情绪是学习挫折的直接体现。其次,"学习过程的挫折"因子和"学习结果的挫折"因子是学生对自己的学习过程和学习结果的认知和评价,也直接反映了学习挫折的含义。而且,这两个因子与学习效能非常相似。"学习效能,是个体对控制自己的学习行为和学习成绩的能力的主观判断。"很显然,学习过程和学习结果与学习行为和学习成绩正好相对应。第三,如果量表中全部都是正向的题目,则会难以判断被试是否认真作答。所以,我们设计了一些反向的题目,形成了"学习的积极认知"因子。第四,对于学生来说,教师可以说是非常重要的他人。在我们的访谈中,许多学生谈及:教师的授课情况、教师的评分等都会对学生的心理带来非常重大的影响。如果学生对教师的授课情况不满意,对教师的评分不满意等,则非常容易产生挫折感。总之,以上五个因子从不同的角度反映了学习挫折的概念。

本研究以内部一致性系数(Cronbach α 系数)和斯皮尔曼-布朗(Spearman-Brown)分半系数来衡量量表的信度,结果各分量表的内部一致性系数和分半系数都达到统计学的要求,说明该量表具有较好的信度。本研究严格按照量表编制的程序来进行研究,从而保证了量表具有较高的内容效度,而且五个因子从不同侧面反映了学习挫折的认知和情感成分;因素分析的指标均达到了统计上的要求,从而保证了量表的建构效度。因此,该量表可以作为大学生学习挫折的有效测量工具。

二、学习挫折的测量与计分

测量 1　学习挫折量表[①]

同学:您好!本问卷的目的在于了解您在学习过程中的情况和感受,与您的智力、学习成绩没有关系。请您仔细阅读下面每一个句子,并将与您的实际想法相符合的回答在相应"□"上打"√"。每题只能选择一个答案,答案无对错之分,希望您如实回答。回答时不要太费时考虑,也不要讨论,看懂后就回答。注意不要遗漏!

	不符合	不大符合	有点符合	符合
1. 那些学习成绩很好的同学让我自惭形秽。	□	□	□	□
2. 我解答不出有些科目的考试题目。	□	□	□	□
3. 我能找到适合自己的学习方法。	□	□	□	□
4. 我的学习在年级排名靠后。	□	□	□	□
5. 我认为教师的授课方式陈旧,这使我心情失落。	□	□	□	□
6. 我的学习没有同学好,这让我感到很自卑。	□	□	□	□
7. 我在有些课堂上提不出解题方法。	□	□	□	□
8. 我能实现自己的学习目标。	□	□	□	□
9. 我的有些科目考试成绩不及格。	□	□	□	□
10. 某些课程老师给分太低,使我心情糟糕。	□	□	□	□

---

① 说明:为了避免被试的掩饰,本量表在施测时,建议标题不要直接采用"学习挫折量表"这个名称,而可以采用无特别含义的"学习情况调查"。

续　表

	不符合	不大符合	有点符合	符合
11. 一旦考试成绩落后,我就感到灰心。	□	□	□	□
12. 我在有些课堂上回答不出老师的提问。	□	□	□	□
13. 上课学的解题技巧或方法,我都能很好地运用。	□	□	□	□
14. 我的成绩没有同寝室同学高。	□	□	□	□
15. 我感觉老师不信任我的学习能力。	□	□	□	□
16. 我对学校的学习有畏惧心理。	□	□	□	□

计分时,请使用下方的计分卡。其计分规则为:不符合＝1分,不大符合＝2分,基本符合＝3分,符合＝4分。其中3、8、13题要反向计分,即这三题的计分规则为:不符合＝4分,不大符合＝3分,基本符合＝2分,符合＝1分。

请根据计分规则,将量表中所作选择所代表的分数写在相应题号旁,再计算各因子的分数。

表 2.3　大学生学习挫折量表计分卡

因子	题号				分数
学习挫折引起的消极情绪	1	6	11	16	
学习过程的挫折	2	7	12		
学习的积极认知	3	8	13		
学习结果的挫折	4	9	14		
教师相关的挫折	5	10	15		

注:上表中3、8、13题要注意反向计分

对结果的判断可参照表2.4,根据年级选择相应的指标。如果您的分数在相应的"平均数±标准差"的范围之内,则处于平均水平;若在"平均数±标准差"之外,则可判断是低于或高于平均水平。

表 2.4　不同年级学生的学习挫折总分上的平均数和标准差

年级	平均数	标准差	平均数±标准差
大一	31.27	6.81	24.46～38.08
大二	35.63	7.04	28.59～42.67

续 表

年级	平均数	标准差	平均数±标准差
大三	34.43	7.31	27.12～41.74
大四	33.64	8.81	24.83～42.45

举例来说,如果某位大一同学的学习挫折总分为25分,则其学习挫折处于中等水平;若其学习挫折总分为20分,在"平均数±标准差"的范围之下,则其学习挫折较低;若其学习挫折总分为39分,在"平均数±标准差"的范围之上,则其学习挫折较高。

而若您想进一步分析以上五个方面的学习挫折情况,则可查看在每一行的分数如何,并根据以下表格的分值进行对比,方法同上。

表2.5 不同年级学生的学习挫折引起的消极情绪上的平均数和标准差

年级	平均数	标准差	平均数±标准差
大一	6.76	2.36	4.40～9.12
大二	7.39	2.35	5.04～9.74
大三	7.35	2.50	4.85～9.85
大四	7.33	2.70	4.63～10.03

表2.6 不同年级学生的学习过程的挫折上的平均数和标准差

年级	平均数	标准差	平均数±标准差
大一	7.32	2.07	5.25～9.39
大二	7.83	2.09	5.74～9.91
大三	8.00	1.89	6.11～9.89
大四	7.36	2.47	4.89～9.83

表2.7 不同年级学生的学习的积极认知上的平均数和标准差

年级	平均数	标准差	平均数±标准差
大一	6.24	1.50	4.74～7.74
大二	6.74	1.62	5.12～8.36
大三	6.46	1.64	4.82～8.10
大四	6.00	1.86	4.14～7.86

表 2.8 不同年级学生的学习结果的挫折上的平均数和标准差

年级	平均数	标准差	平均数±标准差
大一	5.16	1.92	3.24~7.08
大二	6.73	2.53	4.20~9.26
大三	6.04	2.20	3.84~8.24
大四	6.08	2.25	3.83~8.33

表 2.9 不同年级学生的与教师相关的挫折上的平均数和标准差

年级	平均数	标准差	平均数±标准差
大一	5.79	1.63	4.16~7.42
大二	6.94	1.75	5.19~8.69
大三	6.59	1.89	4.70~8.48
大四	6.86	2.19	4.67~9.05

第三章　大学生抗挫折能力的测量

　　为了比较科学地测量大学生的抗挫折能力,我们首先根据抗挫折能力的定义和理论研究,编制开放式问卷。对上海市某高校大一到大四的720名学生进行开放式问卷调查,将收集到的信息加以分类整理,并编制初测题目。

　　在综合开放式问卷的基础上发现,同学们都认为人们的各方面抗挫折能力是不完全一致的,如在学业方面抗挫折能力很高的同学,却可能在恋爱方面抗挫折能力低下。所以,本研究抗挫折能力量表的编制思路如下:(1)从几个方面编写:即一般的抗挫折能力、人际交往方面的抗挫折能力、恋爱方面的抗挫折能力。(2)每个方面均分为几个维度:挫折耐受力、挫折排解力、挫折成长力,即能承受挫折、能排解挫折、能从挫折中成长。(3)每个维度分别从认知、情绪感受、意志行动取向等展开。(4)每个题目中包含"表示挫折的事情"及"我能"或相关含义的关键词。(5)每个方面编制50道左右的题目。(6)有正向题目,也有负向题目,既有"我能……",也有"我不能……"或其他消极行为等。正向负向题目各一半,或正向三分之二、负向三分之一左右。最后,形成一般的抗挫折能力量表72道题目,人际方面的抗挫折能力量表52道题目,恋爱方面的抗挫折能力量表50道题目。量表采用利克特四级评分,不符合记1分,不大符合记2分,基本符合记3分,符合记4分。

　　对上海市某两所高校的600名本科生进行初测,获得有效问卷576份,有效率为96%。以量表内项目的决断值(CR值,又称临界比)及项目和总分的相关为标准,删除决断值未达显著性的题目及项目和总分的相关低于0.30的题项。对剩余的题目进行主成分分析,删除在所有因子上负荷量小于0.30的项目及在两个或两个以上因子上负荷量大于0.35的项目。征求专家的意见,各量表均确定了18道题目,并各设计了2道测谎题,作为剔除无效问卷的参考标准。这样,就形成了分别由20道题目组成的三个量表。

　　将三个量表施测于国内十四所高校的2900名学生,获得有效数据2724份,有效率为94%。其中男生1 209人,占44.4%,女生1 515人,占55.6%;人文社科925人,占34.0%,经管366人,占13.4%,理工1 300人,占47.7%,体育艺术133人,占4.9%;大一学生1267人,占46.5%,大二学生851人,占31.2%,大三学生448人,占16.4%,大四学生105人,占3.9%,研一学生53人,占1.9%。再次进行项目分析、因素分析等,结果形成一般抗挫折能力量表15道题目、人际交往抗挫折能力量表15道题目、恋爱抗挫折能力量表15道题目。考虑到量表题量不大,且有反向题目,便不再设置测谎题。以下,分别报告对这三个量表的研究结果。

第一节 大学生一般抗挫折能力的测量

大学生的抗挫折能力如何,这是大家都关心的问题。为了让读者感受到量表编制的严谨、科学与不容易,在此将编制的流程介绍如下。

一、一般抗挫折能力量表的介绍

对调查数据采用FoxPro5.0软件进行录入与管理。然后用SPSS20.0软件进行统计分析。

(一) 项目分析

首先,对量表进行项目分析,结果如表3.1。

表3.1 一般抗挫折能力量表项目分析结果

	该题项删除后的量表平均数	该题项删除后的量表方差	经校正的题项与总分的相关	该题项删除后的α系数
A1	45.92	39.59	0.49	0.86
A2	45.66	40.49	0.47	0.86
A3	45.80	40.20	0.44	0.86
A4	46.11	39.96	0.50	0.86
A5	45.99	39.51	0.48	0.86
A6	45.81	39.62	0.55	0.86
A7	45.86	39.73	0.50	0.86

续 表

	该题项删除后的量表平均数	该题项删除后的量表方差	经校正的题项与总分的相关	该题项删除后的α系数
A8	45.93	38.83	0.52	0.86
A9	45.78	39.47	0.54	0.86
A10	46.14	38.70	0.49	0.86
A11	45.82	39.88	0.52	0.86
A12	45.76	39.49	0.56	0.85
A13	45.61	40.00	0.50	0.86
A14	45.93	39.76	0.54	0.86
A15	45.72	40.09	0.55	0.86

结果表明,题项与总分的相关为 0.44 至 0.56,量表的 α 系数为 0.86。而且,如果删除任何一个题项,量表的 α 均值都会降低,说明确定这些题项为正式量表是恰当的。

(二) 因素分析

对大学生抗挫折能力量表的 15 个题项进行因素分析,采用主成分分析法,并进行方差最大旋转(Varimax)。

1. 数据的合适性考验

首先,对数据的合适性进行考验,KMO 和 Bartlett 球形检验结果如表 3.2。

表 3.2 一般抗挫折能力量表 KMO 和 Bartlett 球形检验结果

KMO 取样适当性度量		0.91
Bartlett 球形检验	近似卡方分布	11 948.91
	自由度	105
	显著性	0.000

我们知道,KMO 值越大,变量间的共同因素越多,越适合做因素分析。本研究中,KMO 为 0.91,表明该数据做因素分析是恰当的。

Bartlett 球形检验值为 11 948.91($p<0.0001$),达到显著性水平,说明总体相关矩阵不是单位矩阵,拒绝球性,数据适合进行因素分析。

另外,参考碎石图如图3.1。

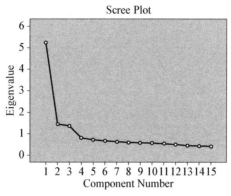

图 3.1　一般抗挫折能力量表碎石图

从碎石图可以直观地看到特征根有突然的下降,说明数据适合进行因素分析。

2. 确定抽取的因素个数

以 Kaiser 准则的特征值大于 1 为标准,同时参考 Cattell 所倡导的特征值图形的碎石检验,抽取出 3 个因子,其累积贡献率为 53.77%。具体数据见表 3.3。

表 3.3　一般抗挫折能力量表各因子项目及其负荷量

题目	因子一	因子二	因子三
A9	**0.75**	0.13	0.19
A2	**0.71**	0.12	0.11
A12	**0.70**	0.19	0.22
A15	**0.68**	0.29	0.12
A7	**0.64**	0.20	0.17
A6	0.18	**0.77**	0.14
A4	0.14	**0.72**	0.14
A1	0.09	**0.71**	0.20
A11	0.26	**0.61**	0.16
A14	0.30	**0.61**	0.16
A5	0.21	0.04	**0.72**
A8	0.26	0.11	**0.69**
A10	0.13	0.19	**0.69**
A3	0.01	0.25	**0.65**

续 表

题目	因子一	因子二	因子三
A13	0.19	0.19	**0.64**
特征根	2.80	2.71	2.56
贡献率(%)	18.68	18.05	17.04
累积贡献率(%)	18.68	36.73	53.77

根据各因子所包括的题项内容,对各因子进行命名。具体情况为:第一个因子的题目如"挫折锻炼了我强大的内心""经历挫折后,我变得更为成熟。"等,是在挫折中成长的能力的表现,故命名为"一般挫折成长力"。第二个因子的题目如"遇到挫折后,我能尽快恢复正常。""遇到挫折时,我能在比较短的时间内解决问题。"等,是对挫折的排解能力的表现,故命名为"一般挫折排解力"。第三个因子的题目如"遇到挫折时,我很容易放弃自己的目标。""遇到挫折时,我总是选择逃避现实。"等,是经受不住挫折的打击和压力,挫折耐受力低的表现,故命名为"一般挫折耐受力"。因为是一系列反向题目,故该因子题目在计分时,需要反向计分。

(三) 信度分析

该研究用2个指标来鉴定大学生抗挫折能力量表的信度,它们是内部一致性系数(Cronbach α 系数)和 Spearman-Brown 分半系数,其结果见表3.4。

表3.4 一般抗挫折能力量表各分量表的内部一致性系数和分半系数

分量表	内部一致性系数	分半系数
一般挫折耐受力	0.76***	0.76***
一般挫折排解力	0.79***	0.77***
一般挫折成长力	0.80***	0.78***

注:*** 表示 $p<0.001$。

从上表中可见,各分量表的内部一致性系数为0.76至0.80,分半系数为0.76至0.78。这说明,该量表具有较好的信度。

(四) 效度分析

本研究效度的评估采用内容效度和建构效度。

1. 内容效度分析

本量表的题项来源于文献研究和 720 名学生的开放式问卷调查整理后的结果,对师生进行了个别访谈,并征求了专家意见,从而保证了量表的题项能反映当前大学生抗挫折能力的实际情况。而且,还进行了预测(共 576 份有效问卷),请同行专家对量表的题项进行多次审查,所以本量表具有较高的内容效度。

2. 建构效度分析

统计学上,检验建构效度的最常用的方法即因素分析。在本研究中,因素分析以 Kaiser 准则的特征值大于 1 为标准,同时参考 Cattell 所倡导的特征值图形的碎石检验,抽取出 3 个因子,且其累积贡献率为 53.77%。可以说明,本研究量表具有较好的建构效度。

(五) 小结

从以上分析可见,各分量表的内部一致性系数为 0.76 至 0.80,分半系数为 0.76 至 0.78。这说明,该量表具有较好的信度。另外,该量表具有较高的内容效度和建构效度。

研究表明,该量表包括三个因子,即"一般挫折耐受力""一般挫折排解力"和"一般挫折成长力"。如前所述,一般认为抗挫折能力包括挫折耐受力和挫折排解力,是个体在面对挫折的时候,能够耐受挫折,并能排解挫折的能力的表现;而挫折成长力是我们在实践中,通过开放式问卷,与学生、老师进行访谈,以及对问卷题项进行测量和比较而发现的,这个因子说明了抗挫折能力不仅包括耐受挫折、排解挫折,而且还包括在挫折中成长。挫折成长力也是抗挫折能力中非常重要的内容,在研究中不容忽视;另外,在该量表中,挫折耐受力因子负向题目的设计可以有效地防止学生在作答时的随意选择。所以说,以上三个因子与抗挫折能力的概念是吻合的,该量表包括这三个因子是恰当的。

研究结果表明,该量表具有较高的信度和效度,可以作为一般抗挫折能力的有效的测量工具。

下面,可以试着测量一下。请注意,在回答时不能是"希望自己是怎样或应该怎样",而应该是"实际上自己是怎样"。

二、一般抗挫折能力的测量与计分

测量 2 一般抗挫折能力量表

指导语：请仔细阅读每一个句子，将与您的实际情况相符合的回答在相应"□"上打"√"。答案无对错之分，请如实回答，每题选择一个答案，注意不要遗漏！

	不符合	不大符合	有点符合	符合
1. 遇到挫折后，我能很快走出悲伤、振作起来。	□	□	□	□
2. 经历挫折后，我变得更为成熟。	□	□	□	□
3. 挫折会使我对未来失去信心。	□	□	□	□
4. 遇到挫折时，我能在比较短的时间内解决问题。	□	□	□	□
5. 遇到挫折时，我很容易放弃自己的目标。	□	□	□	□
6. 遇到挫折后，我能尽快恢复正常。	□	□	□	□
7. 经历挫折后，我学会了更好地控制自己的情绪。	□	□	□	□
8. 遇到挫折时，我总是选择逃避现实。	□	□	□	□
9. 挫折锻炼了我强大的内心。	□	□	□	□
10. 遇到挫折时，我会很自卑。	□	□	□	□
11. 遇到挫折时，我能用合理的方式去排解心中的不快。	□	□	□	□
12. 经历挫折后，我应对挫折的能力得到了提升。	□	□	□	□
13. 一遇到挫折，我就会感到绝望，一蹶不振。	□	□	□	□
14. 遇到挫折时，我能找到有效的排解方式，保持心情平静。	□	□	□	□
15. 挫折培养了我坚强的意志力。	□	□	□	□

计分时，请使用下方的计分卡。其计分规则为：不符合＝1分，不大符合＝2分，基本符合＝3分，符合＝4分。其中"挫折耐受力"的题目要注意反向计分，即其计分规则为：不符合＝4分，不大符合＝3分，基本符合＝2分，符合＝1分。

请根据计分规则，将量表中所作选择代表的分数写在相应题号旁，再计算各因子的分数。

表 3.5　大学生抗挫折能力量表计分卡

因子	题号					分数
一般挫折耐受力	3	5	8	10	13	
一般挫折排解力	1	4	6	11	14	
一般挫折成长力	2	7	9	12	15	
一般抗挫折能力总分						

注：上表中 3、5、8、10、13 题要反向计分

对结果的判断可参照下表，根据年级选择相应的指标。如果你的分数在相应的"平均数±标准差"的范围之内，则处于平均水平；若在"平均数±标准差"之外，则可判断是低于或高于平均水平。

表 3.6　不同年级在抗挫折能力上的平均数和标准差

年级	平均数	标准差	范围
大一	49.83	6.54	43.29～56.37
大二	48.55	6.77	41.78～55.32
大三	48.52	6.81	41.71～55.33
大四	49.50	6.45	43.05～55.95
研一	49.83	6.57	43.26～56.40
总和	49.17	6.69	42.48～55.86

举例说明，如果某位大一同学的一般抗挫折能力得分为 50 分，则他的抗挫折能力为中等，与周围的大多数大学生差不多；如果其得分为 42 分，低于表 3.6 中的标准，则他的抗挫折能力相对较低；如果其得分为 58 分，高于表 3.6 中的标准，则他的抗挫折能力相对较高。

第二节　大学生人际交往抗挫折能力的测量

一、人际交往抗挫折能力量表的介绍

人际交往抗挫折能力量表的编制程序与前述一般抗挫折能力量表的编制相

同,为了避免让读者感觉很繁琐,在此就省略了编制的具体内容。在该量表中,具体情况为:第一个因子的题目如"与朋友发生不愉快,我能主动寻求和解办法。""被人误解时,我能主动沟通,并化解误会。"等,是对挫折的排解能力的表现,故命名为"人际挫折排解力"。第二个因子的题目如"在公共场合失态,便会觉得很丢脸,无法承受。""被人当众揭短,我会恼羞成怒。"等,是经受不住挫折的打击和压力,挫折耐受力低的表现,故命名为"人际挫折耐受力"。因为是一系列反向题目,故该因子题目在计时时,需要反向计分。第三个因子的题目如"受到过别人的讽刺,我变得更加的坚强。""如果受人歧视,我能从中懂得要自立自强。"等,是在挫折中成长的能力的表现,故命名为"人际挫折成长力"。

人际挫折耐受力测量个体在面对人际方面挫折时的耐受力,人际挫折排解力测量个体在面对人际方面挫折时的排解力,而人际挫折成长力测量当个体在遭遇人际方面挫折之后是否能从挫折中汲取经验教训,从挫折中获得成长。研究结果表明,该量表具有较高的信度和效度,可以作为人际交往抗挫折能力的有效测量工具。

二、人际交往抗挫折能力的测量与计分

测量3 人际交往抗挫折能力量表

指导语:请仔细阅读每一个句子,将与您的实际情况相符合的回答在相应"□"上打"√"。答案无对错之分,请如实回答,每题选择一个答案,注意不要遗漏!

	不符合	不大符合	有点符合	符合
1. 被人误解时,我能主动沟通,并化解误会。	□	□	□	□
2. 如果受人歧视,我能从中懂得要自立自强。	□	□	□	□
3. 如果和别人发生矛盾,会严重影响我的情绪。	□	□	□	□
4. 与朋友发生不愉快,我能主动寻求和解办法。	□	□	□	□
5. 被人欺骗,使我提高了待人接物的能力。	□	□	□	□
6. 因为小事与朋友闹翻,事后我能主动向对方解释清楚。	□	□	□	□
7. 在公众场合失态,便会觉得很丢脸,无法承受。	□	□	□	□
8. 当众出丑,使我提高了随机应变的能力。	□	□	□	□

续　表

	不符合	不大符合	有点符合	符合
9. 与室友发生矛盾时,我能主动寻找原因解决矛盾。	□	□	□	□
10. 被宿舍同学冷落,我会觉得不能承受。	□	□	□	□
11. 受到过别人的讽刺,我变得更加的坚强。	□	□	□	□
12. 与要好的朋友因误会而分手,我学会了珍惜友情。	□	□	□	□
13. 被人当众揭短,我会恼羞成怒。	□	□	□	□
14. 被老师冤枉,我能选择合适的机会解释清楚。	□	□	□	□
15. 在公共场合表现糟糕,我会觉得很有挫折感。	□	□	□	□

计分时,请使用下方的计分卡。其计分规则为:不符合＝1分,不大符合＝2分,基本符合＝3分,符合＝4分。其中人际挫折耐受力的题目要反向计分,即这几道题的计分规则为:不符合＝4分,不大符合＝3分,基本符合＝2分,符合＝1分。

请根据计分规则,将量表中所作选择所代表的分数写在相应题号旁,再计算各因子的分数。

表 3.7　大学生人际交往抗挫折能力量表计分卡

因子	题号					分数
人际交往挫折耐受力	3	7	10	13	15	
人际交往挫折排解力	1	4	6	9	14	
人际交往挫折成长力	2	5	8	11	12	
人际交往抗挫折能力总分						

注:表中挫折耐受力的题目要反向计分

对结果的判断可参照表 3.8,根据年级选择相应的指标。如果你的分数在相应的"平均数±标准差"的范围之内,则处于平均水平;若在"平均数±标准差"之外,则可判断是低于或高于平均水平。

表 3.8　不同年级在人际交往抗挫折能力上的平均数和标准差

年级	平均数	标准差	范围
大一	46.01	6.97	39.04～52.98
大二	44.75	6.72	38.03～51.47

续　表

年级	平均数	标准差	范围
大三	44.55	6.68	37.87～51.23
大四	46.52	6.59	39.93～53.11
研一	46.63	5.92	40.71～52.55
总和	45.37	6.84	38.53～52.21

举例来看,如果某位大一同学的人际交往抗挫折能力得分为45分,在表3.8的39.04～52.98中间,则他的人际交往抗挫折能力为中等,与周围的大多数大学生差不多;如果其得分为36分,低于表3.8中的39.04,则他的人际交往抗挫折能力相对较低;如果其得分为56分,高于表3.8中的52.98,则他的人际交往抗挫折能力相对较高。

第三节　大学生恋爱抗挫折能力的测量

一、恋爱抗挫折能力量表的介绍

该量表的编制缘由与人际交往抗挫折能力量表的编制一样。一般抗挫折能力很强的一个人,在恋爱方面却可能抗挫折能力非常低下,所以非常有必要编制专门的针对恋爱方面的抗挫折能力量表。

研究表明,该量表包括三个因子,即"恋爱挫折耐受力""恋爱挫折排解力"和"恋爱挫折成长力"。恋爱挫折耐受力测量个体在面对恋爱方面挫折时的耐受力,恋爱挫折排解力测量个体在面对恋爱方面挫折时的排解力,而恋爱挫折成长力测量当个体在遭遇恋爱方面挫折之后是否能从挫折中汲取经验教训、从挫折中获得成长的能力。

研究结果表明,该量表具有较高的信度和效度,可以作为恋爱抗挫折能力的有效的测量工具。

二、恋爱抗挫折能力的测量与计分

测量 4　恋爱抗挫折能力量表

指导语：请仔细阅读每一个句子，将与您的实际情况相符合的回答在相应"□"上打"√"。答案无对错之分，请如实回答，每题选择一个答案，注意不要遗漏！

	不符合	不大符合	有点符合	符合
1. 如果与恋人分手，我能变得更为坚强。	□	□	□	□
2. 如果表白被拒，我便会无地自容，甚至一蹶不振。	□	□	□	□
3. 如果与恋人的感情出现危机，我能够积极寻找原因、争取挽回。	□	□	□	□
4. 如果感情遭受挫折，我会因此变得更加成熟。	□	□	□	□
5. 如果在恋爱方面遭受挫折，我会产生轻生的念头。	□	□	□	□
6. 如果暗恋的对象有了关系亲密的朋友，我会一蹶不振。	□	□	□	□
7. 如果与恋人发生矛盾，我能在尽量短的时间内解决问题。	□	□	□	□
8. 如果恋人提出分手，我能积极争取，但不纠缠。	□	□	□	□
9. 如果经历感情的挫折，我的内心能更为强大。	□	□	□	□
10. 如果恋爱失败，我几乎会丧失生活的勇气。	□	□	□	□
11. 如果失恋，我能更好地经营下一段爱情。	□	□	□	□
12. 如果被恋人抛弃，我宁愿去死。	□	□	□	□
13. 如果与恋人吵架，我能主动和好。	□	□	□	□
14. 如果恋人抱怨我不够优秀，我能冷静分析、寻求应对的方法。	□	□	□	□
15. 如果表白遭到拒绝，我能从中提高自己承受挫折的能力。	□	□	□	□

计分时，请使用下方的计分卡。其计分规则为：不符合＝1分，不大符合＝2分，基本符合＝3分，符合＝4分。其中耐受力的题目要反向计分，即这几道题的计分规则为：不符合＝4分，不大符合＝3分，基本符合＝2分，符合＝1分。

请根据计分规则，将量表中所作选择所代表的分数写在相应题号旁，再计算各因子的分数。

表 3.9　大学生恋爱抗挫折能力量表计分卡

因子	题号					分数
恋爱挫折耐受力	2	5	6	10	12	
恋爱挫折排解力	3	7	8	13	14	
恋爱挫折成长力	1	4	9	11	15	
恋爱抗挫折能力总分						

注：上表中恋爱挫折耐受力的题目要反向计分

对结果的判断可参照表 3.10，根据年级选择相应的指标。如果你的分数在相应的"平均数±标准差"的范围之内，则处于平均水平；若在"平均数±标准差"范围之外，则可判断是低于或高于平均水平。

表 3.10　不同年级在恋爱抗挫折能力上的平均数和标准差

年级	平均数	标准差	范围
大一	51.11	6.74	44.37～57.85
大二	50.09	6.61	43.48～56.70
大三	49.97	6.70	43.27～56.67
大四	50.46	5.77	44.69～56.23
研一	50.27	5.47	44.80～55.74
总和	50.54	6.65	43.89～57.19

在此也举例来看，如果某位大一同学的恋爱抗挫折能力得分为 48 分，在表 3.10 的 44.37～57.85 中间，则他的恋爱抗挫折能力为中等，与周围的大多数大学生差不多；如果其得分为 36 分，低于表 3.10 中的 44.37，则他的恋爱抗挫折能力相对较低；如果其得分为 58 分，高于表 3.10 中的 57.85，则他的恋爱抗挫折能力相对较高。

通过以上的测量和分析，相信你已经对自己的抗挫折能力有了深入的了解。

第四章 中小学生抗挫折能力的测量

中小学生正处于从童年期向青少年期过渡的阶段,身体、心理都处于从不成熟向成熟转变的过程之中,从而抗挫折能力容易出现一系列的问题,如一些中小学生在面对学习或生活中的一点点挫折就不能承受、不会排解或不能成长。所以,无论是从社会宏观的角度还是个体微观的角度来审视,中小学生抗挫折能力的测量与提升都具有必要性和可行性。

第一节 中小学生抗挫折能力提升的必要性

(一) 国家立德树人的需要

国家的发展需要大量的合格人才。习近平总书记曾指出,"少年儿童是我们伟大祖国的希望、我们伟大民族的希望。同学们要好好学习、天天向上,让今天播下的种子在将来有一个丰硕的收获。"中小学生的综合素质、学习情况、抗挫折能力水平等,与国家的发展、民族的发展、社会的发展紧密相关,提高中小学生的抗挫折能力是国家立德树人的需要。

抗挫折能力是预防和避免中小学生遭遇心理问题的重要教育内容,一直是全方位育人和素质教育的重要内容;中小学生的抗挫折能力,是学生全面发展的核心素养之一,是中小学生应该具备的适应终身发展和社会发展的必备的关键能力。关注中小学生的抗挫折能力,引导他们对挫折具有积极的认知,培养他们具有积极的心理品质,能够调节自己的情绪,养成坚韧乐观、不畏困难的品格,树立正确的挫折观、价值观,从而营造良好的挫折教育环境。这对中小学生的健康成长、全面发展,提升他们的抗挫折能力有着重要的作用。

(二) 当前学校教育和家庭教育的需要

当前社会飞速发展带来了诸多的压力和挑战,升学的压力、每日完成作业的压力、抵抗外界诱惑的压力等,对于中小学生来说都是不可逃避的挑战和压力。抗挫折能力的培养是中小学生心理健康教育的重要组成部分,在中小学心理健康教育课程体系中扮演着重要的角色。在现在教育的大环境下,学校教育对孩子的承受挫折能力并没有直接相关的课程,学校仅仅按照上级要求设立心理课程,但是很多学校没有专业的心理学教师,课程开展的效果有限。适度安排和预设一定的挫折,让孩子体验到失败、尝试到挫折,可以培养孩子克服困难的勇气。中小学生抗挫折能力提升是当前学校教育的需要。

随着我国经济水平的高速发展,人民生活质量有了显著的提高,再加上许多的家庭中往往只有一个或两个孩子,使得当代中小学生的物质需求会得到极大的满足。在中小学生的成长过程中,家长通常会尽力扫清挡在他们面前的障碍,使得中小学生在遇到挫折时往往会显得不知所措,在责任面前习惯于回避。此外,经济的发展强化了人们的竞争性,许多家长甚至是学校在培养中小学生时,大都把智育放在了第一位,学生的课业负担较重,快节奏的学习和生活使得家长和学校忽略了孩子的挫折教育和心理健康教育。长期下去,学生容易缺乏克服困难的精神,抵抗挫折的能力较低也不足为奇了。

(三) 中小学生自身全面发展的内在需求

当前的中小学生大多是被父母、亲人宠爱着没怎么经历过挫折的,不少学生的抗挫折能力堪忧。有些同学一遇到挫折或仅仅只是被教师或家长批评,往往不仅意识不到自己的错误,反而情绪低落,采取过激行为——他们可能离家出走,甚至想要结束自己宝贵的生命等。不过,中小学生的挫折一般来说还相对较为单纯,主要是学习和人际交往方面的问题引起的。而探究其抗挫折能力低的原因,大多是抱负水平较高,对自己的期望过高,而对生活中挫折预计不足,对自身能力缺乏认识,所以一旦遭遇失败则不能接受自我;父母包办太多,导致人际交往能力欠缺,在与老师、同学相处过程中不能容忍一点点挫折。所以,从学生个人层面来说,抗挫折能力提升是个人全面发展的必然要求。

提升抗挫折能力有利于增强中小学生的心理健康状况,是避免中小学生产生心理问题的有效途径。中小学生是祖国的未来,是刚刚成长起来的"树苗",可以适当经历风雨,遭遇磨难。著名教育家马卡连柯就曾说过:"合理而恰当的挫折教育不仅是合理的,而且是非常有必要的"。但是,中小学生毕竟还处在成长发育的不稳定阶段,无论生理还是心理都处于敏感时期,如果没有正确的引导或者教育,在遭遇一般的挫折时,他们可能会痛哭发泄,但在遭遇较大的挫折时候,往往容易经受不住打击,轻则消沉,重则造成严重的心理问题。中小学阶段,学生要面对来自不同方面的压力,例如考试失利、成绩下滑等学习挫折,师生关系不和谐、同学关系紧张等人际交往挫折。在面对这些挫折时,中小学生通常不能用正确的方式去处理,解决挫折的经验很匮乏,如果还不懂得与人沟通、寻求帮助,则很容易出现心理问题。

学会应对挫折是中小学生心理健康教育的目标之一;进行挫折教育,提升中小学生的抗挫折能力势在必行。让中小学生认识到挫折在生活中无处不在,鼓励他们在挫折面前尽力而为,做到正确面对挫折、认识挫折,是帮助其避免在经历挫折时手足无措、选择逃避进而造成意志消沉等心理问题的有效途径。所以说,中小学生抗挫折能力提升是中小学生自身全面发展的内在需求。

第二节　中小学生抗挫折能力提升的可行性

(一) 党中央"注重人文关怀和心理疏导"的指导精神

党的十七大报告提出"加强和改进思想政治工作,注重人文关怀和心理疏导。"党的十八大报告也提出:"加强和改进思想政治工作,注重人文关怀和心理疏导,培育自尊自信、理性平和、积极向上的社会心态。"这为中小学生抗挫折能力提升提供了方向的指引和实施的可行性。为了实现上述总体目标,学校开展中小学心理健康教育,要以学生发展为根本,遵循学生身心发展规律,培养学生积极心理品质,挖掘他们的心理潜能,使学生学会学习和生活,正确认识自我,提高自主自助和自我教育能力,增强调控情绪、承受挫折、适应环境的能力,培养学生健全的人格和良好的个性心理品质。

(二) 学校教育与家庭教育共同形成的合力

现阶段,随着我国经济社会的快速发展,物质水平得到了极大的提升,中小学校越来越重视学生的心理健康教育,各学校基本都配备了专门的心理健康教育教师以及心理咨询甚至诊疗室。除此之外,其他各科教师也会定期开展专业的培训和学习,能够在日常的教育教学中通过设置挫折场景、调整学生期望目标等手段穿插进行抗挫折教育,使中小学生可以树立积极对待挫折的态度,锻炼挫折承受力,能够正确认识自我和评价自我。例如,任课教师可以通过课程教学,让学生在日常学习过程中通过克服学习中的挫折而有意识地培养学生的挫折忍耐力。

从家庭的角度来看,当前不少家庭也较为注重孩子的心理健康,注重孩子抗挫折能力的发展。如果学校教育能与家庭教育紧密结合,学校教育注重与父母的沟通,争取到家庭教育的配合,则能形成教育的合力,帮助中小学生提升抗挫折能力。当前,不少家庭正致力于与学校教育共同营造适度的挫折环境,进行合理的挫折教育,通过家庭氛围的营造与家庭教育方法的改善,家务劳动的进行,父母以身作则,来为中小学生抗挫折能力的提升提供帮助,从而为中小学生抗挫折能力的提升提供了可行性。

(三) 中小学生身心发展的可塑性

中小学生处于儿童青少年时期,心理上由不成熟向成熟过渡,他们的心理状态不稳定,发展尚未成熟,认知结构尚未完善,身心发展表现出鲜明的过渡性和发展性。正是由于中小学生在身心发展上处于过渡期,他们的生活经历、社会支持、个性特征、个体信念、人格特质表现出不稳定性和易变性,他们的挫折耐受力、挫折排解力和挫折成长力展示出巨大的可变性和可塑性,因而他们的抗挫折能力是可塑的、能改善的,处于成长的过程之中。

如果施加科学的心理指导将能够有效塑造青少年的身心发展。教育和引导中小学生,使他们充分认识到挫折之后产生消极情绪是正常的,每一次挫折都为新的发展提供了难得的契机。引导中小学生正确认识挫折的积极作用与消极作用,提高抗挫折能力,这样可以帮助中小学生健康成长。

总之,提升中小学生抗挫折能力是一项长期的、系统性的工程,应当由社会、学校和家长相互合作、相互协调。按照心理学的观念,主观情境对人的影响会大于客观情境,即个体对生活事件的知觉和理解,在某种程度上决定了事件的性质。中小学生抗挫折能力的培养和提升是有可遵循的科学依据的,家长、学校和社会要引导他们形成对挫折的正确认识,树立正确的榜样,有时还可以适当设置一些障碍,有意识地去培养他们去体会战胜挫折后的成功感。中小学生坚强、健康心理的形成，第一步就要从培养他们的抗挫折能力开始。所以说，中小学生抗挫折能力提升具有必要性和可行性。

第三节 中小学生抗挫折能力的测量

一、中小学生抗挫折能力量表的编制

（一）被试

采用整群随机取样的方法，共抽取出9所中小学的有效被试共3168人。其中，开放式问卷调查255人，全部有效；初测450人，有效问卷425人，有效率94.44%；正式测量有2600人，有效问卷2488人，有效率95.69%。将有效问卷随机分为两个样本：样本1有1068人，用于项目分析和探索性因素分析，样本2有1420人，用于进行验证性因素分析。另外，在正式施测四周后随机抽取100名被试为重测样本，获得有效数据98对。

（二）量表题目的编制

1. 开放式问卷调查及初测题目的编制

根据抗挫折能力的定义和理论研究，编制开放式问卷。对上海市小学三年级到高中三年级的255名学生进行开放式问卷调查，将收集到的信息加以分类整理，并编制初测题目。

在综合开放式问卷的基础上，本研究中小学生抗挫折能力量表的编制思路如下：(1)量表从三个维度加以编写：挫折耐受力、挫折排解力、挫折成长力，即能承受挫折、能排解挫折、能从挫折中成长。(2)每个维度分别从认知、情绪感受、意志行动取向等方面展开。(3)每个题目包含表示"挫折"的字眼，及"我能""我会"或相关含义的关键词。(4)每个维度编制5—7道左右的题目。(5)有正向题目，也有负向题目，既有"我能……"，也有表示负向含义的题目。最后，形成中小学生抗挫折能力量表17道题目。量表采用Likert四级评分，不符合记1分，不大符合记2分，基本符合记3分，符合记4分。

2. 初测

将17道初测题目,对上海市某学校的3—9年级的450名同学进行测量,获得有效问卷425份。其中,3年级34人(8.0%),4年级81人(19.1%),5年级90人(21.2%),6年级132人(31.1%),7年级49人(11.5%),8年级26人(6.1%),9年级13人(3.1%);男生238人(56.0%),女生181人(42.6%),未填写6人(1.4%)。经过探索性因素分析,征求专家的意见,初步确定了15道题目。

3. 形成正式问卷

将15道题目的量表施测于上海市卢湾高级中学、上海市青浦高级中学、洪庙小学、上海市新农学校、大华新城学校、北虹高级中学、徐汇教附院、上外附中东校、扬波中学等的2600人,有效问卷2488份,有效率95.69%。其中,3年级220人(8.8%),4年级282人(11.3%),5年级205人(8.2%),6年级355人(14.3%),7年级389人(15.6%),8年级50人(2.0%),10年级489人(19.7%),11年级498人(20.0%);男生1215人(48.8%),女生1273人(51.2%)。

再次通过项目分析、探索性因素分析和验证性因素分析等,对量表进行分析。随机将被试分为两份,数据1($n_1=1068$)用于项目分析、探索性因素分析等,数据2($n_2=1420$)用于验证性因素分析;总的数据($n=2488$)用于信度分析。

(三) 量表题目的分析

1. 项目分析

首先,对量表的各项目进行分析:(1)题总相关。结果发现,该量表各项目与总分的题总相关在0.467~0.760之间,均高于0.30的标准,$p<0.001$;(2)临界比率。将量表总分最高的27%作为高分组,最低的27%作为低分组,进行独立样本t检验,结果每个项目的高低分组之间有显著差异($p<0.001$),这说明该量表项目的区分度较高。据此可以认为,该量表达到了项目分析的标准。

2. 探索性因素分析(EFA)

对样本1($n_1=1068$)采用主成分分析法(Principal Component Analysis),并进行方差最大化旋转(Varimax with Kaiser Normalization),对量表15个条目进行探索性因素分析。根据前述删除题目的标准以及条目的含义,删除5道题目,余10道题目。

再次对中小学生抗挫折能力量表的10个项目进行因素分析,具体结果如下:

① 数据的合适性考验

首先,对数据的合适性进行考验。本研究中,KMO 为 0.866,Bartlett 球性检验值为 4 266.093($p<0.000\,1$),说明数据适合进行因素分析。

② 数据分析

以 Kaiser 准则的特征值大于 1 为标准,同时参考 Cattell 所倡导的特征值图形的碎石检验,抽取出 3 个因子,其累积贡献率为 67.74%。具体请见图 4.1 和表 4.1。

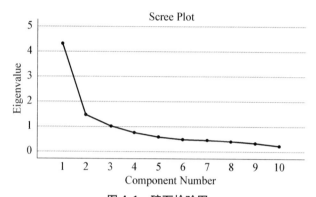

图 4.1 碎石检验图

表 4.1 二测 10 道题目的因子载荷

题项	因子一	因子二	因子三	共同度
a13	**0.861**	0.191	0.170	0.807
a12	**0.859**	0.146	0.171	0.788
a14	**0.784**	0.202	0.272	0.729
a11	**0.766**	0.184	0.161	0.646
a4	0.161	**0.817**	0.106	0.705
a3	0.171	**0.815**	0.091	0.703
a5	0.187	**0.773**	0.098	0.642
a6	0.046	0.185	**0.759**	0.613
a7	0.309	0.246	**0.670**	0.605
a9	0.294	−0.098	**0.665**	0.538
特征根	2.953	2.167	1.654	
贡献率(%)	29.530	21.672	16.539	
累积贡献率(%)	29.530	51.202	67.741	

3. 验证性因素分析

采用数据2,进一步进行验证性因素分析,结果如下:

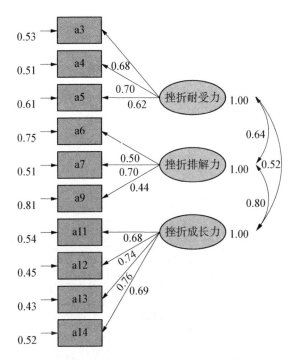

Chi-Square=83.20, df=32, P-value=0.00000, RMSEA=0.034

图4.2 验证性因素分析示意图

具体数据为:

表4.2 模型的拟合指数($n_2=1\,420$)

拟合指标	χ^2	df	χ^2/df	GFI	AGFI	NFI	IFI	CFI	RMR	RMSEA
本研究数值	83.20	32	2.6	0.99	0.98	0.99	0.99	0.99	0.019	0.034
建议值			<5	>0.9	>0.9	>0.9	>0.9	>0.9	<0.05	<0.08

由上表可见,模型的拟合指数良好。

4. 量表的效度分析

(1) 量表的内容效度。本量表的项目来源于文献综述,量表编制中经过255人开放式问卷调查和425人初测,并对师生进行了深入访谈,征求了专家的意见,从而保证了量表的项目能反映当前中小学生抗挫折能力的实际情况。而且,在正式问卷形成的过程中,对1068人的二测项目进行了反复斟酌,所以本量表具有较高的内容效度。

(2) 量表的建构效度。除了验证性因素分析之外,会考虑量表中各个项目与各个维度之间、各个维度与量表总分之间的相关。一般来说,项目与所在维度的相关应高于其与总分以及其他维度的相关,各维度与总分的相关应高于维度之间的相关。本研究的相关如下:

表 4.3 题目与各因子的相关

	挫折耐受力	挫折排解力	挫折成长力	抗挫折能力总分
挫折耐受力题1	0.836**	0.269**	0.352**	0.627**
挫折耐受力题2	0.835**	0.275**	0.347**	0.626**
挫折耐受力题3	0.824**	0.270**	0.348**	0.620**
挫折排解力题1	0.236**	0.757**	0.304**	0.512**
挫折排解力题2	0.352**	0.785**	0.473**	0.656**
挫折排解力题3	0.123**	0.676**	0.366**	0.467**
挫折成长力题1	0.344**	0.402**	0.819**	0.694**
挫折成长力题2	0.341**	0.432**	0.878**	0.732**
挫折成长力题3	0.378**	0.436**	0.893**	0.757**
挫折成长力题4	0.383**	0.488**	0.860**	0.760**

注:**表示相关系数在0.01水平显著(双尾检测)。下同。

由表4.3可见,项目与所在维度的相关高于其与总分以及其他维度的相关,如挫折耐受力1、2、3题与挫折耐受力维度的相关最高,高于与挫折排解力、挫折成长力和抗挫折能力总分的相关。其余两个维度的情况一样。

表 4.4 各因子之间相关及因子与总量表之间的相关

	挫折耐受力	挫折排解力	挫折成长力
挫折耐受力	—		
挫折排解力	0.326**	—	
挫折成长力	0.420**	0.510**	—
抗挫折能力总分	0.750**	0.737**	0.854**

由表4.4可见,各维度之间是中等的相关(0.33—0.51),各维度与量表总分之间是较高的相关(0.74—0.85)。结果说明,各维度同质性较好,具有良好的结构

效度。

中小学生抗挫折能力量表与多维感知社会支持量表(MSPSS)和Rosenberg自尊量表(SES)的相关如下：

从表4.5可见，中小学生抗挫折能力量表与多维感知社会支持量表(Multidimensional Perceived Social Support Scale, MSPSS)是显著的正相关(在0.22—0.49之间)，与Rosenberg自尊量表(SES)也是显著的正相关(在0.40—0.52之间)。

表4.5　中小学生抗挫折能力与社会支持、自尊的相关

	1	2	3	4	5	6	7	8	9
1. 挫折耐受力	1								
2. 挫折排解力	0.390**	1							
3. 挫折成长力	0.420**	0.540**	1						
4. 抗挫折能力	0.767**	0.776**	0.841**	1					
5. 家人支持	0.248**	0.387**	0.314**	0.392**	1				
6. 朋友支持	0.223**	0.404**	0.328**	0.393**	0.494**	1			
7. 老师支持	0.276**	0.436**	0.357**	0.441**	0.560**	0.621**	1		
8. 社会支持	0.297**	0.488**	0.397**	0.487**	0.799**	0.838**	0.881**	1	
9. 自尊	0.450**	0.397**	0.397**	0.521**	0.340**	0.365**	0.348**	0.417**	1

5. 量表的信度

对总样本的2488份有效数据进行内部一致性信度检验和斯皮尔曼布朗分半系数(Spearman-Brown Coefficient)检验；对间隔4周的被试重测数据进行分析，结果如下表。

从表4.6可见，各分量表的内部一致性系数为0.566至0.846，分半系数为0.494至0.839，重测系数为0.556至0.832。这说明，该量表具有较好的信度。

表4.6　抗挫折能力量表各分量表的内部一致性系数、分半系数和重测系数

	内部一致性系数	分半系数	重测系数
挫折耐受力	0.742***	0.718***	0.751***
挫折排解力	0.566***	0.494***	0.556***
挫折成长力	0.846***	0.839***	0.832***
抗挫折能力总分	0.830***	0.790***	0.828***

（四）抗挫折能力量表的结构

最终，本研究确定10道题目为中小学生抗挫折能力量表的正式题目。该量表包括三个因子：挫折耐受力、挫折排解力和挫折成长力。

因子一为"挫折耐受力"，包括3道题目："遇到挫折时，我就什么事情都不想做。""遇到挫折时，我无法正常地学习。""遇到挫折时，我认为自己什么事都做不好。"

因子二为"挫折排解力"，包括3道题目："遇到挫折时，我会积极寻求他人的帮助。""遇到挫折时，我会让自己看到问题的好的方面。""遇到挫折时，我会去做一些自己喜欢的事情来缓解挫折。"

因子三为"挫折成长力"，包括4道题目："经历挫折后，我学会了更好地控制自己的情绪。""经历挫折后，我会更有应对挫折的经验。""经历挫折后，我应对挫折的能力得到了提升。""经历挫折后，我变得更加坚强。"

本研究认为，确定这三个因子是恰当的。挫折耐受力、挫折排解力和挫折成长力是个体应对挫折的不同阶段。(1)挫折耐受力是挫折排解力和挫折成长力的前提和基础；(2)挫折排解力是抗挫折能力中的重要内容；(3)挫折成长力是在挫折耐受力和挫折排解力的基础上发展起来的，挫折成长力的发展又会对挫折耐受力和挫折排解力具有促进作用。所以，三者相互联系、相互促进，形成个体独特的抗挫折能力。其中，因子一"挫折耐受力"是一系列反向题目，该因子题目在计分时，需要反向计分。

至此，本研究确定中小学抗挫折能力量表包括三个因子共10道题目，该量表各项指标均非常好，量表题目含义明确，能较好地测量中小学生的抗挫折能力。

二、中小学生抗挫折能力的测量与计分

以下，你可以自我测量一下，看看自己在抗挫折能力方面的情况如何：

中小学生学习生活情况问卷①

亲爱的同学：您好！该问卷是想了解当前中小学生的学习生活情况，与您的智

---

① 说明：为了避免影响中小学生的回答，该量表的题目采用了中性的表述，即"中小学生学习生活情况问卷"。

力、学习成绩等没有关系。请仔细阅读每一个句子,将与您的实际情况相符合的回答在相应"□"上打"√"。答案无对错之分,请如实回答,注意不要遗漏!

	不符合	不大符合	基本符合	符合
1. 遇到挫折时,我就什么事情都不想做。	□	□	□	□
2. 遇到挫折时,我无法正常地学习。	□	□	□	□
3. 遇到挫折时,我认为自己什么事都做不好。	□	□	□	□
4. 遇到挫折时,我会积极寻求他人的帮助。	□	□	□	□
5. 遇到挫折时,我会让自己看到问题的好的方面。	□	□	□	□
6. 遇到挫折时,我会去做一些自己喜欢的事情来缓解挫折。	□	□	□	□
7. 经历挫折后,我学会了更好地控制自己的情绪。	□	□	□	□
8. 经历挫折后,我会更有应对挫折的经验。	□	□	□	□
9. 经历挫折后,我应对挫折的能力得到了提升。	□	□	□	□
10. 经历挫折后,我变得更加的坚强。	□	□	□	□

计分时,请使用计分卡。其计分规则为:不符合=1分,不大符合=2分,基本符合=3分,符合=4分。其中1、2、3题要反向计分,即这三题的计分规则为:不符合=4分,不大符合=3分,基本符合=2分,符合=1分。

请根据计分规则,将量表中所作选择所代表的分数写在相应题号旁,再计算各因子的分数。

表4.7 中小学生抗挫折能力量表计分卡

因子	题号										分数
挫折耐受力	1*	2*	3*								
挫折排解力	4	5	6								
挫折成长力	7	8	9	10							
抗挫折能力总分	1*	2*	3*	4	5	6	7	8	9	10	

注:上表中1、2、3题要反向计分

对结果的判断可参照下表,根据年级选择相应的指标。如果你的分数在相应的"平均数±标准差"的范围之内,则处于平均水平;若在"平均数±标准差"之外,则可判断是低于或高于平均水平。

表 4.8　不同年级在抗挫折能力上的平均数和标准差

	年级	平均数	标准差	范围
挫折耐受力	三年级	9.63	2.35	7.28～11.98
	四年级	9.51	2.32	7.19～11.83
	五年级	9.84	2.40	7.44～12.24
	六年级	9.58	2.31	7.27～11.89
	初一	9.35	2.48	6.87～11.83
	初二	8.20	2.25	5.95～10.45
	高一	8.37	2.23	6.14～10.6
	高二	7.95	2.30	5.65～10.25
	总和	8.97	2.43	6.54～11.4
挫折排解力	三年级	9.96	1.93	8.03～11.89
	四年级	9.72	2.01	7.71～11.73
	五年级	10.36	1.84	8.52～12.2
	六年级	9.90	2.06	7.84～11.96
	初一	9.73	2.12	7.61～11.85
	初二	9.36	1.68	7.68～11.04
	高一	9.11	1.82	7.29～10.93
	高二	8.91	1.87	7.04～10.78
	总和	9.53	2.00	7.53～11.53
挫折成长力	三年级	13.41	2.64	10.77～16.05
	四年级	13.47	2.47	11～15.94
	五年级	14.21	2.45	11.76～16.66
	六年级	13.81	2.56	11.25～16.37
	初一	13.74	2.94	10.8～16.68
	初二	13.10	2.05	11.05～15.15
	高一	13.27	2.55	10.72～15.82
	高二	12.77	2.60	10.17～15.37
	总和	13.43	2.64	10.79～16.07
抗挫折能力总分	三年级	33.00	5.20	27.8～38.2
	四年级	32.70	5.35	27.35～38.05
	五年级	34.41	5.35	29.06～39.76
	六年级	33.30	5.63	27.67～38.93

续 表

年级	平均数	标准差	范围
初一	32.82	5.94	26.88～38.76
初二	30.66	4.49	26.17～35.15
高一	30.76	5.10	25.66～35.86
高二	29.62	5.41	24.21～35.03
总和	31.93	5.64	26.29～37.57

举例来说，如果一位三年级的同学做了该量表，想要较为细致地了解自己的抗挫折能力，可以根据表4.8对照自己的挫折耐受力、挫折排解力和挫折成长力；而如果只是想较为粗略地了解自己的情况，则只看表4.8中的最后一行"抗挫折能力总分"即可。比如说：

如果该三年级的同学的"抗挫折能力总分"得分＜27.8，则说明该同学的抗挫折能力较低；

如果该同学的"抗挫折能力总分"为27.8～38.2之间，说明该同学的抗挫折能力和大多数同学相当；

如果该同学的"抗挫折能力总分"得分＞38.2，则说明该同学的抗挫折能力较高。

至此，关于挫折与抗挫折能力的测量就可以告一个段落了。如果，你在以上章书中逐一认真地完成了各个量表的测量，至此你完全可以判断自己的抗挫折能力如何了。

如果你的抗挫折能力较高，恭喜你，相信你在日后的生活中会受益于此；而如果你的抗挫折能力较低，也不要害怕。知道或了解情况正是改进的第一步。如果你能仔细阅读该书的后面章节，应该能发现解决问题的办法。

第五章 抗挫折能力的影响因素研究

抗挫折能力的影响因素有许多。在此,笔者主要选择了个体感知到的外部的社会支持和个体内部的自尊、抑郁、焦虑来分析其与抗挫折能力的关系。

第一节 社会支持与抗挫折能力

说起社会支持,大家都不陌生,很自然地就会想到自己身边的家人、朋友、同学、老师等。如果在遭遇挫折的时候,身边人的态度是同情、理解、支持、关心等,可以大大减轻挫折感,增强抗挫折能力;相反,如果身边人的态度是漠然、幸灾乐祸,甚至是落井下石等,则会使个体的抗挫折能力降低,挫折感增强。比如,你在某项任务未能完成、受到批评、心里很难过时,你的朋友能主动关心、安慰你,必然能对你应对挫折提供较大的帮助。又比如你当众发言出现失误,觉得很丢脸、很受挫的时候,朋友的宽慰也可以大大减轻你的挫折感,让你重拾自信。

作为一种心理资源,社会支持对促进个体身心健康有重要作用。一方面,社会支持可以对生活中应激性事件带来的压力起到良好的屏障或缓冲作用。充足的社会支持可以缓冲负性事件对个体的心理冲击,降低抑郁、焦虑、压力感、低自我效能、孤独感或社会隔绝等带来的负面影响,保护个体的心理健康。另一方面,社会支持可以增强积极情绪体验。社会支持使个体产生更积极的情绪和期望。优良的社会支持可以让个体感受到更高的自我效能感、自尊、主观幸福感、心理韧性、生活满意度、希望水平、生涯适应力,拥有更健康的生活方式等;社会支持是影响个体亲社会行为的重要因素,与利他行为之间均呈现显著正相关,对维持良好心理和情绪,促进身心健康有重要作用。特别地,在大学生群体中,加强社会支持是缓冲大学生职业倦怠、学业压力和改善问题性行为的有效途径；社会支持能够调节网络成瘾对大学生身体活动的消极影响，能够为大学生学习适应和学业发展提供有力保障。

不少研究表明，在同样压力情境下，那些得到较多社会支持的人比很少得到社会支持的人的心理承受能力更强，身心也更为健康。所以，当我们面对巨大的挫折或心理压力时，要主动寻求周围人群或专业心理机构的帮助，以提升自己的抗挫折能力。为了具体分析社会支持与抗挫折能力的关系，以下我们先来了解社会支持的测量问题。

一、多维感知社会支持量表

多维感知社会支持量表（The Multidimensional Scale of Perceived Social Support, MSPSS）是近年来应用得最为广泛的社会支持量表之一。该量表由齐梅特等人（Zimet, G. D.、Dahlem, N. W.、Zimet, S. G. 和 Farley, G. K.）于1988年编制，它包括12个条目，可衡量个体从家人（Family）、朋友（Friends）和重要他人（Significant Other）所得到的社会支持。丹比等（Dambi等，2018）在70项研究中检索到不同语言的22种翻译版本，如美国的阿拉伯女性版本（Arabic women (MSPSS-AW)-USA）、黎巴嫩的阿拉伯语版本（Arabic Generic-Lebanon）、法国的法文版本（French-France）、尼日利亚的豪萨版本（Hausa-Nigeria）、韩国的韩国语版本（Korean-Korea）、马来西亚的马来语版本（Malay-Malaysia）、美国和西班牙的西班牙语版本（Spanish-USA, Spain）等，以及之后又有普什卡洛夫（Pushkarev）等修订的俄文版本等。这众多翻译版本的使用，说明了该量表在社会支持测量中的重要作用。

在国内，较早对该量表进行翻译使用的是黄丽、姜乾金、任蔚红（1996）翻译的社会支持调查表，但该研究中，因素分析结果与原量表差别较大；被试样本较少，仅有206例；以及，该研究中并未报告因素分析的累积贡献率等指标。而今，在国内使用较多的是姜乾金（1999）的领悟社会支持量表（Perceived social support scale, PSSS）。该翻译版本将原量表中的"special person"翻译为"有些人（领导、亲戚、同事）"，这可能会让被试感觉困惑。严标宾、郑雪（2006）将原量表中的"领导、亲戚、同事"修改为"老师、同学、亲戚"。在近期的研究中，有不少研究都采用了该量表或稍作修改，"将量表中的'重要地人'这一维度确切界定为'老师和同学'，以指代来自老师和同学的支持"。但对学生来说,"老师和同学"的支持很显然不能混为一谈。

基于社会支持这一概念的重要性以及国内对该量表的大量使用,很有必要对该量表的信度和效度等进行验证。本研究得到原作者 Zimet, G. D. 授权翻译、修订该量表,以期为国内相关研究提供有效的社会支持测量工具。在对该量表进行修订时,采用中英文回译法,先由两位心理学教授将量表翻译成中文,然后请两位英语专业教授回译为英文,再由另外两名心理学教授将回译的英文与原文进行对比。再经过小样本施测,充分询问同学对量表题目的意见,包括量表题目是否容易理解,是否存在歧义等。经过反复讨论和修改,最终确定中文版条目。本研究力求使中文版各条目忠实于原文,表达准确、通俗易懂。中文版未增减任何条目,考虑到对大中小学生来说,老师无疑是"重要他人",故将原量表中的"特别的人(special person)"翻译为"某个人(比如我的老师)",从而该量表包括家人支持、朋友支持和重要他人支持三个维度,共12道题目。原量表是 Likert 7 级评分,但考虑到7级计分的评判稍显困难,本次修订的量表采用 Likert 4 级评分,即不符合计 1 分,不太符合计 2 分,基本符合计 3 分,符合计 4 分。问卷分值为 12~48 分,分数越高,表明感知到的相应的社会支持越多。具体题目及计分方法请见附录。

二、社会支持与抗挫折能力的关系

采用整群随机取样法对 16 所高校的 2 960 人施测,有效问卷 2 830 人,有效率 95.61%。社会支持与抗挫折能力的相关如表 5.1 所示。

表5.1 社会支持与抗挫折能力的相关系数

	挫折耐受力	挫折排解力	挫折成长力	抗挫折能力总分
朋友支持	0.144**	0.413**	0.394**	0.380**
他人(如老师)支持	0.143**	0.381**	0.362**	0.355**
家人支持	0.138**	0.434**	0.392**	0.385**
社会支持总分	0.163**	0.469**	0.439**	0.429**

从表中可见,社会支持总分与抗挫折能力总分呈正相关,相关系数为 0.429。我们可以理解为,某人所感知到的社会支持越多,则他的抗挫折能力也会越高。所以,社会支持的确是抗挫折能力的重要的影响因素。

更具体地,我们可以发现,无论是朋友支持、他人(如老师)支持,还是家人支持,与挫折耐受力、挫折排解力、挫折成长力和抗挫折能力总分都是正相关。不过,都与挫折耐受力的相关相对较为低一些;但是,与挫折排解力、挫折成长力的相关都较高。这说明,当个体在遇到挫折的时候,朋友、他人(如老师),及家人的支持、劝解等,可以极大地影响个体的挫折排解力,可以帮助个体把挫折的情绪排解开去;在经历挫折之后,感知到较多社会支持的个体也比较能够学着总结经验教训,在挫折中获得心理上的成长。

三、构建自己的社会支持系统

无论是大学生还是中小学生,都是喜欢与人交往,有着自己的社会支持系统的。俗话说"一个好汉三个帮",正如马克思所指出的"人的本质不是单个人所固有的抽象物,在其现实性上,它是一切社会关系的总和。"[①]毕竟,我们是生活在社会之中,为了提升自己的抗挫折能力,每个人都得注意构建并维护自己的社会支持系统。

首先,要认识到社会支持系统的重要性。只有自己认识到社会支持的重要性,才会发自内心地愿意构建并维护自己的社会支持系统;在遭遇挫折的时候,才会自然而然地意识到自己是有地方可去、有人可倾诉的。

其次,从多方面构建自己的社会支持系统。对于大中小学生来说,最重要的社会支持力量当然就是如上面量表中所展示的家人、朋友、重要他人(如老师)了。除此之外,还有亲戚、邻居,甚至是刚认识不久的人等,都可能成为自己的社会支持资源。所以,在家里,要与家人友好相处,不过于以自我为中心,在家里及社区都要能做到尊老爱幼;在学校,则要认真学习,给老师、同学留下良好印象,课余则积极、主动地参加集体活动。学有余力的,还可以参加社团活动,寻找有共同兴趣爱好的朋友。

第三,在特殊情况下,还可以寻求专业的心理支持。许多人可能都有这样的感受:在遇到某些挫折的情况下,对父母可能感觉难以启齿,对朋友可能感觉担心影响朋友的心情或担心朋友会泄露自己的秘密,反倒是对一些没有太多生活交集的人能够直抒胸臆。心理咨询师,无论是面对面的、网络上的,还是通过热线电话的,

---

① 《马克思恩格斯文集》第 1 卷第 501 页。

更是一个特别好的选择。他们有专业的技能,知道如何引导遭遇挫折的人走出挫折的阴影;他们也有保守秘密的职业道德,不会轻易泄露个体的隐私。所以,希望我们每一位个体在想到社会支持的时候,能想到心理咨询师的存在。

第二节 个体因素与抗挫折能力

在个体心理因素方面,我们经常会听说到的自尊、抑郁、焦虑等都可能与抗挫折能力有着紧密的关系。故此,本研究对这几个因素进行调研分析。

一、个体的自尊、抑郁、焦虑

(一) 自尊

一说到"自尊",许多人就会想到"自尊心"一词,以为二者是一样的。但在心理学中,"自尊"一词与日常生活中是有较大的不同的。日常生活中,许多老师会评价某学生如"自尊心太强了,一点批评的话语都不能承受"等。在此,人们所理解的自尊可能更倾向于是"面子"。而在心理学中,自尊(Self-esteem)是人们珍视、珍惜、重视、赞赏、喜欢自己的程度,是人们对自己的价值、长处、重要性的评价。

评价自尊的常用量表是自尊量表(SES, Rosenberg, M., 1965)。该量表用于评定青少年关于自我价值和自我接纳的总体感受,由 10 个条目组成。其测量及评分请见附录二。看着量表中的这些条目,您就可以理解并体会什么是自尊了。不过,有不少被试反馈说,该量表的第 8 题"我要是能更看得起自己就好了"有一些歧义,所以本研究在该题目前加了一个括号以帮助做题者明确该题目的含义:"(我总是觉得自己不够好,)我要是能更看得起自己就好了。"该量表较为简明,读者可以根据自己的得分高低初步评价自己的自尊程度。

(二) 抑郁

抑郁(Depression)是一个在当今大家都不陌生甚至是非常熟悉的词汇。每年,全球有许多的人都会受到抑郁的困扰。其中,有人是在一小段时间体验到抑郁的情绪,而有人则是较长时间沉浸在抑郁之中。

抑郁,指个体因为感到无力应对外界压力而产生的消极情绪,表现为情绪低落、思维迟缓、郁郁寡欢、闷闷不乐；不愿参加社交,体验不到生活的快乐；食欲减退、失眠等。

评价抑郁的常用量表是自评抑郁量表(Self-Rating Depression Scale, SDS)。该量表是威廉(William W. K. Zung)于1965年编制,用于衡量抑郁状态的轻重程度。SDS由20个条目组成,每一条目相当于是一个有关的症状,按照1—4级评分。具体请见附录三。SDS较为简明,评分不受年龄、性别、经济状况等的影响。

(三) 焦虑

焦虑(Anxiety)是个体对外部事件或内在想法与感受的一种不愉快的体验,程度由轻到重依次为不安、担心——害怕、惊慌——恐慌、恐怖等。焦虑是个体对具有威胁性情境的一种多方面反应,是一种复杂的、综合性的、负性的情绪。对于大中小学生来说,比较容易出现的情况是：因环境适应困难产生焦虑、学习不适应产生焦虑、考试焦虑等。

评价焦虑的常用量表是自评焦虑量表(Self-rating Anxiety Scale, SAS)。该量表是威廉于1971年编制,包含20个条目,分为4级评分,用于评定个体的焦虑感受。该量表无论是形式还是评分方法都与SDS非常类似。具体的问卷请见附录四。

二、自尊、抑郁、焦虑与抗挫折能力的关系

笔者对2830名大学生的自尊、抑郁、焦虑与抗挫折能力进行调研,分析其间相关,结果如表5.2所示。

表5.2 自尊、抑郁、焦虑与抗挫折能力的相关系数

	挫折耐受力	挫折排解力	挫折成长力	抗挫折能力总分
自尊	0.547**	0.548**	0.537**	0.673**
抑郁	-0.489**	-0.566**	-0.521**	-0.648**
焦虑	-0.435**	-0.420**	-0.374**	-0.509**

从表5.2中,我们可以明确地发现,自尊、抑郁、焦虑与抗挫折能力都有着紧密的相关。其中,自尊与抗挫折能力是正相关,相关系数为0.673；抑郁与抗挫折能力是负相关,相关系数为-0.648；焦虑与抗挫折能力是负相关,相关系数为-0.509。

这说明，个体的自尊、抑郁、焦虑对于抗挫折能力来说，都是重要的影响因素。我们在探究个体抗挫折能力的时候，要注意关注其自尊、抑郁、焦虑的情况。

当然，我们也可以想到，也许是个体的抗挫折能力影响了他的自尊、抑郁与焦虑。抗挫折能力高的人，他的自尊也会比较高，对自己有较高的评价，不会因为一次两次挫折就看轻自己；抗挫折能力高的人，在遇到挫折之后，不容易陷入抑郁、焦虑的情绪之中。所以，在生活中，具有较高的抗挫折能力对于大中小学生来说，真的是非常重要的事情呢！

第六章　大学生抗挫折能力的案例分析

笔者曾在多种场合询问大学生关于挫折及抗挫折能力方面的问题,除了访谈、日常的闲聊,还在考试、课程小论文中等多次询问。问题大致如下:

请根据自身的经历及见闻分析:(1)对于大学生来说,容易遇见的挫折有哪些?(2)在大学阶段,抗挫折能力高的同学有哪些特征和表现?(3)大学生抗挫折能力的主要影响因素有哪些?(4)有哪些具体的方法和措施可以帮助大学生提高抗挫折能力?

根据积累的素材和人物,发现大学生在学习、人际交往、恋爱、求职、生活等方面容易遭遇挫折。所以,本书也从这几方面精选了抗挫折能力方面的几个典型案例,以飨读者。

第一节　学习方面的抗挫折能力

经过对大学生的调研和访谈,我们发现在学习方面让学生备感挫折、困惑不已的,主要是高考失利的阴霾和在大学学习中的困难和焦虑。以下就是两个典型的案例。

一、走出高考失利的阴霾

(一) 个人简介

小 A,男,18 岁,大学一年级学生,来自普通农村家庭,是家中独生子。父母均为农民,常年在外务工,工作较为繁忙,家庭条件一般。小 A 从小学习成绩较好、自律,生活中懂事、乖巧,能够为家庭分忧。中学在市重点高中就读,学习成绩优异,预期能考入重点大学;然而事与愿违,因为高考失利,与理想的大学失之交臂。原本想复读一年,但是家里的经济状况不太好,父母也希望他早点上大学,他只好放弃了复读的打算,带着不甘心踏入了并不中意的大学。于是,心灰意冷、逃避学习,沉迷于网络游戏,颓废不堪。

(二) 抗挫折能力的具体表现

因为进入的大学是一所非理想中的大学,小A对未来不再像高中那样充满了憧憬;高考的失利使负面情绪占据生活的大部分时间,对学业提不起丝毫的兴趣,紧接着就沉迷于电脑游戏,使得学业成绩很不理想。

因为高考的失利,小A从一个自信、阳光的高中优等生转变成了一个普通本科院校的心态颓废的大学生;从中学里各方面打理得井井有条的状态,变成大学里作息不规律、不注重个人卫生的状态。高考后情绪低落的持续时间较长,原本与家人定期沟通交流、无事不谈的状态,也因为高考失利,以及离开家乡异地求学而不愿意与父母交流,性格变得孤僻。

(三) 心理辅导老师的干预

小A自入校以来就一直默默无闻,非常不起眼,平时几乎都是独来独往,不爱说话,头发从板寸留到了肩膀,显得乱糟糟的;同时,同学也反映小A平时在寝室爱玩游戏,这引起了辅导员的关注。经学生《信息登记表》、班干部交流等途径,大致掌握了学生的基本情况之后,辅导员主动找到学生交流、谈心,了解学生学习生活状态不佳的背后原因,并与心理辅导中心建立联系。

心理辅导老师为他建立了心理咨询方案:

第一阶段:了解情况、确立关系阶段,诊断评估并建立良好的咨询关系。

第二阶段:心理帮助辅导阶段,与学生一起分析过去高考失利的原因,交流这次经历后个人、家庭、高中老师等的看法,特别是学生个人的真实想法以及个人对所学专业的认同情况,进行学习规划的探讨;紧紧抓住小A所学专业仍是他自己心仪的专业这个关键点,举例分析相关专业的优秀校友的成长故事以及做法,明确下一阶段自身发展的目标。

当小A得到学校心理辅导中心的几次干预后,进一步明确自身优势,认同个人兴趣和优势都表明自身适合该专业的学习。现实中逐步意识到虽然不在理想中的学校,但是所学专业仍是自己所向往的。在咨询师的推荐下,小A学习相关专业优秀校友的成长故事以及做法,逐渐明确下一阶段自身发展的目标以及具体的行动方向。

在咨询师的指导下,小A逐渐意识到要实现自身梦想,关键是当下的努力与实践,唯有努力完成当下本专业的学业,再谈后面的理想才有意义!经过咨询,小A更加理性,明确自己的努力方向,努力尝试回归专业学习,查缺补漏,并憧憬着未来要向着更高的学历目标、更好的学府而努力,争取在本专业有所建树,实现自身价值。

咨询师引导学生直面过去的失利,向其传输"成长过程中不可能一帆风顺"等理念;同时理解学生的想法,建议学生用一段时间缓冲过渡,特别是建议加入自身感兴趣的社团,积极开展活动组织工作,丰富和充实自己的生活。

经过心理咨询干预,学生内心状态逐步改善,更加聚焦专业学习本身,关注专业领域校友故事、自身专业发展定位等,逐步走出困境。

第三阶段:结束与巩固阶段。根据学生实际情况,通过设立个人目标和家庭目标,并将两类目标充分融合的思路开展大学学习生活。帮助学生改变不合理的错误观念,引导学生参与学校社团、勤工助学等实践活动提高各方面能力。帮助学生提高自我效能感,重拾原先勤学、自律的状态,让学生建立自信,同时感受衡量学生能力的其他方面,而不仅仅局限于学业。在行为上,帮助学生一起制订并落实相应的计划与行动,并询问是否有新的辅导要求。

最终达到完善自我认知,在今后的学习及生活中具有适应和调节自身的能力,抗挫折能力得到提升,在生活中积极向上,全身心投入学业,努力实现自身目标。

(四) 抗挫折能力起初较低的原因分析

1. 家庭原因

小A的家长常年在外务工,家庭生活条件一般,父母没有较高文化,但是充分支持与认同小孩的成绩与成长过程中的各种选择。学生热爱家庭,自懂事以来,父母一直在外辛苦打拼持续至今,如今父母已经不再年轻,所以一心想要凭借自身的努力改变家庭现状的想法越来越强烈。也正因为这次高考失利,以为自己的梦想破裂,努力改变家庭的愿望遇到阻碍。

2. 个人原因

无法直面自身成长过程中的"失利",凭借游戏来转移现实生活中的失意;个人想要复读，争取更好成绩的想法也因为父母的建议和家庭经济方面的实际困难而没有机会去实践尝试。虽然接受考入非理想大学的事实，但是也因为失去了一次重新选择的机会而懊恼。

3. 环境原因

从高中师生的角度来看，小 A 学业优秀，是大家眼中重点大学的候选者，然而意外的高考结果不理想在同学之中产生了各种评论，这对小 A 的打击较大，使其不能很好应对。

从大学师生的角度来看，小 A 还是沉浸在原先是重点高中优秀学生的状态，与普通二本学校的学生保持一定距离，同时大学师生与独来独往、少言寡语的小 A 的交流也不多，客观上产生了"隔离"的状态。

（五）影响抗挫折能力提升的重要因素

1. 充分安排个人大学生活，丰富实践锻炼

经过引导，小 A 能够直面过去的"失利"并逐步领会"人生漫长，每段经历都是自身最重要的财富"的理念。同时积极安排个人课余生活，加入感兴趣的社团，加入学校勤工助学岗位。通过丰富和充实课余时间来转移注意力，通过实践中的收获来提升自信，避免将过多的时间花费在网络游戏世界之中。

2. 聚焦个人优势，激发学习动能

通过学校客观评估自身的特点和能力，小 A 聚焦其原本长期以来学业优秀、自律、有理想等的优秀品质，从而将主要问题逐渐转为新的环境之下如何继续激发出这些品质，将自认为的"绊脚石"转化为今后成长的"垫脚石"，逐步认识并相信挫折与经历，都是为了自身更好地成长。特别地，从学生专业认同方面入手，通过学习优秀专业校友的故事，逐步产生良好的学习效果。

3. 关注相关群体，注重学生学业规划

该类型的学生案例在各高校中是普遍存在的。不可否认"一考定终身"的观念仍然存在，这甚至是一位学生、一个家庭的精神支柱。对于此类学生，高校应根据学生实际情况，帮助学生改变不合理的错误观念，提高自我效能感，重拾原先勤学、自律的状态，通过实践提升各方面能力，让学生处理好自身情绪，逐渐恢复自信。建立系统的"职业生涯规划""学业规划"等课程与辅导，引导学生将个人理想与专业相结合，与国家发展相结合，将学生"小我"的格局逐步提升到"大我"的层面。

二、终于不再害怕考试

(一) 个人简介

小B,女,19岁,大学二年级学生。该同学是独生女,来自郊县,家庭条件殷实。父母均为个体户,常年在外,工作较为繁忙。从小环境条件优越,学习成绩较好,成长较顺利。小B自上大学以来,学习努力,有着明确的目标。看到父母做生意的不容易,想自己早点独立,承担一份家庭责任。设想着大学期间要获得奖学金,做学生干部,今后考上研究生。

(二) 抗挫折能力的表现变化

小B在大一学年学习认真刻苦,一心读书,没有参加其他活动,但考试前由于某些特殊原因而导致考试发挥失常,错失校奖学金,对自己感到失望;大二学年依然坚持认真学习,并立志一定要获得一等奖学金。可随着大二第一学期期末考试的临近,受大一学期考试失利、错失奖学金事件的影响,变得没有自信,认为自己没有考试的能力,不会学习和考试。逐渐变得焦虑不安,手心出汗,无法集中精力学习、看书,严重失眠。特别是看到别人努力复习,更是着急上火,失眠心慌,无法静心学习。这种状态持续了两周,成绩再次不理想。

从此每逢各类考试,考前都会充满焦虑,复习效率低下,逐渐形成了考前焦虑症,后续由考前焦虑症转至日常学习焦虑的状态;大学英语四级考试、计算机考试等考试都存在问题,学业问题日益严重。

经过学校心理健康部门的干预之后,小B逐步意识到自己"考虑"的学习结果方面的问题太多,从自身角度出发考虑的学习生活问题却太少了,由此给自己的要求也过高,因此产生的无形压力也很大!其实自身专业学习还是不错的,完全可以享受当下大学的学习生活,一步一个脚印,自然水到渠成。同时积极接受心理老师推荐的各类团体心理辅导课程、压力释放训练,积极参与到校园活动等,心态得到逐步改善。

(三) 心理辅导老师的干预

小B的成绩和平时表现有很大反差,并有一定周期性规律,这引起辅导员的关注。辅导员找到学生交流、谈心,了解学生"周期性"焦虑背后的原因。经过交流,学生的情绪状态有好转,但是具体到考试阶段,个人状态仍不太理想。

学校心理辅导中心的老师帮助建立了心理咨询方案:

第一阶段:了解情况确立关系阶段,诊断评估并建立良好的咨询关系。

第二阶段:心理帮助辅导阶段,与来访者一起分析考试失利、错失奖学金事件后的想法,这些想法是如何影响自己情绪的,在心理行为上有什么变化等。学习区分哪些想法是合理的,哪些是对自身提出的不合理的要求,探讨自身改进的可能性与方向。探讨学习规划、自身的优势和长处,明确下一阶段自身发展的目标,进一步讨论发展计划的可行性。

第三阶段:结束与巩固阶段,跟进巩固执行效果、发展计划的实际执行情况、心理及行为状态的改善情况,并询问是否有新的辅导要求。

同时,通过设立近期目标与长期目标,帮助学生改变不合理的错误观念,提高自我认知水平,认识自身的发展需求,接受曾经失败的经历,正确认识考试及奖学金,进而帮助建立自信心,改善焦虑的情绪。在行为上,与来访者一起制订并落实相应的计划与行动。另外也教给来访者一些放松身心的技巧与方法。

最后,达到完善自我认知,在今后的学习及生活中具有适应和调节自身的能力,抗挫折能力提升,积极向上,顺利完成学业。

(四) 抗挫折能力较低的原因分析

1. 家庭原因

小B的家长忙于生意,导致家庭聚少离多。在小B第一次考试失败的时候,缺乏家庭的关爱和帮助,没有倾诉的渠道。以及,小B父母在工作上较为成功,这对小B有着较大的影响,让小B对自己有着较高的要求。

2. 个人原因

小B对自己要求较高:一是希望通过自己的努力,争取让父母早点脱离繁忙的生活;二是因为父母是楷模,自身也要求优秀,对于奖项、成绩及个人职业发展要求很高,非常重视。因此对未能达成自身目标而产生焦虑,状态糟糕。同时小B的性格偏内向,无法排除或解决学习压力的问题。

3. 环境原因

小B学业认真,各方面表现较好,是同学、辅导员眼里的上进三好学生。辅导员对其有较大的期望,同时班级同学也把小B作为学习的楷模,多方面的关注对学生造成了一定压力。在压力面前,小B未能协调好。

(五) 提高抗挫折能力的方法

1. 了解问题解决相关理论

基于艾利斯 ABC 理论,引起来访者心理问题的原因是其对考试失败、错失奖学金的认知问题。来访者因为几次考试失利,错失多次奖学金,便认为自己没有了考试的能力,上大学无意义,将来找不到好工作,从而恐惧害怕考试,变得焦虑不安。来访者的看法和态度是非理性的,因而造成了不适当的、有损于心理健康的情绪障碍和行为反应。帮助学生了解该理论,对于学生提升抗挫折能力很有启示。

2. 正视个人问题,敢于寻求帮助

小 B 的成绩和平时表现有很大反差,并有一定周期性规律,焦虑状态持续时间长,对学习生活产生较大影响。面对这样的情况,如果保持逃避的态度、不敢面对,问题便无从解决。在本案例中,小 B 最终能够直面问题,勇于寻求帮助,这是她能够寻找办法并解决个人"周期性"焦虑问题的重要方法。对于学校而言,更多的是要建立合理的心理危机处理网络架构以及第一时间掌握危机学生问题,对类似案例要在早期介入,而不是让学生个人通过较长时间来自我调节。

3. 家庭教育持续化

对于当今大学生而言,虽然已成年,但是社会经历还较为欠缺,还未达到可以思想独立、行为自主的层面。小 B 的家长忙于生意,导致家庭聚少离多,同时由于个人性格内向,导致学生对外倾述个人问题的途径大打折扣,无法技术排除或解决压力问题。学生原先的成长道路顺利,没有产生问题,如今出现了问题,学生没有解决问题的办法和经验。所以,良好的家庭教育仍需要持续。父母与孩子的交流与陪伴还是处于非常重要的地位。小 B 的学业问题从一定意义上说是来源于父母的价值观。所以,父母改变一些想法,给予孩子良好的家庭教育是非常重要的。

4. 加强学生自我效能感

学生的健康成长需要不断的自我激励和外部的激励。小 B 需要充分利用大学注重过程性考核和综合考核并进的方式,引导自身注重过程性学习。同时加强参与第二课堂实践,通过实践的经历与成功辅助自身第一课堂学习,并激励第一课堂学习。同时小 B 也要正确对待师生们对自己的期望,协调好压力与动力的平衡。在活动中逐渐提高自我效能,不再害怕考试。这也正是学习方面抗挫折能力提升的表现。

第二节 人际交往方面的抗挫折能力

在大学校园里,宿舍关系大概是许多同学的心中之痛。有的是一到宿舍就被同学来了个下马威,有的则是在后期相处过程中出现的不融洽。

一、贴标语的风波

(一) 个人简介

小C,女,19岁,大学一年级新生。该同学为家中独女,父母均从商,家中收入殷实。自幼被父母宠爱,与人相处融洽。据自述及父母补充,之前从未遭遇过重大挫折,在生活中乖巧、懂事、尊敬师长,虽学习成绩一般,但主动担任班委,愿意承担责任。

(二) 意外遭遇挫折:被贴标语

开学首日,小C在父母的陪同下到校报到。在分配好宿舍后,去宿舍安顿行李和铺床,之后离开宿舍,与父母到校外用餐、游玩,第二日才返回学校。可是,当小C第二日回到宿舍时,几乎傻眼了:她的桌上、床上贴满了谩骂的标语,用词极为难听和粗鲁;宿舍同学对她也横眉竖眼的,态度极其冷漠和恶劣。

小C受不了这一打击,打电话向辅导员哭诉了自己的遭遇并要求更换宿舍。辅导员赶到宿舍,详细询问了宿舍其他三位成员,了解到她们这样做的理由是认为小C及其父母在收拾宿舍时(当时正巧其他三位同学结伴外出了),没有经过她们同意就私自用了她们的毛巾并挪动了她们的私人物品。小C及其父母在了解到情况后感到非常委屈,认为毛巾可能是动了一下,当时也是因为不清楚是谁的毛巾放到了小C的位置上,才放到一边的,至于其他私人物品根本都没有私自动过。以及,即便是不小心动过了,也没有必要这样贴标语嘛。

对小C来说,刚一进入大学就在宿舍受到这一当头棒喝,真的是一大挫折呢!

(三) 抗挫折能力强的表现

在辅导员的帮助下,小C了解了室友贴标签及持敌对态度的缘故。小C在与父母沟通之后,尽快地调整了自己的情绪,没有让自己在挫折中长时间地自怨自艾。调整心情之后,小C没有坚持换宿舍,而是选择主动向其他三位舍友致歉并详细描述了其中的前后过程,表示只是一场误会,以及自己以后也会改掉粗心大意的毛病,十分愿意与三位舍友共同维护好宿舍氛围和同学情谊。

辅导员对另外三位宿舍成员做了大量工作后,三位舍友的态度有所缓和,有的也在向小C致歉,有的也认为自己也有错误,纷纷表示愿意接受道歉并且继续相处下去。

在此后几年的相处过程中,辅导员发现宿舍的四位同学相处得非常融洽,经常一起去教室、图书馆,而且在学习生活上也能互相督促和照顾,俨然形成了一个非常有凝聚力的集体,这与小C较强的人际交往抗挫折能力关系密切。

(四) 本案例中可以借鉴的因素

在当前大学校园宿舍矛盾不少的情况下,类似这样在起初入住宿舍时就发生矛盾的情况也不少见。本案例最终得到了妥善处理,并没有对学生的学习生活带来过分的影响,这其中小C的做法就有不少值得学习、借鉴的地方。

1. 知道求助于辅导员

大学生刚到学校时,遇到问题自己不能解决的时候,要知道辅导员是非常强大的支持源。在本案例中,小C刚到宿舍就遇到挑战,被宿舍同学"贴标语"给整蒙了。她没有长时间地自己伤心,而是立即打电话向辅导员哭诉了自己的遭遇。辅导员安慰的话语大大缓解了小C悲伤的情绪;而辅导员事后了解情况、帮助缓和宿舍关系,也对问题解决起到了巨大的推动作用。所以,在宿舍或其他校园生活中遇到问题时,要知道求助于辅导员,这是大学生需要知道的重要方法。

2. 求助于父母

父母是孩子最亲近的人。在学校遇到问题,知道求助于父母也是非常重要的。小C在遇到问题的时候,不仅联系了辅导员,而且还及时地联系了父母,告知父母自己宿舍发生的情况。父母的支持无疑给了小C极大的精神慰藉。小C的父母起初是支持孩子换宿舍的,因为觉得孩子的室友"贴标语"的做法有点过分。但后来看孩子愿意尝试与室友和平相处,也随即表示了支持。毕竟,刚到学校就要折腾着换宿舍还是挺麻烦的事情,如果能与室友友好相处那自然是最好的事情了。小C的父母一方面安慰孩子,另一方面还与辅导员老师沟通消息,帮助孩子顺利渡过难关。

当前,许多的学生上了大学之后,都是"报喜不报忧",不管遇到什么事情都是自己一个人忍着。结果,忍着忍着就抑郁了,或脾气"爆炸"了。其实,遇到问题并不丢脸,不能解决问题才是糟糕。有问题了,知道求助于父母,也是重要之事呢!

3. 主动积极与室友沟通

校园里,不排除有很糟糕的室友;但大多数时候,室友问题还是沟通不畅的缘故。小C虽然起初受了不小的委屈,感觉遭遇了巨大的挫折,但她能在辅导员老师的帮助下积极主动地与室友沟通。坦承自己性格比较粗犷,没有特别在意东西的摆放问题;说明当日的前因后果,解释引起误会的原因。其实,只要姿态放低,主动积极沟通,一般来说,室友问题还是挺好解决的。

小C说:起初的宿舍问题的确是让人非常不快乐的,但是我希望的是让不快尽快随风而逝。只有尽快解决了宿舍的问题,才能有精力去投入大学生活。从这个案例来看,小C的人际交往抗挫折能力是非常优秀的。

(五) 进一步讨论

在深入了解这个案例之后,我们认为,小C人际交往抗挫折能力较强,家庭因素和个人主观因素在其中起到了重要的作用。

1. 家庭因素

大学生的社会化过程,首先是从人际交往开始的,父母的教养方式对其成长以及社会化过程中人际交往能力的强弱有着直接的关系。在本次案例中,小C能够及时调整状态,最后与舍友相处融洽,离不开父母的支持。小C的父母从开始的支持调换宿舍到最后的支持小C与舍友一起住下去,既是相信他们的孩子有独立自主解决问题的能力,又是给了个体一个锻炼的机会。小C人际交往能力的发展和强大,离不开其父母的通情达理和支持。

2. 主观因素

个性心理的差异会导致每个人的归因方式不同,对事件的认知和归因是小C能够快速战胜人际交往挫折的重要因素之一。比如在这次事件中,有的同学可能就会觉得是其他三位舍友来自同一地区,生活习惯相同,所以故意抱团孤立第四位同学,而小C则认为舍友并没有真正想要孤立她,而是在一定的事实基础上造成的夸大,因此只需要解释明白就可以了。因此同样的事,不同的人处理方式的不同,带来的结果也是千差万别。

二、"能睡着了,真好!"

(一) 个人简介

小 D,女,大学二年级学生。学习成绩较为优异,喜欢独来独往,不喜欢多说话。自述近一年来睡眠状况非常糟糕,是因为睡眠问题才想到要求助的。她说:"我失眠非常严重,经常整夜整夜地失眠。"经常都是要等同学都睡着了、宿舍里没有一点声响时才能勉强入睡;而且晚上很容易惊醒,如果有同学打呼噜或磨牙,自己就很容易醒过来;早晨也是很早就醒了。内心苦闷无处诉说,心情很是不好,经常有与人吵架的想法。整日里精神疲惫,一到教室就犯困,简直是不能坚持学习,想要退学了。

(二) 抗挫折能力的表现

在小 D 倾诉了许久关于睡眠的问题之后,我们找到了她失眠的根源——在大一下学期时,她与宿舍同学发生过矛盾,当时争执比较严重,让她感觉很丢面子。特别地,同宿舍的另外两位同学当时并没有站在她这边帮她,这让她觉得很气愤。于是,她开始减少回宿舍的时间。每天清晨别人还在睡觉的时候,她就早早地就离开宿舍,到教室或图书馆一直待到晚上熄灯了才回宿舍。再后来,慢慢地就开始失眠了。

在长期的焦虑和抑郁之下,小 D 患上了神经衰弱;经常的失眠使她精神恍惚,上课也是昏昏欲睡的状态。虽然,她通过大量时间刻苦学习,成绩还一直保持在班级中上水平,但是,她对自己的学习能力已经失去了信心,对学习失去了兴趣,逐渐产生了退学的念头。

(三) 进一步的分析

在与小 D 谈心时,我们进一步分析了她因为一次吵架就衍生出如此严重的问题的原因。

1. 初入宿舍时的自卑感

小 D 来自农村,父母是农民,家庭经济较为困难。在中学时,学习成绩较为优异,老师和同学都很照顾她,从来不需要她主动与人交往。但到了大学之后,中学的生活方式完全行不通了,在大学里什么都得靠自己了。特别地,刚进入宿舍时,她感觉自己与同学们格格不入。同学们聊的东西,她大多都没听说过;同学们的衣着都非常光鲜靓丽,而她自己的穿着却显得土里土气的。一种深深的自卑感悄然萌芽了。

2. 与某位宿舍同学发生争执是导火索

小 D 说,其实自己的记忆已经有点模糊了,不太想得清楚当时是因为什么与那位同学发生争执的;但是,当时那种愤怒、伤心的感觉却一直萦绕在心头,不能忘记。特别地,对另外两位同学没有帮助自己,让自己很是气愤的感觉也一样充斥在内心。可以说,那次争执是后来宿舍关系紧张、小 D 失眠的导火索。小 D 在外面也许可以暂时忘记宿舍的不快,但是一回到宿舍就精神紧张,内心非常焦虑。

3. 不愿意参加集体活动

小 D 在中学时一心学习,从来不会与同学有过多的沟通与交流;到了大学,为了腾出更多的时间来学习,小 D 从来不参加班级的集体活动,在班级中没有一位知心朋友。上课时与同学碰面,也从来不打招呼。小 D 独来独往虽说保证了充足的学习时间,但是也会在很多时候觉得特别的孤独和寂寞;精神状态不好,也导致学习效率较为低下。毕竟,人都是社会性动物,总是一个人独来独往,是真的会有点孤单的。

(四) 提高抗挫折能力的方法

小 D 睡眠状况不好,主要的原因还是在心理的问题上,以及她自己并不愿意服用帮助睡眠的药物,所以我们主要从改变认知入手。

如前所述,艾里斯 ABC 理论认为,A 代表诱发事件,B 代表个体对所发生事件的看法和观点,C 代表个体对诱发性事件发生后的情绪及反应。该理论认为,诱发性事件(A)只是引起情绪及行动反应(C)的间接原因,人们对诱发性事件所持的信念、看法等(B)才是引起情绪及行为反应(C)的直接原因。所以,个体在遭受挫折以后,是否会产生挫折感以及挫折感的强度如何,主要取决于个体对挫折的认识和评价。正如一个广为人知的故事所说,一位非常有望获奖的射击运动员,在比赛前,本来一切都好好的,但是有一只苍蝇飞来干扰了他。本来飞来一只苍蝇是一件小事,但这位运动员却对这件小事很是介意,他的认知影响到了情绪,所以比赛时也受到了影响,只好沮丧出局。小 D 听了这个故事之后若有所思,我们在交谈中主要注重以下认知的改变:

1. 改变认知一:"参加集体活动会浪费时间"

在大学阶段,学习很重要,但学习不是唯一的活动。我们作为社会人,还应该学着花一些时间参与集体活动。在集体活动中,我们可以锻炼自己与人交往的能力,可以感受到归属感、安全感。

2. 改变认知二:"另外那两位同学就应该帮着我"

旁边的同学在你们争执的时候,估计也被吓蒙了,她们没有想到要来帮你们尽快解决问题。以及,你对你们当初的争吵已经记忆模糊了,或许你自己也有问题,旁边的同学不一定就该来帮着你说话。

3. 改变认知三:"宿舍同学不该和我吵架"

大家都是来自不同的地方,出自不同的家庭,每个人都有自己的个性,看待问题的方式也会各不相同。如果你觉得宿舍同学不该和你吵架,那对方也会有同样的想法啊——对方也会觉得你不应该和她吵架。也许当时吵架是不对的,但是既然已经吵架了,过后就应该及时与同学把关系缓和下来。以后有问题时,大家应该委婉地指出来,多沟通交流,很多问题都会迎刃而解的。

4. 改变认知四:"宿舍同学看不起我"

你怎么知道宿舍同学会看不起你呢?大多数同学都是很友好的,都希望在大学阶段建立良好的友谊。同学之间相比的不应该是穿着,而应该是为人处世是否成熟,学习态度是否端正,学习成绩是否良好等。即便刚开始大家可能会评论一下某同学的长相、穿着、谈吐等外在的东西,但是日久见人心,大家到最后更看重的依然还是同学的内在美与不美。所以,不要担心别人的眼光,要把心思放到好好学习和友好待人等方面,要相信同学之间是有纯真的友谊的。

5. 改变认知五:"我不愿意主动与同学和好"

大学阶段不同于中学阶段,学会与人交往也是非常重要的任务。如果吵架的两个人都等待对方来与自己和好,就永远没有和好的时候。吵架之后,总归是需要某个人主动走出第一步,向对方表示和好。以及,和好并不一定是要直接去道歉,虽然那样的效果可能更好,和好也可以是主动地点点头、微笑一下,再找合适的时机打个招呼等。何不给自己一个挑战,让自己在近期主动找同学缓和一下气氛?这样,既是帮了对方,其实更重要的是帮了自己。

在人的心理结构中,"认知"是非常重要的内容,它直接决定了个体的情绪情感和意志、行为等。积极的认知可以让个体产生积极的情绪情感;错误的认知则会带来消极的情绪情感和行为。小 D 在交谈中,慢慢地改善了自己的认知,对宿舍的同学不再充满敌意,这让她的心态逐渐放松,她也答应去尝试着与宿舍同学缓和关系。

(五) 抗挫折能力的提升

在校大学生的心理问题大多都还不算太严重,只要认知改善了,再加上尝试着改变以往的行为方式,很多的问题是可以得到改善的。

小 D 先是与宿舍另外两位同学的关系有了改善,从最初的点点头、微微笑到后来的打招呼,这让她轻松了不少。再后来,在两位同学的帮助下,与那位矛盾很深的同学也逐渐能说几句话了。最关键的是,心态放松之后,在宿舍里不会觉得那么紧张,小 D 终于可以在宿舍里安然入睡了,精神面貌也焕然一新。小 D 感慨着说:"能睡着了,真好!"

从小 D 的案例中,我们可以总结出提高抗挫折能力的对策如下:

1. 对自己有正确的认识。也许自己的家庭环境不够好,也许自己的相貌等不如他人,但是每个人都是特别的个体,要看到自己身上的优点和长处,敢于自信地与他人交往,在生活中远离自卑。

2. 对别人有正确的认识。同学有自己的观点和主张,不能强求别人在自己处于困境中就一定要站在自己这方。对他人要持宽容的态度。只要不是原则性的问题,我们都可以宽容待之。

3. 对集体活动有正确的认识。在集体活动中,我们可以锻炼自己与人交往的能力,可以收获友谊,甚至可以帮助他人。在大学阶段,要积极参与集体活动,只要生活的天地开阔了,内心的天地也会广阔起来。

4. 对心理健康知识有正确的认识。大学生中的心理问题大多都是小问题,只要自己做一个有心人,在图书馆多查阅心理健康书籍,有意识地去提升自己的心理素质,学会调节情绪的方法,有许多的实际问题是可以自我调适的。

总之,面对挫折时,要让自己保持积极的认知,能睡着觉了,与宿舍同学的其他问题就都好商量了。

第三节　恋爱方面的抗挫折能力

在大学校园里,随处都可以看见情侣们卿卿我我的身影。可是,与之相伴的失恋或日常的争吵,却也可能成为大学生们容易遭遇的挫折。

一、失恋就失去一切了吗?

(一) 个人简介

小 E,女,大二女生,学习成绩优异,是班级学生干部;性格活泼开朗,家里经济条件优越,对未来有着高远的目标。

(二) 小 E 与男友

小 E 与男友的相恋始于大一的一次活动,男友是那种高大帅气、热情洋溢的类型,很符合小 E 的心理预期。两人差不多算是一见钟情,在活动结束时相互交换了联系方式,就开始了甜蜜的恋爱。

小 E 很享受与男友的恋爱,刚开始时二人非常甜蜜。可是,慢慢地小 E 发现男友与自己的价值观并不吻合。比如小 E 对未来有着美好的憧憬,希望大学毕业之后继续考研或出国,可是男友对此根本没有想法。最关键的问题是,男友整天上网打游戏,对打游戏和看动漫非常痴迷。小 E 觉得这是在浪费时间,觉得男友没有进取之心。关于这个问题,二人讨论过多次,可是男友就是觉得小 E 太多虑了,觉得应该享受当下,未来的事情等未来再说。小 E 对自己要求比较高,学习成绩优异,而男友对自己要求比较低,加之迷恋游戏,学习成绩中下游,两人在学习上的差距越来越大。

(三) 不一样的挫折

不同于别的同学大多是被动失恋,小 E 的挫折则是觉得男友与自己不合适,想结束与男友的恋情。男友对游戏和动漫的痴迷让小 E 觉得难以容忍;男友对未来没有打算,也让小 E 觉得二人的共同话题不够多。但是,毕竟与男友已经是这么长时间的恋人,想分也不那么好分,挫折感很强烈。

毕竟,二人有着共同的朋友圈子,如果分手了,朋友们该怎样看待自己? 毕竟,男友对自己很好,自己还有什么不满足的呢? 毕竟,男友是自己的初恋,就这么分手了,是不是太可惜了? 毕竟,男友高大帅气,是自己喜欢的类型,分手了以后还能找到这么好的吗?

但是,男友不思进取,迷恋于游戏、动漫,与自己的价值观不相吻合,如果一直拖下去,这难说不会成为大问题。于是小E觉得自己当初因为男友高大帅气、为人热情就贸然开始了一段恋情,而会让自己这么纠结并痛苦,这真的是生活中的一大挫折呢。这恋情让自己进退两难,表面上风风光光,实际上却充满了苦楚。

小E在经过反复考虑之后,跟男友提出了分手,这让她感觉自己终于从犹豫中作出了决断,有一种轻松之感,可是,随之而来的痛苦、焦虑、害怕等多种情绪夹杂在一起,几乎要将小E给吞噬。

(四)在摆脱失恋的痛苦中提升抗挫折能力

对于小E来说,失恋的确是生活中的一大挫折。而且因为是第一次经历这样的事件,没有应对的经验,所以整个人处于一种应激的状态。直到与心理咨询师倾诉内心的种种难过之时,小E都还是恍恍惚惚、精神涣散的状态。

1. 痛苦

小E说:不知道为什么心里感觉很痛很痛。虽然是自己提出分手,可是内心的痛苦真的是超出了自己的想象。感觉失恋就失去了一切似的。自己一无所有了,心被撕裂了,反正就是很痛苦的感觉。心理咨询师回复说:失恋是一件大事,不管是主动失恋还是被动失恋,肯定会带来应激反应。觉得很痛苦,这是正常的现象。既然是自己主动地结束一段恋情,就要接受这种痛苦。相信随着时间的流逝,这种痛苦的感觉会慢慢地减弱或消散。

2. 焦虑

小E非常担心他人的眼光,担心此次分手会给朋友们留下不好的印象,担心朋友们会以为自己是一个轻浮的、不重感情的人。心理咨询师回复说:一段感情的去与留是自己的事情,旁人的建议或眼光只是参考。有焦虑也是正常,正视这个问题,做点其他的事情来转移注意力、分散焦虑吧。又或者,你可以主动找几位好朋友谈谈自己的想法与感受,如果能得到朋友的谅解与支持,你的焦虑自然可以大大减轻。

3. 害怕

小E非常害怕自己提出分手会让男友伤心、痛苦,毕竟男友对自己一直都很好,除了游戏、动漫,男友最重视的就是自己了。心理咨询师回复说:男友肯定是会为失恋而痛苦的,但是,既然二人不适合,分手便是迟早的事情,早点分手也许还是一件幸事。男友自己终会成长,他自己的道路得他自己去走。既然已经提出了分手,就不要再过分地害怕与担忧了。当然,你也可以委托一些共同好友帮着劝慰一下。

(五) 失恋并未失去一切

失恋并不是失去一切,相反,失恋很可能是一次成长的契机。在本案例中,小E经过失恋初期的痛苦、焦虑与害怕之后,全身心投入新的学习生活之中,抗挫折能力也得到了提升。而男友经过失恋的打击,也如凤凰涅槃一般重新审视自身的学习与生活。

在本案例中,非常值得借鉴的地方在于:

1. 倾诉

在痛苦时,不要把情绪藏在心里。如果有人指点、有人关心,是可以很好地缓解内心的不良情绪的。倾诉可以找心理咨询师和家人、朋友等。心理咨询的好处是保密性强,较为专业。心理咨询师并不会直接告诉来访者该怎么做,但是会与来访者讨论可以怎么做。家人和朋友也是良好的倾诉对象,好处是方便快捷,但也许会有一些难为情。实在没有倾诉对象时,写写日记,发泄一下也是不错的做法。

2. 注意转移

失恋时,如果总是想着失恋的事情,会陷入死胡同,越想越难受。如果能找到一些帮助自己将注意力从失恋上转移开来的事情,则可以大大缓解内心的焦虑。比较好的注意转移的方式,如到室外散步、听听音乐、打乒乓、跑步、读小说、逛街、吃东西等。等过一段时间再回头来看这段艰难的时光,会觉得内心的痛苦其实已经过去了。

3. 升华

升华(Sublimation)是指个体将受挫后的心理压抑转向去完成符合社会规范的、具有建设性意义的活动的心理反应机制。在本案例中,即是加倍用功地学习,将失恋的痛苦升华为学习的动力。在失恋之后,个体内心的痛苦等无处发泄,而学生最为应该做的事情就是认真学习了,个体如果能让自己转向更为用功的学习,一方面可以让自己的情绪有一个宣泄的出口,另一方面可以让自己的学习成绩更上一层楼。

4. 参加集体活动

失恋之后,可以在活动中遣散失恋的痛苦。在失恋初期,有各种激动的情绪是非常正常的事情,如果去参加集体活动,比如和同学一起去参加体育比赛、参加文娱表演、参加志愿服务等等,在活动中可以自然而然地忘记烦恼。

以及，以上几点是相互联系的，有些也有交叉。失恋之后，只要能改变认知、排解情绪，适时地安排合理的活动，是可以尽快走出失恋、提升抗挫折能力的。

失恋并不是失去一切，生活照常进行。虽然失去了这段恋情，但可以让自己心无旁骛地好好学习，追求更美好的未来。

二、相爱容易相处也不难

小 F 以前最常感叹的一句话是"相爱容易相处难"，因为他和女友的相处真的是问题多多、挫折多多。不过，经过一年多的磨合，小 F 的抗挫折能力已经得到了质的飞跃，他居然专门来信向老师表达了自己的谢意并说自己不会再那么容易陷入挫折了，会以更积极的心态去迎接未来的新生活。回想他这一年多的生活，也真的是挺不容易的呢。

（一）个人简介

小 F，男，大四学生，家庭来源为农村，家庭经济不是特别宽裕；他身材健硕，喜欢体育锻炼；为人正直、热情开朗；学习成绩优良，是班级学生干部。

（二）小 F 与女友的争执

小 F 与女友是在老乡会上认识的，两人感情很好，但是日常生活中隔三岔五地却会有激烈的争吵。其中有一些争吵还让小 F 当时感觉挺受挫的。

1. 陪伴问题

女友比较黏人，只要有空就想待在一起；可是小 F 不那么喜欢总是待在一起。小 F 有些时候想一个人独处，看看书，在安静的环境里让头脑放空，思考一些问题，或者与自己的朋友们打打球之类的；而女友特别喜欢拉着小 F 做其他事情，比如聊天或者追剧，而且女友经常质疑小 F，认为读书、独处有什么用？于是，小 F 有时候就回复女友消息不那么及时。两人为此大吵过几次，吵到几乎要分手的程度。

2. 礼物问题

女友家的经济条件比较好，女友也比较大方，所以经常给小 F 送礼物；可是小 F 家的经济条件不那么好，更主要的是小 F 在观念上觉得没有必要送礼物。所以，二人之间就成了女友送礼物多，而小 F 几乎不怎么给女友送礼物的状态。平时倒还没什么，可是有一次女友过生日，请了好些闺蜜一起庆祝，小 F 两手空空地过去，这让女友觉得脸上无光。事后当然是一场冷战了。

3. 庆祝日的问题

女友比较重视生日、在一起的纪念日等,可是小F比较粗心,不是很重视这个问题。有一次是二人在一起一周年的日子,可是那天小F根本就没有想起来。等到后来看见女友很不开心的样子,才知道是自己又错过了一个重要的日子。虽然小F起初觉得那些日子也没那么重要,想着只要大家在一起就行了嘛,可是,看着女友难过的样子,小F还是觉得很有挫折感。

4. 老是要说"我爱你"的问题

女友很喜欢问小F,"你爱我吗?",她希望小F能大大方方地说"我爱你",但小F总是觉得说不出口,觉得很肉麻。每次都支支吾吾的,或者转移话题,或者是一副言不由衷的表情。小F觉得,爱肯定是爱的啊,但是用行动来证明岂不是更好?反正,小F不愿意把爱挂在口边,即便是女友问了也不想说。这让女友很不开心,也让小F觉得很受挫。

5. 对朋友的观念不同的问题

小F喜欢与朋友打球,喜欢与身边的同学、朋友搞好关系,有点为朋友两肋插刀的感觉。只要是朋友来说了,不管是什么事情,不管自己是否能办到,都喜欢应承,从而经常弄得自己焦头烂额;当然,还会为朋友的事情花许多的时间打电话。女友不太喜欢小F这样做,认为耗费精力、耗费钱财,并且有时候看起来还有点低声下气的感觉。二人虽然为此讨论过多次,不过二人都比较坚持自己的观点,这也让小F觉得很有挫折感。

6. 小洁癖的问题

小F有点粗枝大叶的,经常每个星期只洗一次或两次澡,衣服也是一两周才换一次;可是女友有点小洁癖,经常说小F很臭,逼着小F换衣服、勤洗澡。小F起初觉得自尊心有点受伤害了,而且自己的确是不想那么勤快地换洗衣物。为这个问题,两人也吵了好几次架,小F挺受挫的。除了洗澡、洗衣服的问题,另外,还有吃饭是否自己带碗筷的问题,女友觉得餐厅的碗筷是大家一起用,不是很卫生,喜欢自己带碗筷去吃饭,小F觉得这可真是太麻烦了,看同学甩手去吃饭,羡慕不已。特别地,冬天洗碗可真是冷。两人为这事也吵了好几次,挫折感自然是不用说。

7. 有各方面比自己都好的朋友的问题

小F认为自己已经挺不错了,各方面条件都很优秀了;可是,女友由于工作、学习等原因还认识了几位比自己还优秀的男生。虽然小F知道他们并不会节外生枝,但是看到女友和比自己优秀的男生交流,小 F 内心也感到很受挫。以及,小 F 知道,女友既漂亮又优秀,一直不乏追求者,在女友确定做小 F 女友的当时,就另外还有两位坚定的追求者,只不过女友选择了自己而已。

(三) 问题的解决

以上是小 F 当时觉得很受挫的问题,每次他都通过与老师交流等方式,化解了当时的危机,提升了自己的挫折耐受力、挫折排解力。以上问题看起来很多、很杂,但其实都是相关联的问题。陪伴问题、礼物问题、庆祝日问题、老是要说"我爱你"的问题,这些其实是安全感的问题,在二人的相处中,女友并未感受到充足的安全感,没有感受到充足的爱意。小 F 在恋爱中学会了充分表达自己的爱意,让女友感受到满满的安全感,自然就对陪伴等的要求不那么高了。

小洁癖的问题一时难以改变女友的观点,则多一些自己的改变,事实上,增多了换洗衣服、洗澡等的次数,自己变得清清爽爽、干干净净的了,小 F 觉得出门更有自信了。在维系一段恋情的时候,许多时候是得包容对方的一些缺点或特别的要求。包容、忍让、理解、信任等,都是维系恋情的重要元素。

有各方面比自己都好的朋友的问题,也许是一个永远难以逃避的问题。即便以后结婚之后,也可能还有这样的问题。面对这样的问题,一是要有对对方的信任,二是要努力提高自己,让自己在彼此陪伴中逐渐成长,不要被女友落下得太多了。对此,小 F 还是有信心的。

经过多次的冲突、磨合,小 F 的挫折耐受力提高了,即便再有争吵,也不会觉得挫折感那么强烈;而且,问题发生之后,也能尽快解决,能排解自己的挫折了,挫折排解力得到了提高。比如礼物问题、纪念日问题能提高自己的重视程度,避免挫折经常发生,这也算是挫折成长力的提升了。

(四) 恋爱的发展

女友的确挺优秀的,经过努力已经顺利考上了重点院校的研究生。小 F 稍微懒散一些,与分数线差了一点点。不过,经过前面一年多的磨合、成长,小 F 已经不再惧怕。他说,女友对自己情有独钟,自己不能辜负了女友。自己一定要加倍地努力,争取明年考上研究生。

小 F 说:"我以前总是说相爱容易相处难,但其实,只要两人之间充满信任,多沟通交流,自己也积极追求上进,异地恋正是考验二人感情的契机。我的抗挫折能力提升了,现在感觉相爱容易相处也不难了。"

看着小 F 的变化,老师觉得真好:大学阶段我们应该将精力放在学习之上,但如果开始了一段恋情,则要学会维护这段恋情。恋人之间要学着让自己的挫折耐受力、挫折排解力和挫折成长力都得到发展,实现在恋爱中共同成长的状态。

第四节　求职方面的抗挫折能力

一、文凭不等于就业便利

(一) 个人简介

小 G,男,来自某省的一个普通家庭,是家里的独子;父母均为体制内在职职员,家庭条件良好。作息规律,身体健康,性格外向。学习水平中等,高考成绩一般;为拓宽视野,放弃家乡二本学校,选择上海专科院校就读。小 G 入学以来,升学目标明确,学习认真刻苦,经过专科三年的学习,毕业后按既定目标"专升本"继续攻读全日制本科。但在毕业之际经过多次面试与实习,小 G 并没有寻得符合自身期望的体制内企业的工作岗位。出于无奈,签了一个并不中意的单位。他在多个场合都抱怨说:"现在的工作可真不好找,我通过多次面试选择后签订了就业协议书,但是单位和工作岗位与我原来专科同学是一模一样的;他那时候的成绩还不如我,而现在却是我的主管领导。我最近一直在想,当初为什么要选择专升本?好像也没发挥什么优势,何况又是普通本科院校,想想就觉得懊恼、后悔、不值。虽然现在拥有优秀毕业生称号,但有什么用?"

(二) 抗挫折能力的表现

面对毕业,小 G 起初是踌躇满志的;但就业市场的严峻形势,让小 G 逐步变得萎靡不振,陷入了可能要解约、无法顺利就业的窘境。

应该说,在即将毕业的这一年,小 G 是非常积极地求职的,但却一直没有找到满意的岗位;临近毕业,迫于就业压力而不得不先确定了一家单位,但专科同学刚好又是自己的主管,这让小 G 觉得难以接受。基于此,小 G 对就业领域到自身选择等多方面都产生了自我怀疑;越想摆脱当前的窘境却越难摆脱,导致情绪不稳定无法控制。只能靠篮球运动来逃避问题,在寝室里也经常通过大声喧哗、摔东西等方式来发泄,对室友产生较大影响,并引发了一系列的矛盾。毕业设计内容推进等也受到影响,存在较大问题。小 G 对自己的职业选择及今后发展都备感挫折,表现为抗挫折能力低下。

(三) 心理辅导老师的干预

小 G 的情况引起老师、同学的关注,辅导员和心理辅导老师引导学生直面大学毕业生就业现状,一针见血地传递就业形势——就业过程以及人生所有事情的发展都不可能一帆风顺,在上海能寻得一份工作已经很不容易了,自己理想中的工作岗位可以等以后再慢慢寻找。同时,辅导教师还根据自身的经历与认识对体制内外工作的利弊加以阐述。

建立心理咨询方案:

干预角度 1:经咨询了解,学生本身其实是非常优秀的,是全面发展的优秀毕业生代表,是具有理性分析能力的学生;只是在就业阶段,由于就业不顺,再加上学院的就业压力导向,让学生"退而求其次",但不甘心、不情愿的情绪占据主导,让学生陷入自卑、失败的挫折心理。所以,辅导老师通过与学生回忆大学经历与成长,交流之前所面临的问题和解决方式等来唤回学生自信的一面。

干预角度 2:学历只是敲门砖,"学力"才更为重要。在从理性上认同了找工作的不容易之后,解决小 G 纠结的根源问题——即自己的主管是原来的专科同学。老师与小 G 共同分析"老同学"为何能够在短短两年时间内职业发展如此之快,从自身奋斗、平台机遇、未来再进一步发展可能面临的问题等方面加以探讨。同时也建议小 G 放下身架,主动去了解"老同学"这两年的成长故事,从发展的视角看待就业问题。同意学生以"宣泄"的方式释放自身压力,发泄不满、愤怒等极端情绪,但是这都要建立在不影响他人的基础之上,建议选择其他的合理宣泄方式,如打出气袋、跑步、打球等。

结束与巩固阶段。经过辅导老师的帮助,小 G 终于将原来的非理性信念逐步转为理性信念。之前,受家庭传统观念的影响,小 G 的就业观念太理想化,认为一定要在体制内的好单位工作才行,而且对专科同学作为自己的主管不能接受。经过老师的引导,小 G 改变了不合理的错误观念,并对同学是自己的主管也不那么介意了。老师还通过引导学生学习校园丰富的劳模文化,从劳动美中感受每一份再普通不过的工作背后都有其崇高的价值,引导学生传承劳模精神,争做大国工匠。

(四) 抗挫折能力低,出现心理危机的原因分析

1. 家庭原因

小G同学的家长均为中共党员,体制内在职人员,家庭生活稳定、条件良好,父母具有较高的文化。由于父母工作的性质,对体制内工作较为偏爱,这对小G有很大的影响。小G克服各种困难,努力表现,参加专升本考试,获得本科学历学位,所以他对一开始不能找到一份体面的体制内工作而耿耿于怀。这自然是受家庭的影响。

2. 个人原因

小G对就业目标领域、岗位有所预设,对就业有过高的期待,在就业困难时没有因为形势的变化而灵活调整自己的期望,这是他在毕业前夕表现出抗挫折能力低下的主要原因。在求职的过程中,小G过多关注外在的因素,对自身施加较大的压力,过于重视第一份工作在他人心目中的印象,同时个人缺乏长远的规划。

3. 环境原因

在小G的周围,班级同学或考上研究生、或找到自己满意的工作岗位,又或者都给自己做了理想的安排,唯有自己,快要毕业了还在为就业而烦恼。同时,还有学院定期"上纲上线"地催促提交就业协议书,让小G感觉自己成了拖后腿的人;加上同学间对自己也有一些负面评论,这对小G的打击较大,不能很好地应对。

(五) 提高抗挫折能力,预防此类心理危机事件的对策

1. 个人认知的改变

在这个案例中,个人自己是否能想通是最重要的了。在就业形势严峻、工作不如预期的情况下,稍微妥协、接受现实是非常重要的。第一份工作固然重要,但这不是人生的终点,只要多努力,在日后会有更多的发展机会;即便第一份工作不太如意,但是在工作中依然能收获许多的经验,促使自己获得更多的成长。

2. 加强学生正确就业观的塑造

可以考虑引导相关学生运用"补偿"的方法,以其他方面的成功来弥补就业领域暂时不理想的情况。例如,大学生如果在想进国企、事业单位上受挫,那么他就可以进一步聚焦自身优势,设想最好的工作岗位还在后面等方式增加自己的自信心。

当今大学毕业生就业形势确实压力很大,几乎所有的大学生都是从基层一线

岗位起步,在岗位中摸爬滚打,达到一定"能工巧匠"的程度,才有可能晋升更高一级职位。专科同学都可以成长为部门领导,正是这个理念的生动体现;同时多出的两年多的就业时间投入,自然比应届毕业生有优势。同时也要认识到,从今后长远的角度,本科学历的晋升肯定会比专科学历具有更大的优势。

3. 家庭关注

就业是家庭的重要议题之一。一直以来,家长对子女的期望往往停留在"考个好大学,找个好工作",但是具体在"找个好工作"方面往往没有太多的指导,仅仅要求一个"好"字。家庭更多地会从传统的角度为子女考虑就业,真正做到结合子女自身特点,以实际情况充分考虑就业与职业发展的则相对较少。家庭是子女的第一所学校,为学生发展奠定基础。父母和学生都需要进一步提升站位,为祖国而读书,为民族复兴而就业的理念首先应从家庭中产生。

最终,在学校教师的帮助下,随着时间的推移,小 G 逐渐冷静下来,开始较为客观地正视自己面对的问题。经过个人反思,逐步将所关注的点由个人转向实际工作中,由当下转向长远。经过学校老师的指导,继续在工作岗位上实习实践。逐步解决个人困惑,进一步确定发展规划与目标,走出了就业的困境,学业与就业同步推进,顺利毕业,参加工作,生活步入正轨。

二、进入社会,从学习《就业协议书》开始

(一) 个人简介

小 H,女,大四年级学生,来自一个普通农民家庭,家庭经济条件一般,平时衣着朴素,较为勤俭节约。父母均为农民,年纪将近 60,平时做一些临时工,基本维持家庭生活,家中还有一位弟弟就读初中。小 H 大学四年每年都申请助学贷款和家庭经济困难生认定,加上校内勤工助学,勉强维持大学期间开支。本人身体健康,个人无重大疾病史。

小 H 在学期间一心扑在学业上,学习成绩良好,曾多次获得奖学金,但是课余社会实践活动参加较少,与外界交流也较少。一直以来,小 H 都希望自己能尽快完成学业,踏入社会,谋得一份工作,为缓解家庭困难承担一份责任。

(二) 抗挫折能力的表现

在选择工作的时候,工资收入是小 H 一直以来放在第一位的因素。经过综合

考虑与对比,小 H 选择了一份工资高、福利好的工作,而且如果做这工作,以后的生活开支也会比较小。起初,她以为这工作是非常适合自己的。但是,在真正去实习之后,才感到自己无法胜任这工作的内容和实际强度,并感觉这工作似乎也不适合女生。她想要放弃,但是根据《就业协议书》的要求,如果毁约,小 H 需要承担违约金 10 000 元!

10 000 元,这对于普通的农村家庭来说,简直是一个天文数字。这笔钱给小 H 造成了非常大的心理负担,小 H 觉得自己简直要被打垮了,不知道自己该怎么办。万般无奈之下,小 H 找到辅导员,但是辅导员也只能给予一些安慰和劝解,不可能给到小 H 实质性的帮助。与此同时,寝室室友们的工作陆续落实,谈笑间都能感受到大家对自己工作的满意;再反观自己,小 H 的内心压力无限地放大,感受到非常强烈的挫折感,抗挫折能力简直到了最低点。小 H 甚至还想到了死,觉得自己太失败了,工作没有找好、工资没有领到,反而还要先付 10 000 元钱出去。

就这样,小 H 在就业过程中,因为涉及毁约而产生的违约金对生活、思想产生较大负担。因为自身的选择而懊恼,情绪低落,对毕业阶段学习生活产生较大影响,在选择继续和放弃的思想斗争中犹豫不决。最终虽然决定放弃,但是整体上不能较好地面对现实。

(三) 心理辅导老师的干预

小 H 的异常引起了同学的关注,在同学的鼓励下,小 H 去了心理辅导中心。

心理辅导老师充分理解小 H 的境遇,并引导其正确看待经历对个人成长的作用与意义,正确认识自身金钱观等。以及,通过耐心解释让学生知道,在双向选择的前提条件下,在法律面前,个人因素、条件等是不会被优先考虑的,不能一味要求别人对自己的帮助、理解,甚至同情,从而引导学生进一步树立更合理的就业观。

建立心理咨询方案:

干预角度 1:经咨询了解,学生本身经过考虑其实是已经做出了对她个人来说是非常艰难的一个决定——毁约,放弃这份所谓待遇丰厚的工作。其实这是一个非常积极的信号,只是学生无法接受后续经济的损失以及对后续再就业不具有充足的信心。在干预过程中需要紧抓这一点入手。首先肯定学生的决定;在此基础上引导学生完善自身择业观念,将这一"经历"转化为就业的资本以及自身成长的财富;梳理就业的基本注意点,通过分析目前大学生常见的几类就业问题案例,通过"百色女儿黄文秀""西部志愿者"等就业事例来引导学生理解个人就业不仅仅是个人和家庭的事情,还有对学校、对国家的意义。

干预角度2:回顾大学以来学生受助的情况,引导学生对此加以认识与思考。肯定了学生一直以来都保持积极向上的心态、自强不息地完成学业的事实,但是也要看到学校、国家为自己在政策上所提供的支持与帮助。因此心怀感恩、回馈社会是学生应当努力做的。特别是就业方面,和普通同学相比,更应该有更高的追求,将就业和回馈社会相结合是最理想的一种感恩方式,而不能仅仅停留在待遇高这一低层次水平。

结束与巩固阶段。将上述两个角度结合,帮助学生塑造更积极、更全方位的就业观念,重新塑造学生就业自信心,同时要求学生进一步完善自身简历,重新开始、重新启航、拥抱社会,将个人成长与学校、国家的发展紧密结合,在实践中完成时代新人的使命。

就这样,学校心理部门从学生经过理性考虑放弃目前的就业机会出发,结合学生接受国家资助完成学业的关键点积极开展干预。经过几次的咨询,学生心理状态改善明显,逐步摆脱先前的就业影响,逐渐走出原先"成本至上"的片面就业观念。最后,小H重新分析自身特点,聚集优势,积极投身校内外各类招聘会并得到多家企业的关注。经全面考虑,选择了适合自身且有较大锻炼与成长空间的某公益性单位就业。

毕业前夕,小H还欣然接受学校的邀请,参与大学生职业生涯规划方面的宣讲活动,与低年级同学分享自身的经历和内心的起伏,传达积极的就业心态和正确的就业观点,并得到积极的反馈。

(四) 抗挫折能力低,出现心理危机的原因分析

1. 家庭原因

小H家庭生活条件一般,父母均为普通农民。父母为维持生活而整日奔波,这让小H逐渐形成了金钱在生活中非常重要的观念,从而特别看重就业中的薪酬问题。临近毕业时,想要缓和家庭经济压力,希望自己能独立自主的愿望越来越强烈。

2. 个人原因

小H对各类问题的处理、学生生活都几乎是自己一人解决,很少与他人交流沟通。知心朋友也较少,缺乏倾诉的对象。因为"困难生"原因,小H受到了学校、

师生们的大量帮助,这让小 H 错误地认为踏入社会后大家也会像校内一样,为自身各方面提供便利与支持,什么事情都有商量的余地。所以,在就业阶段也以为可以先确定自己满意的就业单位,同时继续寻求更好的就业机会,如果毁约,也可以商量,不用承担相应责任等等。

以及,在之前求职的过程中,错误地认为有较高薪资水平的工作就是好工作,导致自己未能充分考虑自身的实际情况,盲目寻求工作。在实习过程中发现工作内容与自身不能相适应且不能克服的情况,导致较大的心理负担。

3. 环境原因

如今就业市场基本上都是"双向选择"的就业模式,在双方达成一致的情况下,签订就业协议书并由学校鉴定。应届毕业生找工作、签订就业协议书的过程其实就是学生真正踏入社会的过程,是由学生身份转变为社会工作人员的一个过程。学生在此过程中不可能期望还能受到学校的全面"维护"或"保护",毕竟用人单位也有自己的考量。学生与用人单位达成的协议具有法律效力,需要双方遵守,这是学生需要特别认识到的地方。

(五) 提高抗挫折能力,预防此类心理危机事件的对策

1. 个案关注

首先是表达对学生境遇的理解,特别是对她长期以来独立自主、自强不息的品质表示肯定,以此开展引导与干预;其次是帮助学生认识到:经过实习发现工作不适合自己的事实并通过思想斗争后选择放弃这份工作,这是学生积极面对现实的一面。在此基础上,引导学生树立正确的就业观、价值观,直面问题并从长远看待问题,树立"经历是自身最重要的财富"的理念。

2. 整体关注

大学毕业生在择业过程中确实会关注薪资待遇水平,这是非常正常的现象;薪资待遇也确实是需要学生考虑的因素;但是学生就业,除了薪资等物质条件之外,更重要的是"综合考虑"。每一位学生的情况不尽相同,都是需要结合自身情况选择适合自己的工作。毕业生需要从更多的视角关注:除了待遇之外,工作能给自身提供的其他价值、这份职业对今后家庭的支撑作用,以及这份事业对社会的回报,等等。许多大学生由于经历所限,容易遇到问题。这一过程中虽然会有危机,但是若能直面现实,也可能正是转机。虽然解决问题的过程会比较痛苦,但是若能抓住学生关注的点,并找到学生的某个"闪光点"来开展干预,问题也是能得到圆满解

决的。

3. 学校关注

对于毕业生就业工作,高校学生工作者应该充分考虑每位同学的特点,制订有针对性的就业指导方案,千万不能将一个指导方案用于所有同学。同时,学生工作者需要积极汇总以此为代表的学生就业工作典型案例,并将其向低年级学生传达,引导学生群体树立正确的就业观念。

4. 家庭关注

就业是标志着大学生毕业以及全新人生阶段的开始。这个过程看似简单,但其实也关系到一个家庭新阶段的起点,其重要性显而易见。相似于本案例的家庭,家长难以为学生在就业方面提供较多的帮助,更多的是学生自身的"单打独斗";但家长也可以为学生的选择提供精神方面的支持,这必将成为学生最大的动力。通过个人努力,让家庭脱贫致富的想法固然很好,这也是家庭的奋斗目标,但这是一个长期的过程,并非一朝一夕就能完成;改变家庭环境需要家庭每一位成员的共同努力,切勿急于求成;切勿因为家庭因素让自己背负巨大的压力,这是相关学生群体及其家庭需要重视的一个问题。

第五节　生活方面的抗挫折能力

除去上面的一些场景,生活方面的诸多场景也是大学生们容易遭遇挫折的地方。如初到一个陌生的地方,不能适应新生活;锻炼身体,却受了伤,等等。这些,也都需要大学生们提升自己的抗挫折能力。

一、我想回家……

小 I 起初的特点是不说话、只落泪。她坐下后,不像其他同学那样马上就开始讲述自己的疑惑,而是泪珠扑簌簌地往下掉。老师耐心地询问原因,但她就是不说话。老师只好猜测着跟她谈话,而她则默默地流眼泪、擦眼泪。就这样一直持续了许久,她才蹦出了两个字:"想家。"然后,又是落泪及不说话。时间一分一秒地过去,许久之后她才开始了倾诉。

（一）个人简介

小 I，女，大一学生，学习成绩优异，从外地考入上海高校。家庭条件好，中学是在学校附近租房，没有住过校。在大学里没有要好的朋友，去教室或餐厅等都是自己一人前往。

（二）挫折的表现及老师的劝解

1. 不喜欢餐厅的饭菜

小 I：以前在家都是妈妈做饭，很喜欢吃妈妈做的菜。从小的口味都比较清淡，不喜欢吃太咸、太辣、太油腻的菜。可是，现在学校餐厅的菜都太咸、太辣、太油腻了，有些菜还比较甜。所以，经常吃不下去饭菜，经常觉得很饿，感觉挺受挫的。

【老师的劝解：学校餐厅很多，你去过几个餐厅？如果一个餐厅不好吃，可以尝试换另一个餐厅哦。而且，每个餐厅都有许多的窗口，可以多尝试几个窗口。特别地，有些窗口是可以现炒的，你可以提自己的要求，请师傅按照你的要求来炒菜；有些窗口是面条、馄饨、饺子等，有许多的口味，也很清淡。另外，如果某次吃饭没有吃饱，可以尝试买点小零食，比如面包、水果、牛奶等，作为餐后的补充。以及，人的口味也是会变的，也是可以慢慢习惯新的味道的，说不定过一段时间之后，你就会喜欢这里的口味。总之，吃饭问题其实不难解决，你只要多观察、多询问，自然能找到自己喜欢吃的东西的。】

2. 不喜欢这里的天气

小 I：老家的天气很好，一直都是温暖如春的感觉。可是上海的天气太不好了。上海对我而言太潮湿了，刚入学时非常闷热，很难受。没过多久，现在又变得这么冷，而且，听说夏天还会特别热。还有台风天气来了之后，下雨天从宿舍到教室很不方便。我感觉自己都过不下去了，我不知道自己为什么来到了这个地方，生活中处处是挫折。

【老师的劝解：天气问题关键在于你怎么看了。每个城市都有每个城市的特点，每个城市的天气都有人喜欢，也有人不喜欢。有人喜欢四季如春的天气，但也有人喜欢四季分明的天气。既然来到这里，就尝试着适应这里的天气呗。天冷就多穿衣，天热就穿裙子，不也挺好吗？给你讲个小故事：我家孩子起初不喜欢下雨，觉得出门不方便，但我跟她说，"下雨天真好，可以把我们家的车洗洗干净。"孩子转念一想，的确是这样的。结果，她就很喜欢下雨天了，还经常盼望下雨呢。这个小故事就说明,天气就这样了,我们不能改变,关键就看你怎么看待它、怎么尝试着适应它了。我还记得我读研究生的有一个夏天特别热,有朋友托我帮买一台电风扇,我去帮忙买了,但是我都没有想起给自己也买一台电风扇,后来工作之后回想起这个事情,觉得很不可思议。猜想当时可能一心忙着学习了,许多的时候都待在实验室和图书馆,根本没有想到给自己也买一台电风扇。而且你看看这个城市里有这么多的人,大家都能适应这里的天气,你也尝试一下呗。】

3. 感冒生病的问题

小 I:因为不适应这里的天气,我比较容易感冒生病,都感冒好几次了。经常打喷嚏、咳嗽,还头疼。

【老师的劝解:感冒是挺难过的,所以要尽量避免感冒。其实,每次在感冒之前我们都能有一些感觉,如果不拖延,及时去校医院买药吃,是可以避免让感冒发展得很严重的。有许多时候,我们往往是拖延着不去看病、不吃药,才让感冒变得严重。可以有针对性地吃一些冲剂预防感冒,也可以打疫苗预防一部分感冒。当然,每天注意生活有规律、穿衣恰当、好好吃饭,再注意锻炼身体,将身体素质变得强健一些,就不容易感冒生病了哦。而且,偶尔感冒生病并不是坏事,可以让身体对感冒病毒有一定的警觉,如果一直都不感冒生病反而会让自己掉以轻心呢。】

4. 听不懂上海话的问题

小 I:我在学校里时,周围大多数时候都是讲普通话的,但是我偶尔也需要出去买点东西、乘公交车之类的,就会遇见有人讲上海话。我一点都听不懂上海话,我觉得自己像傻子一般,很难过。也觉得自己不属于这里。

【老师的劝解:有人说,上海话是全世界最难懂的方言之一。一开始听不懂是很正常的哦,过一段时间之后,你自然就能听懂一些了。以及,如你所说,生活中大多数的地方都是讲普通话,听不懂的上海话只是在很少的时候会出现。如果实在是有人说上海话,你听不懂,你可以微笑着用普通话再问一遍,对方一般会客气地用普通话回答的。所以,这个问题不用特别纠结哦。】

5. 觉得孤独的问题

小 I:高中的时候,在学校的活动都有好朋友陪着,比如去吃饭、去卫生间等等。我已经习惯了身边总有人陪伴,到了这个完全陌生的环境里感觉太不习惯了。特别是我一个人走进偌大的食堂,或是晚上一个人面对空荡荡的寝室的时候,我感觉非常难受。以及,周围的同学穿着打扮和言谈举止都比较成熟,而我自己显得格格不入。我很想家,我很想回家,我每天至少给家人打 5 通电话。可是,还是觉得很孤独。

【老师的劝解：每个人都有独自面对新环境的时候。到了一个陌生的环境之后，要学着主动与这里的同学、老师沟通交流。如果你能尽快与你的室友、你的班级同学认识，你就不会觉得那么孤独了。你也可以主动去参加班级的集体活动，参加老乡会，参加一些社团等，让自己的生活丰富多彩起来，就不会那么想家了。刚开始时，每天给家人打5通电话没有关系，只要能帮你缓解思乡的情绪，只要没有太影响家人的生活，这样也是可以的。不过，随着时间的流逝，要让自己逐渐习惯这里的生活，不用再过分依赖家人了。】

6. 想退学的问题

小I：我不知道自己为什么会来到这个地方，我想回家，我不想在这里学习了。我想退学，回我自己老家的学校去，可是爸爸妈妈不同意。

【老师的劝解：如果只是因为不适应当前的生活就退学，那的确是非常可惜的一件事情，所以你的爸爸妈妈不同意。能考到这么好的大学来读书，这是多么不容易的事情啊，的确需要珍惜。在我们的一生中，的确会遇到一些困难的时光，但如果你坚持下去，再回头来看，你会感激自己当初的坚持。退学的确是能尽快让自己感觉很舒适，但是如果不退学，从长远来看则会让自己更舒适。我们每个人都有一个舒适圈，但为了长远的发展，不妨挑战一下自己，让自己走出舒适圈，在更宽阔的天地奋斗一番。不过，这也是需要自己好好考虑的。如果上面的几个问题都解决了，你是否可以再找辅导员、其他同学多聊聊呢？以及，你也可以思考现在的学习生活中，有什么特别好的地方吗？如果能利用好现在所读大学的资源，找准自己的方向，相信你以后会生活得更好。】

（三）抗挫折能力的分析

小I的确算是抗挫折能力较弱的一位同学了。在初入学的时候遇到了一堆的问题，不适应餐厅的饭菜、不适应天气、不适应感冒生病的问题、为听不懂上海话而烦恼、觉得孤独、想要退学。很显然，她的挫折耐受力是很低的，遇到挫折就不能承受。其实这些问题，每一位大学生都会遇到，不过有许多大学生不觉得这是挫折，而到了小I这里，这些问题却对她产生了很大的影响。从这个案例中，我们就可以看出个人挫折耐受力的重要性了。每个人的挫折感受的阈值大不相同，有人的阈值很高，而有人的阈值较低。

小I的挫折排解力也较低，她久久走不出自认为的挫折，不知道该怎么排解自己的不良情绪。幸而她还知道求助于老师,知道经常给家里打电话倾诉自己的苦恼。虽然老师的劝慰和家人的劝慰可以起到一定的帮助,但是,最后是否能调适自己的情绪,关键还在于个人。只有自己想清楚了、想通了,才能真正地排解内心的烦忧。

正如许多的书中所说,大学阶段是人生的黄金时期。在大学里,我们只有在遭遇挫折、排解挫折的过程中,一步步地学会应对挫折或避免挫折,才会在挫折中获得成长,发展自己的挫折成长力。其实,对于大多数的大学生来说,生活适应问题并不是一个特别大的问题。我们只要认识到:自己不可能永远生活在家的港湾,不可能永远处于父母羽翼的庇护之下。离开家庭、独自到学校学习是一个锻炼自己的机会。到了新的环境,要主动融入集体,感受新生活的快乐;要把精力放在学习之上,多与同学待在教室、图书馆,自然可以化解思乡的情绪。实在太难受时,抽空给家人打电话、倾诉一番。相信经过一番磨难,自己的抗挫折能力也能得到提升了。

二、都是篮球惹的祸

在大学阶段,篮球是很多同学的挚爱。可是,篮球除了带来快乐之外,也可能给同学带来一些心理伤痛或身体伤痛方面的挫折。坚强地直面挫折,活出自我,这便是抗挫折能力的体现。

(一) 坚强的小 J 同学

小 J,女,大一本科生,校篮球校队女篮成员。小 J 同学热爱打篮球,但进入大学后因为信息接收不及时,在大一学期过半后才得知有关校队女篮训练的消息。因为之前在高中没有参加过校队的系统训练,在个人技术和战术配合方面,尤其是战术配合方面还存在很多知识盲区。又由于学期过半才加入校队训练,所以第一次参加训练的时候与多数队员存在差距。

训练过程中,剧烈运动造成的体力消耗给身体带来压力,同时训练中犯错会受到教练训斥。教练在许多情况下较为严厉,对队员奉行打击原则,因此有些队员接受不了身体和心理的打压而退出了训练。小 J 同学第一次来的时候,第一学期已经过半,与其他队员相比错过很多训练内容,因此在训练过程中更容易犯错。

在某次训练结束的交流中,其他队员都在埋怨不知道怎么才能不犯错以免教练生气,大家都表示被训斥之后很有压力,但小 J 同学在被训斥的队员们中表现有较大不同。她表示，教练生气甚至严厉训斥大家，是因为对大家期望比较高，她每次被骂之后都假装没有听到，以免影响自己的心态，然后等冷静之后再反思自己的行为。除此之外，在训练过程中，小J同学被技术较好的队员打败之后没有自我怀疑，而是在每周的日常训练之外自我加练，有时甚至自己在篮球场训练到深夜。后来小J同学进步较大，超过同期队员，教练也看出了她的心态比较平稳，在女篮比赛中给了小J上场比赛的机会。虽然小J基础不是很好，但是一直保持乐观的心态面对训练中的问题，一直保持积极状态，并在遇到问题之后积极寻找解决办法，而不是陷入问题之中一蹶不振，表现出较好的挫折耐受力和排解力。同时她对待问题的态度和积极的心态也得到了教练和队友们的肯定，从而在遇到问题时得到更多外部力量支持。在一次次的被批评中，她学会了整理思绪、归纳问题、多加训练，让篮球战术得到提升，让来自教练的批评越来越少，也显示出了较高的挫折成长力。

（二）受伤的小K同学

小K，男，大一新生，在刚开学与同学打篮球的过程中受伤，不能行动。当时，周围的同学都十分担心并且有些害怕，但是小K还安慰大家不要担心。然后，被120送去学校附近的医院做了CT检查，医生诊断为膝盖脱臼。因为不能行动，小K住进了学校的爱心屋。当时小K觉得稍微休养一下应该就会好的，甚至认为过一段时间以后参加篮球比赛也没问题。但是随着时间的推移，小K的伤势并未好转。后来又做了磁共振等一系列检查，诊断为右膝关节股骨外侧髁、髌骨挫伤、前交叉韧带挫伤、外侧盘状半月板、关节积液并滑膜炎、髌骨内侧支持带损伤等；以及，此时小K的右腿已经出现了一定的肌肉萎缩，加上膝盖受伤严重，行走都很困难。小K本身就经常关注体育赛事，也看到过很多运动员受伤带来的影响，这时候他才意识到自己这次受伤的严重性，才意识到这次受伤将会让他告别球场很长一段时间了。小K不由陷入了深深的挫折之中。

对于刚入大学的小K来说，原本的计划是在大一成为学院的导生、在新生篮球赛中崭露头角、在学生会中作出贡献、在大二担任干部等，但这一切都因为这次受伤而变成了待在爱心屋中养伤。原本带着热情和对未来的憧憬进入大学，但没想到在刚开学就经历了这次严重的伤病，使得自己只能每天待在房间里，极大的心理落差和身体伤病给小K带来了不小的打击。对于一名热爱运动并且对生活充满热爱和期望的人来说，严重的伤病就等同于捆住了他的左膀右臂，关上了生活的"大门"。在最初的一段时间里,小 K 产生了心情低落、逃避课业、做噩梦、失眠等一系列的消极反应。

时间就这样悄然逝去。过了一段时间,小 K 发现自己的状态不仅耽误了学习,并且让现在的生活与自己的期望相距越来越远。经过反思和自我调节,加上爱心屋阿姨每天查房的关怀、周围同学对他篮球技术的肯定和对他重返赛场的期望,小 K 意识到不能再这样浑浑噩噩地混下去了,消极颓废只会毁掉自己的生活。于是小 K 开始尝试复健,努力走出爱心屋并逐步回到原来的生活圈子。他开始坚持去上课,弥补之前的课业,不再以抄作业来敷衍了事;积极参与学生会和社团的活动;尝试投篮等基础训练以保持手感,并在朋友圈晒出自己复健的视频,发表热爱生活的言论和感悟,又呈现出了曾经积极向上的状态。

在笔者与小 K 的沟通中,小 K 表示自己其实是一个开朗乐观的人,已经受伤接近一年,自己还是不能重返赛场,这次的经历固然给自己的心理带来很大的打击,不过自己从高中就秉承"悟已往之不谏,知来者之可追"的原则,过去的已经过去,自己会更多地活在当下,把握未来。

在没有办法做自己最热爱的事情和美好的期望因突如其来的伤病被打破的时候,小 K 固然很受打击,但面对挫折,小 K 能自我调适,且周围人的关心也给了他很大的力量,让他可以接受现实,想办法改变现状,乐观面对挫折。

我们从小 K 的经历中可以看出,他的挫折耐受力不错,在身体受伤之后,能耐受住打击;在伤病超出自己的想象之后,能排解挫折带来的痛苦,保持乐观的心态,显示了较强的挫折排解力。伤病、痛苦——这是篮球惹的祸;但是,坚强、乐观——这却是从挫折中得到的抗挫折能力的成长。

三、一路艰辛,一路成长

"当他还是一个孩子的时候,就对另一个更弱小的孩子担起了责任,就要撑起困境中的家庭,就要学会友善、勇敢和坚强,生活让他过早地开始收获,他由此从男孩开始变成了苦难打不倒的男子汉,在贫困中求学,在艰辛中自强,今天他看起来依然文弱,但是在精神上,他从来是强者。"[1]当大家读到这段话语的时候,是否觉

---

[1] 《感动中国》2005 年度人物——洪战辉[EB/OL]. http://news.cctv.com/special/C16917/20061125/101145.shtml.

得很有兴趣深入了解？这是2005年"感动中国"给予洪战辉的颁奖词。

虽然这是一个发生在多年前的故事，但是，洪战辉在挫折中不畏艰难的精神依然非常值得我们学习：在中央电视台"2005感动中国"节目播出那一年，哥哥洪战辉，22岁，是怀化学院03级经济管理系学生。

他来自河南农村，从小家庭贫寒。在他12岁那年，间歇性精神病突然发作的父亲摔死了年仅一岁的妹妹；几个月后，父亲从路边捡回了一个弃婴，虽然给生活带来了欢乐但也增加了更大的负担。妈妈忍受不了生活的痛苦，离家出走了。

母亲离家出走后，照顾生病的父亲和年幼的弟弟，抚养捡来的小妹妹，家庭的重担压在了只有13岁的洪战辉稚嫩的小肩膀上。洪战辉就靠给餐馆洗碗碟、推销电话卡、做销售代理等方式，艰难地维持生活。

生活的艰辛，没有磨灭他求学的热情；相反，他渴望读书。初中毕业那年，他收到了河南西华县一中的录取通知书，为了学费，他到县城装雨棚的工地上找到了一份传递钉枪的工作。一个暑假，挣了700多元，临近开学时，他交清了妹妹的学费，拿着剩余的钱，鼓起勇气来到了西华县一中报到。

高一那年，因父亲再次发病，他不得不辍学。但他还是没有退缩，为了凑足学费，他打过多种零工，推销过各种小商品。两年后，在学校和老师的帮助下他又回到了学校。洪战辉除了读书学习，负担一家四口的基本生活费用外，还要想尽一切办法为自己和弟弟妹妹赚学费，为患病的父亲筹集治疗的费用。在父亲患病期间，还要在家、医院、学校这相距近一百多里的三地来回奔波照顾父亲和年幼的弟妹。生活的压力使得洪战辉在学习的间歇不得不拼了命地打工赚钱：到餐馆打杂工、到学校推销书籍、到街上捡垃圾、回家种麦地。除了生活的艰辛外，洪战辉还几次和死神擦肩而过——由于推销书籍生意红火，洪战辉被眼红的不法商贩殴打，左眼差点失明。他还在从医院照顾父亲回家的路上，差点摔死在路边的沟里。即便这样，他从来没有退缩，他用了五年时间读完了高中。最后，以490分的成绩被怀化学院经济管理系录取。

上大学后，为了生活，他在学校卖起了电话卡、圆珠笔芯，在怀化电视台《经济E时代》栏目组拉过广告，并且给一家"步步高"电子经销商做起了销售代理，每月下来也有600多元，仅够勉强生活。在他春节回家，看到失学在家的小妹又瘦又黑，他便毅然把小妹带到怀化去读书。洪战辉靠打零工、做小生意来维持生活。无论日子过得多么苦，洪战辉从未退缩过。

洪战辉在2005年被评为"感动中国十大人物"。在颁奖现场，他说："苦难的经历不是我们博得同情的资本。奋斗才是最重要的!"铿锵的话语让人久久难忘。

笔者还在网上查询到:洪战辉于2006年考入中南大学(本硕连读),2011年7月获中南大学企业管理硕士学位。毕业后,也在社会默默做着自己的贡献,为社会传递着正能量。品读他的故事,他并没有惊天动地的大事;但他,平平凡凡如小草般倔强,在挫折面前的坚强乐观值得我们每一个人学习与反思。

在2005年,教育部还曾发出《关于开展向洪战辉同学学习的通知》:"湖南怀化学院大学生洪战辉,在家庭屡遭变故、生活艰辛的情况下,12年来克服种种困难,把一个和自己没有血缘关系的弃婴一手养大。艰难困苦并没有压弯他稚嫩的脊梁,反而砥砺他乐观坚强地面对生活,不但自己考上了大学,还靠做小生意和打零工赚来的钱供'捡来'的妹妹读书。尽管生活很拮据,但他却从来没有申请过特困补助,还自己拿钱资助其他困难同学。他怀着一颗朴实而善良的心,顽强地学习和生活,真诚地关爱社会、呵护家人、自强自立、勇于进取。洪战辉同学的感人事迹再次说明,只要我们以真诚的爱心去关心家人,以奉献的情怀去面对社会,我们的生活就会更加美好,我们的社会就会更加和谐。""各地教育行政部门和各级各类学校要迅速行动起来,组织广大学生向洪战辉同学学习,学习他自强自立、勇于进取的坚韧品格;学习他克服困难的坚强意志和战胜困难的顽强毅力;学习他面对困难不低头、面对挫折不放弃的奋斗精神;学习他刻苦学习、严于律己、诚实质朴的高尚品质;学习他乐观向上、积极进取的人生态度和高尚的思想品德。"[1]

如果说,伟人、名人的榜样让你觉得很遥远,难以企及;那么,这平凡的洪战辉的故事,是否可以让你有所感触?他在遇到困难和挫折的时候,那么勇敢、坚强,是否可以给你一些动力?他的抗挫折能力是否让你觉得应该对自我有一些要求?

---

[1] 教育部《关于开展向洪战辉同学学习的通知》[EB/OL]. http://www.moe.gov.cn/s78/A12/s7060/201006/t20100607_179050.html.

第七章 中小学生抗挫折能力的案例分析

由于中小学生的年龄特点,在中小学发生的比较典型的抗挫折能力的案例有不少的共通点。引发挫折的事件主要集中在学习压力大、人际交往遇到问题、适应新环境中的问题、为情所困、家庭忽视等方面,而且大多是许多原因混杂在一起,很难分开。以下所呈现的都是真实的、有代表性的案例,希望通过呈现这些案例,可以给老师、家长和学生一些启示,思考如何帮助学生提升抗挫折能力,预防危机事件的发生。

第一节 学习方面的抗挫折能力

一、我是一个失败者吗?

(一) 个人简介

小O,男,高二学生;学习成绩优异,名列前茅;家庭环境优越,亲戚中有多位叔叔、阿姨在国外常春藤高校任职;家庭期望较高,自己的抱负水平也很高,希望高中毕业时能考入美国名校。平时除了学校的学习之外,还要花大量的时间学习英语。

(二) 抗挫折能力的表现

某次考试失败之后,小O出现了严重的焦虑症。他越想学习就越难集中精力,经常处于莫名的紧张不安、担心害怕、忧虑的情绪状态中;头晕、胸闷、心慌;在座位上坐不住,心情烦躁,不能静心学习。经常用手使劲拍打自己的头部,想要让自己清醒起来,可是没有作用;为了让自己静心学习,他用笔把自己的左手手背都刺得伤痕累累的。后来,已经不能坚持在教室听课了,一听见铃声就觉得心慌,想要逃离学习的地方。晚上失眠,不能正常入睡。

(三) 帮助学生提升抗挫折能力的做法

1. 班主任老师的帮助

小O的异常是班主任老师首先发现的。班主任老师在安慰小O的同时,引导他到心理辅导中心寻求帮助。

2. 心理辅导老师的帮助

(1)耐心地倾听。心理辅导老师首先是耐心地倾听小O的倾诉。小O很聪明,他也知道自己有些不对劲,需要老师们的帮助。所以,他一到心理辅导中心就非常配合地讲述了自己的情况,倾诉了自己内心的烦恼等。心理辅导老师耐心地、引导性地让小O将内心想说的话都说了出来。特别地,心理辅导老师注意到小O在倾诉的过程中问了一个问题:"我是一个失败者吗?"(2)技巧性地提问。经过耐心地倾听,心理辅导老师判断小O是对自己期望太高、学习压力太大,从而引发的焦虑症,所以比较技巧性地问了一些问题,引导小O思考自己的状况。心理辅导老师询问的问题如:你认为什么样的事情是成功的事情?你如何界定"成功"一词?你最近做得比较成功的事情有哪些?你最为敬佩的成功人物是谁?通过对成功、失败问题的提问和讨论,让小O知道,生活中,除了学习成功,还有许多其他事物的成功,一次考试的失败并不意味着人生的失败。

3. 联系家长

小O的焦虑症已经是比较严重的了,虽然心理辅导老师的开导,已经让他知道自己过分焦虑没有作用,但是,要想真正改变状况还需要家长的配合。小O的学习压力主要还是来自家长们过高的期望,只有在家庭环境中真正减轻学习的压力才能让小O不那么焦虑。

4. 到心理卫生机构治疗

在与小O和其家长讨论的过程中,大家都同意到心理卫生机构进一步检查并服用一些安定的药物帮助小O度过急性的焦虑期。

最后,在按照医嘱服用药物、心理辅导老师定期进行心理辅导、家长降低期望、老师同学关心等多方配合下,小O的焦虑症状终于得到了缓解。

(四) 抗挫折能力低的原因分析

1. 家庭过高的期望

小O的家庭环境的确是非常的优越,父母都是高级知识分子,亲戚中还有好几位叔叔、阿姨在国外工作。但也正是因为这样的家庭环境,家人都把期待的目光聚焦在小O的身上,希望他学习成绩优异,希望他高中毕业就能考入国外名校。在这样的高期望下,小O一旦出现考试失利的情况就非常容易陷入焦虑的症状。

2. 个人过高的抱负水平

虽说家庭环境很重要,但个人自己的内心是更为直接的原因。小O自己有着过高的抱负水平,这是他不能接受考试失败的直接原因。加上高中阶段较大的学习压力,小O的抗挫折能力就表现得较为低下。所以,在心理压力大、不能承受的情况下,适当调整自己的抱负水平是非常重要的。

3. 没有朋友,缺乏运动

小O把所有的精力都放在了学习上,生活中没有朋友,也缺乏运动,一旦产生焦虑情绪,没有朋友可以倾诉,没有通过运动等来分散自己的注意力,则焦虑越加严重了。

(五) 帮助学生提升抗挫折能力的对策

1. 个人注意设置恰当的抱负水平

虽然抱负水平太低不利于发挥个体的积极性,但是若抱负水平太高,也会让人感觉焦虑不堪。所以,设置不要太低也不要太高的抱负水平,是缓解焦虑的重要方法。

2. 家庭不要给孩子太大的压力

对"成功"的界定不要太功利化,除了想要孩子考上名校,也要注意孩子的身体健康和心理健康。

3. 学校要关注学生的心理,发动同学相互关心

在学校中若是能通过各种方式对学生进行心理健康教育,必然能有效地帮助学生提高抗挫折能力,提高心理素质,预防心理危机的发生。

二、焦虑引发抑郁的优等生

(一) 个人简介

小 P,男,高中三年级学生。初中时学习成绩优秀,聪明好学,是老师的宠儿、家长的骄傲;高中时在班级仍然排名前列,但性格稍偏执,自尊心较强。

(二) 抗挫折能力的表现

小 P 初中时成绩优秀,并以优异的成绩考入重点高中,但在近期的一次非常重要的考试中成绩很不理想,感到十分失落。尤其是现在的同班同学小 L,初中时成绩远不如自己,但这次考试却超过自己很多,这使小 P 很受打击。他强烈地想把成绩搞上去,在课上十分认真地听讲,生怕漏掉什么重要的知识点,并利用一切课余时间加紧补习。但一段时间后,他在课上常常感到精力无法集中,注意力下降,学习效率也大打折扣。每次去学校都显得极不情愿,听到上课铃声都会莫名地紧张。每次考试都想考出好的成绩,但总是事与愿违。一次偶然的情况下,放学后小 P 与小 L 因为一点小事发生了冲突,在同学们的劝导下,事情很容易就解决了,小 L 也没有放在心上。但小 P 却觉得小 L 是在故意找他麻烦,是在想趁机羞辱他,并认为同学们是因为小 L 的成绩比他好而偏袒小 L。小 P 回想到从开学到现在发生的很多次他自认为是小 L 羞辱他的事情,觉得自己成绩不好都是小 L 的原因。并在后来常感到头痛、胸闷和厌食,对学习和生活产生了消极的心理。

(三) 帮助学生提升抗挫折能力的做法

由于小 P 的异常,班主任老师请学校心理老师介入对该同学的帮助过程之中。

1. 认真倾听,鼓励小 P 宣泄内心情感

在心理老师向小 P 了解情况时,一开始小 P 并不愿意多说,显得有些抵触。在老师对其困惑、遭遇表示同感,鼓励他将心中的想法、苦闷宣泄出来,释放不良情绪之后,他才断断续续地把心中的痛苦讲述出来。经过此次谈话,他的态度好了很多,后期开始主动找老师聊天倾诉。一段时间后,小 P 的情绪基本稳定下来。

2. 启发引导,矫正不良认知

心理老师在与其谈话过程中,对他的学习、生活、家庭有了大致的了解,并分析

出他存在的一些不良认知。通过与其分析考试成绩不理想的原因,考试的意义与策略,同学关系的处理方式等,调节并矫正其部分不良认知。在适当的时间,老师安排了小 P 与小 L 的见面,二人一起回忆了初中时诸多愉快的事情,最后握手言和,重归于好。

3. 重塑自信,缓解考试压力

可以看出,造成小 P 心理问题的主要原因是他不能正确对待学习压力,家长和老师的高期待加剧了其内心的矛盾和苦闷。针对这种情况,老师还与其父母联系交流,进行多方位的辅导与关怀。通过多方努力,小 P 重新振作起来,认真投入到学习中去。

(四) 抗挫折能力低的原因分析

1. 源于考试焦虑

从小 P 第一次考试失败后产生的一系列心理变化和行为中可见,他是典型的考试焦虑。小 P 的抗挫折能力较为脆弱,在父母、老师提出的要求过高或因为成绩的不理想而加以指责后,小 P 就产生了焦虑情绪。

2. 经历了抑郁

长时间处于不安和焦虑状态而无法释放,小 P 患上了严重的抑郁症。轻微的抑郁症可以理解为一种抑郁心理,表现为情感低落、注意力不集中等;严重的抑郁症是一种生理方面的病态,表现为严重失眠、暴躁、幻觉,甚至会走上自杀或伤人的道路。近年来抑郁症患者日趋年轻化,引起了社会各界的高度关注。在日常生活中,人们都会遇到诸多的不如意,遭遇各式各样的挫折,不过,大多数人都会慢慢化解,只有少部分人会沉浸其中,难以自拔。小 P 不能正视自己的失败,耿耿于怀而导致了抑郁症的产生。

3. 错误归因

在被抑郁症折磨的过程中,如果不加以积极的引导干预就有可能演化成暴力事件。小 P 经历了抑郁后需要发泄内心的苦闷,他把自己所有的问题都归因于同学小 L,这种突然的情绪爆发危害性会很大,有可能会给自己或他人带来巨大的伤害和痛苦。

(五) 提升抗挫折能力的对策

要想帮助学生有效提升抗挫折能力,从多方面着手是很重要的。

1. 学校是直接帮助学生的场所

在学校中有针对性地为抗挫折能力较弱的同学提供帮助,可以起到事半功倍的效果。学校的老师、同学等,对于抗挫折能力较低的同学来说都是"重要的他人";学生每天在学校的时间较多,无论是课间还是课上,都有帮助学生提升抗挫折能力的机会。特别是对于小P这种源于考试失败和同学误会的问题,在学校解决问题是最为直接的了。

2. 家人多关心帮助

现代社会家长都比较忙碌,白天要忙上班,回家又要忙做饭及做其他家务,真正与孩子沟通交流的机会和时间并不多。特别是对于一些孩子不喜欢与家长沟通交流的家庭来说,家庭在帮助孩子提升抗挫折能力方面所发挥的作用其实是较为有限的。这就需要家长改进教育的方式方法,有意识地多关心帮助自己的孩子。除了关心孩子的学习,多多关心孩子在想什么,这真的很重要。

3. 社会上如果能有较多心理辅导机构也是帮助学生提升抗挫折能力的重要渠道

现实生活中,许多的孩子较为内敛,不愿意在学校吐露自己的心声,担心影响自己的学习或表现。在这种情况下,如果能较为方便地在社会上找到优质的心理辅导机构,对于需要帮助的学生来说也是非常重要的。当然,社会上如果有许多的适合大中小学生的活动场所,能让学生们在周末放放风、参加活动,自然也能帮助学生们提升自己的抗挫折能力。

4. 当然,最重要的就是学生自己了

俗话说"解铃还须系铃人",学生抗挫折能力的提升关键还在于学生自己内心的想法。只有在一次次挫折的过程中,不断磨炼内心,提升对挫折的耐受力,学会化解内心的挫折心态,提升面对挫折的经验,才能真正提升自身的抗挫折能力。

第二节 人际交往方面的抗挫折能力

一、人生难免挫折

(一) 个人简介

小Q,女,高三学生。家庭环境良好,父母都是知识分子;学习成绩优良,因为父母工作调动搬家,以较高的成绩插入一所陌生的学校。小 Q 平日里为人热情,喜欢与人交往,在以往的学校生活中与同学相处融洽。

(二) 引发强烈挫折感的事件

小 Q 是插班生,所在学校住宿生非常少,所在班级没有同学住宿,所以学校安排她插入已有 4 位同学的一个宿舍之中。初入宿舍,小 Q 明显地感觉到几位同学的敌意,似乎自己侵犯了她们的领地。小 Q 主动地与她们搭话,但她们根本就不理睬。这 4 位同学是另外班级的同学,她们刚好两两配对,到食堂、到教室都出双入对,在宿舍里更是有说有笑,对小 Q 则是有意无意地视若无睹。小 Q 在宿舍里感觉很压抑,但是学校宿舍很少,根本没有办法更换宿舍,只能硬着头皮待在这间宿舍。有一天,小 Q 不小心碰到了一位同学的东西,立刻就招来了 4 人对她毫不留情的集体攻击。她们放肆且猖狂地谩骂着,想把小 Q 从这个宿舍赶走。小 Q 看着 4 人愤怒的、扭曲的脸庞,感到惊恐无比,感受到了强烈的挫折感。

(三) 提升抗挫折能力的做法

1. 请求班主任老师的帮助

小 Q 感到自己没有办法维系良好的宿舍关系,只好去寻求班主任老师的帮助。班主任老师了解到宿舍的情况的确是非常糟糕,就陪同小 Q 来到了宿舍。老师先是和颜悦色地安抚小 Q,然后与宿舍的 4 位同学讲道理,说这宿舍是 5 人的床位,的确是可以供 5 位同学居住的,虽然小 Q 后到,但是你们不应该欺负她……在班主任老师的教育下,宿舍 4 位同学的嚣张气焰终于不那么明显,但她们依旧对小 Q 不理不睬。无论如何,这比谩骂要好了许多,小 Q 在心里暗暗地下决心要好好学习,不要多想宿舍的事情。

2. 向父母倾诉

小 Q 是一个月回一次家。回到家里,小 Q 实在忍不住向父母哭诉了宿舍的艰难。父母很心疼小 Q 的遭遇,但是学校没有办法更换宿舍,父母要工作,也不能更多地陪伴小 Q。父母只好安慰小 Q,毕竟这是高三,要以学习为重,忍忍就过去了。虽然父母未能提供换宿舍等实质性的帮助,但是父母安慰的话语,还是帮小 Q 缓解了内心的不适。小 Q 再次告诉自己,不要过多计较生活中的艰难,把心思放在学习上比什么都重要。

3. 与班级同学相处融洽

小 Q 在自己班级里与同学相处融洽,特别地,她很快与几位同学成了好朋友。好朋友知道了小 Q 在宿舍的艰难,有时候中午午饭时会到宿舍与小 Q 作伴。这让小 Q 感到自己不是那么的势单力薄,感到自己也是有人陪伴的。这也让小 Q 确信自己在人际交往方面是没有问题的,这次的宿舍关系不良主要在于已有同学的不友善。

(四) 宿舍关系的缓和

随着时间的推移,宿舍 4 位同学知道没有办法赶走小 Q,也只好对她睁一只眼闭一只眼了。虽然宿舍关系仍旧比较糟糕,那 4 位同学在嘻哈打闹中无视小 Q 的存在,但这比明面上吵架已经好了许多。小 Q 默默地忍耐着。这虽然不符合小 Q 热情开朗、友好对人的性格,但是小 Q 知道,毕竟这是高三,不要太过于在意身边的事物了。

宿舍关系的缓和,出现在一次考试之后,小 Q 的成绩处于年级前列,而宿舍 4 位同学的成绩则不出意外地是中等偏下。随着高考的逼近,宿舍同学也知道成绩的重要性,有不会的题目时偶尔也会过来向小 Q 请教。小 Q 有求必应,耐心地帮助同学,宿舍关系比刚入住时缓和了许多。

特别地,有一位同学因为成绩较差而选择了退学寻求其他出路。这给了宿舍另外几位同学很大的打击——高中学生,就是该把精力放在学习上啊。从这之后,宿舍同学都把更多的精力放在学习上了,对小 Q 不再那么针锋相对。小 Q 待在宿舍,终于不再那么压抑,可以更加全心全意地投入复习应考之中了。

(五) 提升抗挫折能力的对策

中学生在起初融入一个集体的时候,如果由于一些原因被孤立、被辱骂或其他,挫折感强烈,要想提升抗挫折能力,的确是需要一些为人处世的智慧的。

1. 寻求外界的支持

很明显,小 Q 在宿舍危机中能坚强地挺过来,班主任老师的帮助是非常重要的。无论是班主任老师的安慰,还是班主任老师赶到宿舍对其余同学的劝解,这都是化解小 Q 内心烦恼的重要方法。如果没有老师的帮助,宿舍同学可能没有那么容易就放弃对她的攻击;如果没有老师的帮助,小 Q 可能没有那么容易保持良好的情绪。而父母的安慰也给了小 Q 许多的帮助,小 Q 在父母处能感受到家庭的温暖,这让她振奋精神、整装出发。以及,小 Q 在自己班级中,与同学相处愉快,这也给了小Q许多的自信,相信自己能处理好与他人的关系。

2. 目标明确,内心坚定

在整个事件中,小Q能不被起初糟糕的宿舍关系所打倒,最为重要的原因应该是小Q在高三有着明确的目标,即考上大学。正是因为考大学的目标是那么的明确,所以小Q的内心无比地坚定,想要克服生活中的艰难,想要把更多的精力放在学习上。因而,不管宿舍关系有多么糟糕,不管宿舍同学的态度有多么恶劣,小Q都坚定地朝向努力学习的目标,避免与同学起冲突,让时间来平息同学的怒火。终于,时光不负有心人,小Q在学习目标的指引下,情绪稳定、学习成绩优良,也最终获得了与宿舍同学和平相处的状态。

3. 尽力帮助同学,抓住缓解关系的契机

虽然宿舍同学起初非常恶劣,有点恃强凌弱的感觉,但是小Q相信同学内心并不是那么的恶劣。在同学有需要帮助的时候,她总是友好地施以援手,或者是帮助同学弄懂难题,或者是帮助同学打饭打菜,或者是帮助同学打开水。俗话说,人心都是肉长的,随着时间的推移,宿舍同学也慢慢地接纳了小Q;在临近毕业时,宿舍里甚至也有同学对小Q表达了感激和歉意。

虽说,毕业时小Q并未与宿舍所有同学都成为好朋友,但是,大家能和平相处,不就很好了吗?小Q在高三的人生重要时期,没有因为宿舍同学的不友好而影响到学业,相反,起初不良的宿舍关系还刺激了小Q更加努力地学习。小Q在挫折中坚持学习并获得了优良的成绩,甚至还在学习上无私地帮助起初谩骂她的同学,做到了以德报怨,这不就是抗挫折能力的完美体现吗?

二、自卑的心

(一) 个人简介

小R,男,小学三年级学生。学习成绩中偏上,本人能说会道,比较聪明,学习无困难。家庭条件良好,妈妈是护士,爸爸从事销售行业,收入颇丰。父母对孩子要求极其严格,尤其是在学习上寄予了厚望。

(二) 抗挫折能力低的表现

1. 冲动地想要跳楼

小R本身性格存在极大的缺陷,自视甚高还自私,说话尖酸刻薄,班级同学没有人愿意和他做朋友。有一次和同学发生了激烈的矛盾,在众人面前丢了脸,小 R 异常激动,内心处于崩溃的边缘,情急之下竟然跑到学校楼顶想要跳楼。等到同学们叫来心理老师对其劝解的时候,可能是出于内心的恐惧,自己一会儿也就下来了。但是在这样一个本来应该无忧无虑的年纪,做出如此激烈的行为,与他这个年龄是不相匹配的。抗挫折能力低下,甚至存在严重的心理危机,只不过是找了一个合适的时间点爆发出来了而已。

2. 想要打死妈妈

小 R 出现过极端的思想和变态的心理。可能是与父母长期的打骂与冷漠有关,让孩子感受不到家庭带给自己的温暖与呵护。在与心理老师的聊天中,他甚至袒露希望自己可以生活在美国,这样当妈妈打骂自己的时候,可以开枪打死妈妈的极端的变态思想。这种话从一个小学三年级的孩子嘴里说出来是令人震惊的,完全没有这个年龄段的单纯与活泼,充满他脑海中的是无尽的仇恨与报复。这种孩子如果不提前防患于未然,未来可能会有不好的结果。

3. 撒谎成性

为了引起别人的注意,与别人交流时,小 R 经常喜欢吹牛、夸大甚至是杜撰一些根本不存在的事情,为的只是吸引别人的眼球。而正是这种撒谎成性使得大家离他越来越远。在其能说会道的外表下隐藏着一颗极其自卑的内心,曾在一次班干公开竞选中,好胜的他得票为零,小 R 脆弱的心灵也因此遭到了沉重的打击。

(三) 提升抗挫折能力的做法

1. 班主任老师的关心

首先是班主任观察到小 R 的异常行为后,主动联系家长,将小 R 在学校的异常行为一一反馈给父母,希望家长可以配合学校,共同帮助小 R 走出困境;考虑到小 R 此次过激行为的诱因是同学间的矛盾,老师将大队长、中队长和小队长等班级的核心骨干召集到一起开了一个特别会议。班主任老师将小 R 的情况向班干部们娓娓道出后,劝导班干部们要起模范带头作用,主动关心小 R 而不要孤立小 R,以帮助小 R 走出困境。

2. 心理辅导老师的帮助

心理老师首先是针对小 R 的心理情况进行相应的心理辅导;其次,帮助班主任老师出谋划策、讲解办法,致力于发挥各位教师的教育作用;第三,则是与小 R 的父亲进行了一次深入的访谈,让家长认识到问题的严重性并改变教育方式。

3. 父亲的教育方式的转变

在心理老师耐心的劝解和指导下,父亲对小 R 的态度明显好转,有可能也是开始意识到了问题的严重性。由以前的一味严格要求、经常打骂,慢慢变得开始关心孩子,关心孩子内心的真实感受,尊重孩子的选择。小 R 非常喜欢小动物,曾向父亲要求希望可以养一只小动物,遭到父亲的强烈反对,因为父亲怕影响孩子的学习。危机事件发生后,父亲不仅开始变得关心孩子,甚至允许孩子在不影响学习的前提下养一只小动物,只是要求孩子必须按时完成作业、主动承担照顾小动物的责任等。孩子感觉得到了父亲的尊重,也找到了情感的寄托,心理也渐渐变得健康起来,这与父亲的转变是分不开的。

(四) 抗挫折能力低下的原因分析

去医院诊断后发现小 R 的情况是较为复杂的,既有多动症,也有中度抑郁,究其原因是多方面的。

1. 家庭原因

家庭原因是该案例发生的最为关键的因素,小 R 的母亲是一名护士,由于工作压力和各方面的原因,患上了中度抑郁症。在患上抑郁症以后,对孩子的态度也急剧变化。小 R 的母亲在小 R 五岁以前对他呵护备至,但在患病以后,母亲的性格变得喜怒无常、异常暴躁,小 R 稍有不对的地方,母亲就会对其打骂。就是在这种长期的压抑下,孩子的心理遭到严重的伤害,最后导致有中度抑郁倾向。

2. 个人原因

男孩本身性格属于比较调皮顽劣的,后来也查出患有轻微的多动症,非常不听话,与同学矛盾重重。加上母亲患病后给自己带来的影响无法调节(因为本身患病的母亲情绪比较激动,一旦孩子不听话母亲自然反应激烈),最后小 R 慢慢地变得思想偏激,做出很多怪异的行为。

3. 社会环境

在本案例中,小 R 的多次异常行为,都是以同学间的矛盾为诱因的。在班级中,整个班级分为各种小团体,小 R 因为自身的性格缺陷而被孤立出来,甚至会遭到同学们的言语和行为的攻击,使得他由一个能言善道的孩子变得极其自卑,开始抑郁。

（五）提升抗挫折能力的对策

1. 学校加大宣传力度

许多中小学生抗挫折能力低下、有心理危机的苗头,大多是因为人们缺乏注重提升抗挫折能力、预防心理危机的意识。我们可以通过学校媒介加强宣传,如借助于学校的微信公众号这个具有影响力广、实施难度小等特点的平台,来经常推送一些有关提升抗挫折能力、预防心理危机的专业知识,使家长、学生在潜移默化中接受熏陶。以便家长们在日常生活中能更加关注孩子各方面的行为表现,达到很好的效果。

2. 开展相关的心理讲座和家长会

有些学校,各方面的资源还是比较缺乏的,无论是硬件设施还是老师的教学水平,尤其是心理老师的专业水平有限,有待于进一步加强。如果可以请一些专家或者权威的学者开展一些主题讲座,一方面老师们得到了培训和提高,另一方面家长也更愿意倾听权威的建议,改善效果会更加明显。

3. 个别辅导

针对学习有困难、与同学相处有困难的孩子,班主任要密切留意,有条件的最好可以进行家访,以获得最真实有效的信息。稍微严重的应该及时与学校的心理老师进行交接,提早预防,防止情况进一步恶化。这样,让个别辅导也更有针对性,使孩子更容易接受。

第三节　情感方面的抗挫折能力

一、为情所困的优等生

（一）个人简介

小S,女,初中二年级学生;学习成绩优秀,聪明好学,人际交往能力强,能言善辩,阅读广泛;小S的父母都是高级知识分子,家庭教育氛围比较民主。

（二）抗挫折能力低下的表现

小S与班上长相帅气的男生N互有好感,并以男女朋友的身份交往了一段时间。男生 N 是班上的"万人迷",一直是不少女生追求的对象。这天,N 在教室里提出要和小 S 分手,小 S 无法接受这个事实,情绪非常激动,冲到窗口就想往下跳。

(三) 帮助学生提升抗挫折能力的做法

当时在场的同学反应较快,及时阻止了小 S 的跳楼企图,同时立即向老师报告。班主任、政教处、武保处、心理辅导室的老师及时到位,并通知了家长。之后,学校各部门分头了解情况,共同应对心理危机,帮助学生提升抗挫折能力。

政教处老师分别约见男生家长、女生家长,并促成双方家长之间通过协商达成一致意见。

武保处老师多次约谈男生,主要了解两人交往的一些具体情况,如交往的深度、分手原因、分手方式等,进行一定的责任教育、异性交往尺度的教育等。

心理辅导老师定期约谈女生,除了了解两人交往情况之外,倾听女生的感受、想法,探讨异性交往过程中可能面临的种种问题,包括如何把握异性交往中的言行举止,如何看待初中阶段异性交往与高中阶段、成人阶段异性交往的差异,如何从各种不同角度理解分手,如何应对分手等。

整个辅导过程持续了一个学期。之后,小 S 已经基本恢复正常的学习状态,接受了失恋的挫折。而男生在武保处老师的辅导下,对待女生的态度有所改变,人际互动关系也有进步。

(四) 抗挫折能力低下的原因分析

1. 家庭原因

小 S 的家庭教育氛围已经算是比较民主的,但是即使在这样的家庭中依然是以学业为中心,对于青春期情感教育相对较为缺乏;家长也不了解青春期性心理发展的特点,自然无法很好地引导学生进行恰当的异性交往,也难以预防异性交往中可能出现的问题。

2. 个人原因

小 S 成绩优秀,性格活泼,从小到大可谓是一路顺风顺水,没遇到过什么挫折和困难,自我优越感较强。小 S 的长相不算出众,此次分手的原因之一就是男生 N 与另一个长得比她漂亮的女生开始交往了,这对小 S 来说是一次较大的打击。小 S 的抗挫折能力不足,是导致危机出现的一大因素。

3. 社会因素

随着社会的发展,信息化时代带来海量信息,在开阔视野的同时也充斥着大量暴力和色情,使得青少年难以正确分辨。青少年恋爱呈现低龄化和公开化的趋势,有些青少年甚至将"谈朋友"作为炫耀的资本,频繁更换男(女)朋友,互相攀比交往对象的数量,对双方的身心都造成一定的伤害。

(五) 帮助学生提升抗挫折能力的对策

1. 学校加大青春期情感与性教育力度

学校在传播科学文化知识的同时,还要注重个体性心理发展,从性生理、性心理、性道德等三个方面进行系统科学的性教育。针对不同年龄学生的生理和心理特点,文化知识水平与接受能力的实际,制订教育目标,有计划有步骤地实施。初中阶段的异性交往需要更多一些点面结合的教育,如心理辅导课、心理社团活动、团体辅导、男女生分别教育等,让异性交往成为大家共同面对的自然话题。在本案例中,如能以该危机为契机,在班级开展关于异性交往和生命教育等主题的团体辅导,可以变危机为机遇,营造更为良好健康的班级文化氛围,促进学生对异性交往与生命意义的思考。

2. 家长了解青春期心理发展特点,加以适当引导

青春期的孩子在异性交往、亲子互动等方面有不少烦恼与困惑,如果家长能够与之沟通并正确引导,将会有效帮助孩子顺利度过青春期。家长有必要了解青春期孩子的身心发展特点,认识到向往异性交往是青春期身心发育的必然结果,引导孩子懂得爱别人是一种神圣责任,需要学会为自己和他人负责,选择正确的成长道路。

3. 健全危机干预体系,关注危机对周围同学的影响

在本事件的处理中,校方各部门体现出一定的协作能力,这对于危机事件的快速处理是非常必要的。而且,同学的及时阻拦对避免危机事件的发生是非常重要的。只有避免了危机的发生,才能实现抗挫折能力的提升。

二、禁果之忧

(一) 个人简介

小 T,女,初三学生;性格开朗、活泼,同学关系好;学习成绩优异,是班级学生

干部,是一个让老师非常喜爱,让家长感觉非常省心和放心的孩子。

(二) 抗挫折能力的表现

某一段时间,小T精神状态较差并抱怨肚子疼。起初,家长以为是吃什么东西不小心,吃坏了肚子;后来,因为感觉小T的精神状态似乎有点异常,所以妈妈带着小T去了医院。经过医生的检查,小T的肚子疼并不是因为吃坏了肚子,而是因为她的肚子里有了她这个年纪里不该有的东西。当医生告诉小T的妈妈,小T怀孕了,小T的妈妈无论如何也不愿意相信。可是,这个以前以为在故事书中才会有的情节,竟然真正发生在现实生活中了。"小T怀孕了",这样的事情发生在初中生身上,也就不难理解其精神状态的异常了。未婚先孕对于小T来说,真的是一大挫折了。

(三) 帮助学生的做法

出于隐私的考虑,在此不能写出后续的具体做法。但是,大家可以相信小T在妈妈的帮助下能妥善地解决这个问题,不至于抗挫折能力低到崩溃。中小学生遇到挫折时,不要独自承担,寻求家庭的帮助与支持是非常重要的。

(四) 出现此类问题的原因分析

1. 个体的性知识贫乏

性知识可以包括性道德、性文明、性生理等方面知识。在本案例中,小T是和班上的男生因为对"性"的好奇,两人偷食了禁果,没有想到就怀孕了。他们一是对性没有正确的认识,只看到了"性"的神秘,而没有考虑行为的后果,没有相应的性道德、性文明等知识储备;二是对性生理没有正确的认识,不知道怀孕对生理的巨大影响,不知道怀孕对初中生未发育成熟的身体会造成巨大的伤害。

2. 家庭在性教育上的忽视

家长们往往由于没有性教育的意识,或由于工作忙、不好意思谈论性等原因而一再拖延对孩子进行恰当的性教育。没有想到现在的孩子生理发育提早,而心理发育依然不成熟的现状,直到出了问题才追悔莫及。

3. 社会上各种信息的冲击

随着社会的发展,网络上各种信息泛滥;许多的孩子在比较小的年纪就学会了在网上冲浪,在懵懂之间就学到了一些性爱的知识。

4. 学校教育在性教育上的不足

学校教育的不足,一是因为性教育的把握有一定的难度,既不能遮遮掩掩,也不能过度,要以孩子能接受的方式来进行;二是因为学校教育中不可避免地有着升学的压力等,所以,大多数的学校在性教育上是不足的。

(五) 预防此类问题的对策

1. 在学校教育中,加大性教育的力度

从小学起就应该开始有计划地向学生传授基础的生理知识、两性差异、性道德、婚姻家庭道德等知识,具体可以根据不同年龄阶段传授恰当的知识。这样,可以让中小学生知道一些基础的性生理和性心理知识,帮助孩子不至于因为一时的性冲动或对性的无知而做出令自己后悔终生的事情。而且,学校教育应注意与家庭教育相配合,发挥家校的互动作用。

2. 家庭教育中注意对学生进行性教育

家长,特别是母亲,与孩子有着天然的亲密联系,由母亲来进行性教育是最为有效的方式。最好是在生活中,寻找到性教育的契机,在合适的时间以孩子能接受的方式来进行;另外,带领孩子到自然博物馆等有关性知识教育的地方去接受教育,给孩子看一些相关的图书并与孩子讨论,也是非常不错的方式。

3. 性教育也需要社会的关注

随着网络的发展,许多孩子获取知识的渠道变得丰富多样。一些关于性教育的科普书籍、教育电台等可以给孩子提供关于男女身体的差别、月经、怀孕、避孕等知识,以及恋爱、婚姻家庭的道德;也可以让孩子了解性病、流产等的危害,认识到性方面出现问题的严重性。

4. 个体自己的教育

个体要把时间和精力投入在学习上,不随意观看网络上的不良视频,不与同学玩不恰当的游戏,把握与异性交往的尺度,自尊、自爱,保护自己,不伤害他人。只有这样,才能在生活中避免出现性方面的挫折,以及在遭遇挫折时知道求助他人以提升自己的抗挫折能力。

第四节 适应方面的抗挫折能力

一、转学不适的孩子

(一) 个人简介

小 U,女,小学四年级学生,外地生源,跟随父母从异地转学过来;学习成绩优良,性格偏安静,不太爱与同学聊天;该同学学习努力,父母也对该同学寄予很大的希望。

(二) 抗挫折能力的表现

小 U 最初的心理危机是通过其成绩的波动表现出来的。因其性格偏安静,班主任和老师对她的谈话也相对谨慎温柔。但她在与老师的谈话中更多地表现出自我认知与现实状况的不对等,最大的表现就是觉得自己的成绩太差了,但实际上她的成绩已经是很好的了。

小 U 心理危机的最终爆发具有一定的突发性。在某天早上的课间,小 U 情绪失控,准备跳窗,幸亏被同学及时发现制止并报告给老师。

(三) 帮助学生提升抗挫折能力的做法

在发现小 U 有准备跳窗的倾向之后,学校、行政人员、班主任和任课老师都积极行动了起来并及时通知该同学的家长来共同应对。

首先,班主任和任课老师分别约谈了小 U。因为该学生对自己的成绩不自信,各科老师对小 U 转学过来后在课上和班级中的表现予以肯定,并强调了学习环境的适应是需要一段时间的;见小 U 的情绪安稳后,老师们又提出愿意帮助小 U 一起面对和解决学习过程中的困难,可以在课下和其他时间帮助小 U 解决学习上的困惑。

其次,心理辅导老师定期约谈小 U,了解该同学在学习过程和环境适应过程中的困难,帮助小 U 分析因环境变化而引起的心理感受的不同,以及如何正确地处理在学习过程中遇到的问题。因小 U 的学习认知有偏差,总是认为自己的成绩太差了,所以心理辅导老师在辅导过程中侧重对该同学学习成绩认知进行引导。

第三,班主任还设置了同学互帮互助机制,发动班级同学主动找小 U 聊天、一起参加实践活动等。起初小 U 比较抗拒,后来在同学们不断的努力下,小 U 终于敢于和周围的同学聊天,并且逐渐变得开朗起来。通过同辈群体的帮助拓展人际交往能力,重获自信。

最后,班主任还及时约见了学生的家长,与学生的家长进行了深度的访谈并给出了相关的建议。因这次的突发性危机中家庭的诱发性因素占了很大的比例,所以,班主任就父母在危机处理过程中的参与给了相关的建议。

本次辅导过程持续了一个学期,通过学校与家庭的共同努力,该同学已经顺利地度过了危机,提升了抗挫折能力,并且融入正常的学习生活之中。

(四) 抗挫折能力低下的原因分析

1. 家庭的因素

在学校与家长的沟通中发现,小 U 的家长在前一段时间因得知小 U 的成绩波动后,经常会给小 U 压力。因为是异地转学,从以前县城班上的佼佼者到现在的成绩中上者,这种变化也让父母产生了压力并忽视了环境适应期孩子的心理变化。

2. 环境的因素

环境的变化在学生的成长过程中也具有一定的影响,此次小 U 的异地转学,环境因素的变化给小 U 的内心带来了很大的困扰,特别是在成绩上面更是不能接受当前的成绩,所以也起到了一个催化的作用。

3. 个体的性格因素

小 U 的人际交往能力相对较弱,平时偏安静,不太爱和同学交流,产生压抑的情绪后不能得到及时的排解。同时,小 U 的抗挫折能力相对较弱,抱负水平较高,从以前成绩的领先到现在的中上等的变化让该同学不能接受。又因小 U 的自尊心较强,短时间难以接受自己的成绩和父母态度的变化,遂产生了想要跳窗的突发性危机事件。

(五) 帮助学生提升抗挫折能力的对策

1. 学校和老师加强对转学学生群体学习和生活上的关照

就转学学生这一特殊的群体,学校和老师方面应加强对该群体的关照,多了解该群体学生的思想动态和学习动态,帮助这些同学积极地度过这一特殊的适应阶段。

2. **建立同辈群体互帮互助机制**

同学之间的每天共同学习和成长是每个同学学习过程中的状态,也是提高学生人际交往能力和实践活动能力的一个有效的方法,建立这一机制也是更好地帮助转学学生这一群体更快地适应学习生活的途径。

3. **帮助家长形成正确的教育方法**

在该案例中家长的操之过急是危机突发性中的一个重要诱导因素。学校在召开家长会中应加强宣传家庭教育中应注意的事项,让家长多些耐心,不要给学生太多的压力。这样才能让学生真正提升自己的抗挫折能力。

二、初升高的烦恼

(一) 个人简介

小V,女,高中一年级学生。初中时成绩优异,是班级的佼佼者;升入重点高中之后,学习成绩中等。性格比较急躁,好胜心特别强,抗挫折能力比较差。家庭条件良好,父母是外企职员,平时对孩子的学习期望比较高。

(二) 抗挫折能力低下的表现

1. 每天晚上异常亢奋,经常整夜不睡觉,一个人在房间里自言自语。

2. 经常在教室黑板上写一些奇怪的或较为激进的字眼,在班主任和同学的多次劝导下还是没有任何效果。到后来越来越奇怪,一旦无法发泄便整个人都会失控。

3. 人际关系糟糕。小V与同学相处得不好,她的日常表现较为奇怪,自我评价过高,和同学没有什么话可说。后来,同学们都讨厌她,故意躲着她,没人愿意和她做好朋友。小V在后期已经有了躁狂的倾向。

(三) 帮助学生提升抗挫折能力的做法

1. **加强家校沟通**

班主任观察到该同学的异常行为以后,首先与小V的父母取得联系,把小V的情况告知父母,另一方面也从小V父母那进一步了解小V问题产生的根源。小V父母也慢慢把注意力放到小V身上,及时将孩子在家里的情况告知班主任。

2. 多方了解情况

班主任还从任课教师、班级同学等的反馈来进一步了解小 V 的情况。

3. 及时转介治疗

由于小 V 的躁狂症越来越严重,整夜整夜地不睡觉,表现异常,白天也已经严重影响到班级其他同学,班主任带小 V 去了学校的心理咨询中心,心理老师积极介入诊断以后,建议将其送往市精神卫生中心。学校与父母沟通后,父母带小 V 去市精神卫生中心就诊并且配合治疗。住院治疗一个月以后,医院诊断孩子精神状态恢复得还不错,就让父母接回家休养。在休学的一年多时间里,家长积极配合医院的治疗,平时还坚持带着小 V 一起去锻炼,关心呵护她。这样,小 V 在一年后得以比较顺利地复学。

(四) 抗挫折能力低下的原因分析

小 V 的抗挫折能力较低,已经出现较为严重的心理危机,究其原因是多方面的。

1. 个人原因

小 V 是一个特别要强的女孩子,从初中部升到高中部,从以前万众瞩目的焦点变成无人问津的平凡人。这种落差对一个争强好胜的女孩来说是一个沉重的打击,于是她选择沉浸在自己的幻想中,给自己一些心理暗示,经常在黑板上涂写自己永远是最强的、无人可敌等过激的言辞,以至于后期出现无法入睡等异常反应。

2. 家庭原因

父母均为外企职员,工作繁忙,无暇关心孩子,对于孩子的变化根本察觉不到,反而对孩子期望较高,给原本好强的女儿增加了无形的心理压力。

3. 环境的变化

对于刚从初中部升到高中部的高一新生来说,面临的是完全不一样的环境。生活节奏、学习环境、学习科目,以及身边的同学朋友全都与以往不同。适应能力强的同学还可以应付,但对于小 V 这种适应能力较差的同学来说,则是一种巨大的挑战。

(五) 帮助学生提升抗挫折能力的启示

1. 建立心理档案,关注新生

从初中甚至是小学开始,对于学习有困难、平时表现有异常的同学,学校的心理咨询中心应建立详细的心理追踪档案。这样,小学升初中、初中升高中时,班主任老师和心理老师就可以提前了解学生的情况,便于留心观察,预防危机的发生。所以,建立中小学连贯的心理档案是帮助学生提升抗挫折能力、预防学生心理危机的重要做法。

2. 班主任与心理老师通力合作

在本案例中,无论是危机发生前还是危机发生后,班主任与心理老师都建立了极为密切的联系。危机发生前,班主任与心理老师及时沟通;孩子回校后,又建立关护小组,以周和月为时间单位进行跟踪。

3. 家长积极配合

日常生活中,孩子除了待在学校,更多的时间是待在家里,父母的关心与温暖是杜绝和预防此类事件发生的良药。本案例中,父母的积极配合是孩子可以恢复健康、重返校园的关键,无论是前期与班主任的配合,还是后期陪伴孩子治疗和陪孩子一起锻炼,父母的关爱是帮助小 V 走出心理危机的重要力量。

4. 注意跟踪教育,建立起关护小组

回校后的小 V,精神状态恢复得还不错,成绩也有所上升。刚回校的时候,小 V 每周去学校的心理咨询中心与心理老师见面,请心理老师帮助她做心理疏导;心理老师与班主任建立密切联系,及时沟通情况、讨论对策。在多方努力之下,小 V 终于走出了心理危机的阴影,抗挫折能力也得到了较大的提升。

5. 设立专门的医疗机构顾问

突发性事件发生时,如果一时找不到专业医生诊断会延误时机,转介也可能比较慢;而如果学校能与医院建立联系,在学校设立专门的医疗机构顾问,心理老师也能借助医院这个平台接受专业的培训,这对学校心理危机的预防和解决是非常有益的。这当然对提升学生的抗挫折能力也是有百益而无一害的。

第五节 家庭方面的抗挫折能力

一、爸爸妈妈,你们管管我吧!

(一) 个人简介

小 W,女,初中生。学习成绩在班级处于中等水平,但自觉糟糕,且学习目标偏高,想进班级前十名,学习方面的抗挫折能力较低。情绪波动较大,容易高兴,但也容易陷入悲伤的心境;容易自卑,情绪问题较多。家庭来源为外地,父母在上海做小生意,忙于生计,对孩子的关注极少。

(二) 抗挫折能力低的表现

初二上学期刚开学不久,小 W 有用刀片割手腕的行为。大概一个月之后,再次用刀片割手腕。幸而两次割破的程度都还不太严重,是刚割破皮肤,有血流出。此两次割手腕的行为都是在家里发生,被父母发现后告知老师。

初二下学期刚开学不久,出现幻听。那天,小 W 所在的班级正在进行一个小测试。同学们都在聚精会神地回答着试卷,小 W 突然站起来,大声地宣布:"要地震了!大家赶快到操场上去!"然后,小 W 跑出教室,推开隔壁几间教室和办公室的门,大声地宣布:"要地震了!大家赶快到操场上去!"一直到了心理辅导教师的办公室,小 W 依然大声地宣布:"要地震了!大家赶快到操场上去!"面对心理辅导教师关切的询问,小 W 的眼中依然充满了惊恐,认真地对老师说:"老师,要地震了!赶快到操场上去吧!我听见神给我说话,这是真的!"

(三) 心理辅导老师的干预

对于小 W,心理辅导老师是非常了解和熟悉的。在小 W 初一的时候,因为心理辅导老师刚巧是小 W 英语课的任课老师,小 W 经常来找老师谈心。不过,当时的问题主要是情绪方面的一些困惑。经过老师的疏导,小 W 感觉自己的情绪问题都已经得到了很好的调适。

初二上学期,从班主任老师处得知小 W 有割腕的行为之后,心理辅导老师积极主动地找小 W 谈心,并与小 W 的父母取得联系。父母对孩子的关心稍微多了一些,加上心理辅导老师的帮助,小 W 的初二上学期还算顺利。但在经历一个寒假之后,问题似乎有了变化。

在小 W 初二下学期发生幻听事件之时,心理辅导老师认出这是自己以前的个案,便立即起身陪着小 W 到了操场。那天天气不好,天很阴沉、湿冷,可是心理辅导老师一直耐心地陪伴在小 W 身边,柔声安抚她紧张焦虑的情绪,并给予温暖的拥抱,让她的焦躁不安没有发展得更加严重。在过了大概半小时后,小 W 焦虑的情绪稍微有些缓解,心理辅导老师提议说:"要不,我们到门卫室去吧。那里也很安全。"小 W 同意了。于是,心理辅导老师带领小 W 到了门卫室,在这里,小 W 的情绪有了进一步的缓解。心理辅导老师再提议:"要不,给你爸爸妈妈打个电话,让他们带你回家?"小 W 同意了。心理辅导老师联系了小 W 的父母,建议他们多陪伴孩子,并带孩子去精神卫生中心看一看。

小 W 在妈妈的带领下,去了区精神卫生中心。医生诊断为焦虑症并开了药物(本来,心理辅导老师还担心小 W 有精神分裂的可能;幸亏,幻听只发生过一次)。小 W 在初二下学期休学,每天按时服药,情绪波动没有那么大了。半年后重新上初二。在服药的同时,加上心理老师的情绪调适,小 W 不安、焦虑的症状虽然存在,但整体的状况好了很多。初三,小 W 随父母回老家。

(四) 抗挫折能力低,出现心理危机的原因分析

小 W 抗挫折能力低,心理危机的表现已然较为严重,究其原因是多方面的。

1. 家庭原因

在该案例中,家庭原因是首位的。小 W 的爸爸妈妈忙于生计,几乎无暇照顾孩子,每天回家都已经很晚了,与孩子的交流非常少。据小 W 说,在割腕事件之前,父母很少与她讲话,吃饭等也是小 W 自己解决或是被托付给邻居。在某种程度上说,小 W 的割腕,主要是想引起爸妈的注意。另外,小 W 的爸爸也是个情绪不稳定的人,经常情绪低落;而且因为忙于生计,平时对小 W 几乎是不管不问。小 W 的妈妈在孩子发生割腕事件之后,倒是空出一些时间来陪伴和管理孩子了。

2. 个人原因

在不良的家庭环境中,也有不少的孩子不仅没有出现心理问题,反而性格发展得比家庭环境良好的孩子还要好,这表现了个体的抗挫折能力的不同。小 W 的认知不够现实,对自己提出了过高的要求,不顾自己较为不好的学习基础而希望自己的学习成绩进入班级前十名;小 W 较为情绪化,有时候很兴奋,有时候又很悲伤;个性较为敏感。这些都是她后期出现心理危机的重要因素。

3. 社会原因

小 W 多是由隔壁邻居帮忙照看,隔壁邻居对其学习上的要求也许是小 W 的重要压力来源。以及,在某一段时间内观看的电影、电视等,也会对孩子的情绪等产生影响。

4. 环境原因

无独有偶,小 W 的两次心理危机都发生在刚开学不久的时候。在假期的放松之后,开学突然进入学校,同学们多多少少是会感觉有压力的,不过,大多同学都是

能克服学习压力的。而小 W 在多重原因下,不能胜任学习任务,不适应学校的学习生活,让学习带来的压力压垮了自己,表现出心理危机的症状。小 W 就像是一个"易感人群",在压力小的情况,还能勉强正常,但在压力大的情况下,则容易爆发问题。

(五) 帮助孩子提高抗挫折能力,预防此类心理危机事件的对策

1. 家庭重视

在我们访谈的过程中,心理辅导老师反复强调家庭对提高孩子抗挫折能力、预防孩子心理危机的重要性。父母的陪伴和关注是孩子成长过程中最为重要的帮助。小 W 之所以会情绪不安,在初二出现较为严重的心理危机事件,其父母放任的教养方式以及父亲自身不良的情绪都是重要的原因。而在心理危机事件发生后,父母终于放下一些生意,腾出一些时间来陪伴小 W,这是小 W 后期好转的重要原因。

2. 班主任关心

孩子在学校的时间较长,与班主任的接触较为密切;一旦有什么问题的苗头时,班主任是非常重要的问题发现者。而且,父母在发现问题时,也经常会与班主任沟通。所以,班主任的关心和帮助,是预防事件发生或进一步恶化的重要力量。

3. 心理辅导老师的帮助

在本案例中,心理辅导老师发挥了重要的作用。在割腕事件后,心理辅导老师为小 W 提供调适情绪的方法,指导设置恰当的学习目标、减轻学习压力,让小 W 顺利地度过了初二的上半学期;在幻听事件之时,她及时地陪伴小 W、安抚情绪、联系父母、建议寻求精神卫生的治疗等,是避免事态恶化的重要因素。

二、受伤的"刺猬"

(一) 个人简介

小 X,女,高二,原为市重点学校学生,成绩优秀;后成绩大幅下降,于新学期转入本校,成绩依旧处于一般水平;情绪冷漠,态度咄咄逼人,言语中有较强的攻击性,经常出语伤人,导致人际关系不佳。小 X 的父母离异多年,虽然父母离异时小 X 的监护人是父亲,但她实际上是被寄养在姨妈家。父亲在国外已另组家庭,小 X

寒暑假会出国与父相聚;母亲患重病多年,并于近期离世。

(二) 抗挫折能力的表现

小 X 的母亲去世之后,小 X 向社团课老师请假,老师询问请假原因时,她笑着回答说:"因为要参加母亲的追悼会。"小 X 对于母亲离世的情感表现得与常人有些不同,并没有表现出悲伤,而且拒绝班主任、心理老师、姨妈等周围人的帮助,表示完全不需要帮助。后来,小 X 告诉同学自己参加母亲追悼会时全程都没有落泪,亲戚们觉得她很残忍没人性,但是她表示无所谓。小 X 的表现从表面看似乎是抗挫折能力高的表现,但实际上却是受伤后为自己戴上了厚厚的盔甲且不愿意接受帮助,实为抗挫折能力低的表现。

(三) 帮助学生提升抗挫折能力的做法

由于该生拒绝班主任的直接帮助和心理老师的辅导,学校只能侧面进行帮助,具体措施如下。

1. 发挥同伴辅导的作用

请班上同学多关心小 X,让她不会感觉受冷落。班主任告诉班干部和心理委员,因为她是新转校进来的同学,如果有体育课分队、实验活动分组时,让同学们主动和她结成对子或邀请她加入小组。

2. 利用心理剧排演的机会,调适对母亲的愧疚之情

学校艺术节征集剧本时,该生的稿子写的正是一个女孩和她妈妈的故事。故事中表达了孩子对妈妈的愧疚、不舍和思念。剧本写作很优秀,可以拍成微电影。老师就让她做导演,并协助她完成了这部心理微电影的拍摄。在向演员解释剧本的时候,小 X 主动向演员和制作同学提及了妈妈的逝去以及她对妈妈的愧疚之情。在排戏的时候,她既要引导扮演"女儿"的演员表现出妈妈在世时自己任性妄为的神态,又要演出妈妈离去后的那种无助、迷茫与恐惧;演"妈妈"的演员也在她的指导下演出了母亲的无奈和包容。整部微电影完成之后,小 X 的情绪有了明显的改善,人际交往和学业也有明显提升。

3. 家校积极合作,共同提升学生的抗挫折能力

该生的实际抚养人是姨妈,班主任老师与小 X 的姨妈一直保持着密切的联系,把学校为她开展的工作和需要家长配合做的工作及时进行沟通。姨妈也非常负责,很好地履行了看护人的职责,能根据班主任和心理老师的建议做好家庭的沟通

工作。

(四) 抗挫折能力低的原因分析

小 X 是因抗挫折能力较低而表现出了一定的异常情况,若长此以往对于学生的心灵成长是极为不利的。此种情况的出现,究其原因是多方面的。

1. 家庭原因

温馨和睦的家庭氛围对于孩子的成长是非常重要的。父母的离异给小 X 的幼小心灵留下了阴影,父亲虽是名义上的监护人,但是并没有履行监护人的义务,特别是新家庭的建立让小 X 有种被抛弃感。而母亲的长期患病,一方面让她无法得到来自健康母亲的生理及心理上的照料,另一方面也让她对母亲心生怜悯,而无法表达对母亲的不满和抱怨。母亲的离世是对她心灵的又一重创,这意味着她生命中最重要的两个人都离她而去,今后她只能独自面对生活。

2. 个人原因

小 X 之前学习成绩优异,考上市重点高中,这是她寻求存在感、获得自我价值的一种方式。在人际交往中,小 X 表面上很强势,常常咄咄逼人,甚至表现出攻击性,是为了掩饰内心的脆弱,也是对自己的一种保护。她情绪冷漠,不愿表现出自己的真实情感,是担心自己和周围的人无法承受那些过于沉重而又复杂的情感,让她好不容易建立起来的精神防御垮掉。

3. 环境因素

市重点高中的学习压力是缺乏足够家庭支持的小 X 难以承受的,所以转学换个环境对她是个好事。姨妈的关心与配合也是帮助小 X 提升抗挫折能力、度过危机的重要因素。新学校老师和同学的主动接近,对于融化小 X 心中的坚冰也是非常有利的。

(五) 帮助学生提升抗挫折能力的对策

1. 家校合力至关重要

家庭是孩子成长的港湾,如果孩子在成长过程中在港湾中得不到足够的温暖,就容易出现这样那样的问题。在本案例中,小 X 由于较长时期缺乏家庭的温暖及母亲的去世而出现了一定的心理危机。要想帮助学生提升抗挫折能力,首要的是要有家庭的帮助,发挥出家校的合力才能真正帮助学生获得成长。在本案例中,小 X 的姨妈起了很大的作用。

2. 心理辅导老师要主动干预

在中小学,学校心理老师有着双重身份,可以说,既是心理咨询师也是一般老师。心理辅导老师不能被动地等着学生主动上门求助,尤其对于有心理危机表现的同学要积极主动进行预防。有些学生拒绝心理咨询,需要想办法通过其他渠道进行干预,比如指导同伴辅导、指导班主任进行家庭教育工作等。同时,心理老师可以利用学校各种活动,在活动体验中与学生沟通交流,而不局限于咨询室的辅导。对于那些对心理咨询有抵触情绪的学生,在校园活动中潜移默化地辅导可能更有效。

3. 发挥朋辈的作用

对于心有坚冰的同学,她在老师、家长面前不肯吐露心迹,但在同学的关心下却可能敞开心扉。在本案例中,正是在同学的关心和帮助下,受伤的"刺猬"才慢慢收起了竖立的"刺"。

三、一位一线心理老师的诉说

在我们的案例访谈中,采访了一位已经在中学心理辅导一线工作了 5 年的女教师。在我们说明来意后,这位老师表现得特别兴奋与激动。也许是作为一线心理辅导老师的工作感悟,她觉得"中小学生抗挫折能力"方面的课题太有意义了。为了一个共同的目标,我们进行了这次访谈。

在这位老师的工作时间里,她遇到了两次比较严重的心理危机事件,而且这两次心理危机在爆发源上竟也有着些许的相似。

案例一:小 Y 是一名初二的女生,父母离异,父亲再婚且育有一子,而小 Y 也是被判给了父亲抚养。这样特殊结构的家庭中,小 Y 总是表现出很强的攻击性,多次上课顶撞老师,且经常表现出厌学的情绪。在班主任与其父亲的沟通中,发现其父亲的脾气也相对暴躁。考虑到学生的心理成长,班主任在多次的思想工作后推荐小 Y 找她(我们此次采访的心理老师)作心理辅导。在心理辅导的过程中,经过几次的交谈,心理老师发现小 Y 竟然有自杀的计划。于是,当即判断为心理危机,上报学校立即成立危机小组进行干预。

因学校遇到的这类危机事件也不多,危机小组就由班主任和她等一线辅导人员组成,定期找小 Y 进行专业心理辅导和跟踪判断。起初小 Y 具有排斥的情绪,班主任和心理老师一起商量先安抚该学生的情绪,让她打消实施自杀的计划,避免事情的严重化。班主任每天都会去班里了解该同学的情况,且让班里的同学注意该同学的动向,防止发生一些突发性的事件。心理老师则负责专业的心理辅导,根据小Y的特殊情况,进行心理方面的疏导,帮助该同学重获自信和价值感。除了学校支持系统外,家庭支持系统也很重要,学校领导多次与其家长进行有效沟通,希望共同努力帮助小Y度过这次心理危机。于是,小Y的父亲每天放学都会过来接她,不仅如此,父亲也经常与她聊天,表现出更多的关切(以前父亲都是忙于工作,不曾有过接孩子放学和与孩子谈心)。这次心理危机事件由于发现及时,且做出了相应的危机干预,在家庭、学校的共同努力下小Y顺利地度过了危机,此次危机事件持续了4个月左右。

在这个案例中,这位老师告诉我们,她觉得家庭的因素在孩子的成长中特别重要,小Y就是一个案例。经历父母离异、父亲再婚且又有了个弟弟。小Y觉得本来已经被分割的爱再一次地被分割了,这样的孩子内心其实具有脆弱性的特征,但她却总是表现出很强的攻击性来伪装自己,因其强烈的攻击性得到的外界反馈必然也不是热情友善的,最终演化为想要通过自杀的行为来解决问题,这样的案例在心理辅导过程中是较为典型的。

案例二:小Z是一名初三的男孩,从小被寄养在爷爷奶奶家,对父母感情冷漠。因是隔代抚养,爷爷奶奶过于宠溺,造成了该学生喜欢以自我为中心。与同学关系不好,总是与同学发生肢体上的冲突。在班主任多次谈话无果后,将其推荐到心理辅导中心。老师告诉我们,在初次与小Z见面的时候,小Z表现出很强的抵抗性,外在总是表现出不屑的神情,更不太爱与她说话。但在她的几次专业接触后,小Z放下了防备。在一天的辅导过程中,小Z对她说:"之前打过一个人,那个人还报警,现在想去杀了他。"在听到这样的话后,心理老师当即判断为这是一次严重的心理危机事件,立即上报校领导成立了危机小组。学校领导考虑到事情的严重性及各方面的因素,联系了学生家长、派出所等,共同参与预防心理危机事件的发生。

在派出所机关录完笔录后,心理辅导老师随即对小Z进行专业的心理辅导,联系孩子的父母给出相关的建议并进行跟踪辅导。最后也经历了8个月左右的时间,该学生度过了此次的心理危机。

这位老师谈到这两个案例其实有着一些相同之处,家庭因素占了很大的比重,一位同学是处于离异家庭,另一位则是被寄养,其实都有着家庭教育不健全或缺失的原因。

随即,我们让这位老师给我们分享一下她在心理危机处理过程中有哪些好的措施或者做法能够帮助到更多的一线心理辅导老师时,她表示,能够正确地预判和及时地辅导,在危机处理时很重要。这样能够有效地避免更坏的现象发生,如避免自杀或者伤害他人等。此外,学校可以及时地组成危机预防小组进行专业的干预也特别重要,因为就目前情况来看,很多学校的心理危机处理机制都不够完善,所以更加需要一个及时性的反应来应对类似的可能发生的危机。

在前面章节的案例分析中,我们发现影响大中小学生抗挫折能力的因素是多样的。大中小学生抗挫折能力的培养与提升,并非学生个体单一的任务,而是需要家庭、学校、社会和个人等多方面的协同努力;大中小学生抗挫折能力的培养和提升,是家庭、学校、社会和个人都必须给予长期重视并切实加以解决的问题。具体地,笔者尝试画成如下的示意图,以分别探究家庭、学校、社会、个人等因素对大中小学生抗挫折能力提升所发挥的作用。

从图7.1可见,家庭教育、学校教育、社会教育分别成为个人抗挫折能力培养与提升的小环境、中环境和大环境;各个环境相互影响、相互作用,促使个体具有较高的自尊和较为积极的归因方式等,从而形成合力共同促进个人抗挫折能力的提升。具体来说,家庭教育、学校教育、社会教育和个体这四个因素对抗挫折能力提升分别发挥出基础作用、促进作用、保障作用和主体作用。

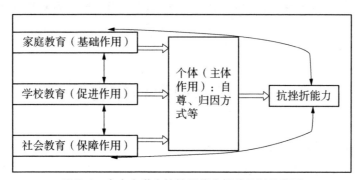

图 7.1　大中小学生抗挫折能力提升机制示意图

为了阅读理解的方便,以下将从家庭、学校、社会、个人等几个方面来分别加以阐释。

第八章　家庭——抗挫折能力的港湾

一说起家庭对孩子的影响,人们自然而然地就会想到家庭教育。的确,家庭教育是学校教育与社会教育的基础,家长的言行对孩子的成长具有潜移默化的教育作用。家庭教育对于抗挫折能力的提升具有学校教育、社会教育所不具有的功效,家庭教育对抗挫折能力提升发挥基础作用。要想孩子的抗挫折能力得到较大提升,就必须注重发挥出家庭教育的作用。

但是,在谈论家庭教育的作用之前,还很有必要谈谈家庭结构和家庭环境等因素,因为家庭结构和家庭环境也会对孩子的抗挫折能力带来极大的影响。所以,本章将分三节来分别谈及家庭结构、家庭环境和家庭教育对抗挫折能力的影响。

第一节　建立稳固的家庭结构

家庭结构,顾名思义,就是家庭内部是怎样的结构。关于家庭结构的分类有许多,但是针对有孩子的家庭来说,站在孩子的立场上,主要的家庭结构有核心家庭、大家庭和破裂家庭这三种。

核心家庭是指由一对夫妻及其未成年子女组成的家庭,即一个家庭里只有爸爸妈妈和孩子。大家庭是指家庭里除了有爸爸妈妈和未成年子女之外,还有爷爷奶奶、外公外婆,或已成年子女及其配偶等。而破裂家庭则相对复杂,可能是因爸爸或妈妈去世、爸爸妈妈离异等而形成的家庭,如单亲家庭、离异家庭等。

对于孩子来说,自己家的家庭结构如何、自己家的家庭结构是否稳固等,自然会对抗挫折能力带来极大的影响。

一、给孩子一个完整的家庭

就家庭结构而言,目前我国家庭中最为普遍存在的家庭结构是核心家庭。在这种家庭里,父母角色都没有缺位,家长能够有充足的时间与精力与孩子沟通交流,进而帮助孩子在家庭中树立合理的挫折观念、提高抗挫折能力;而在单亲家庭、离异家庭里,对孩子抗挫折能力的培养则可能相对较弱。为了客观地呈现家庭完整对孩子抗挫折能力的影响,我们进行了实证研究,分别对大学生群体和中小学生群体进行了调研。

(一)对大学生群体的调研

我们将家庭情况分为完整双亲家庭、单亲家庭和离异家庭。完整双亲家庭很容易理解,就是家庭中包括父母和未成年子女。单亲家庭是指父母中的一方与其未成年子女共同构建的家庭,多指父母一方因病或其他意外而去世的家庭。离异家庭则专指父母已经离婚的家庭,即父母离异之后,孩子只能跟随父亲(或母亲)一方生活的家庭。

我们对2790名大学生的抗挫折能力进行了调研,其中来自完整双亲家庭2560人,单亲家庭110人,离异家庭120人,具体的调研情况请见表8.1。

表8.1 不同家庭情况在大学生抗挫折能力上的平均数和标准差

	家庭情况	人数	平均数	标准差
一般抗挫折能力	完整双亲家庭	2560	49.17	6.67
	单亲家庭	110	49.90	6.60
	离异家庭	120	48.42	7.06
	总和	2790	49.17	6.69

对不同家庭情况在抗挫折能力上的差异进行单因素方差分析,结果如表8.2。

表8.2 不同家庭情况在大学生抗挫折能力上的比较(ANOVA)

		平方和	自由度	平均平方和	F值	显著性
一般抗挫折能力	组间	126.750	2	63.375	1.42	0.242
	组内	124528.060	2787	44.682		
	总和	124654.810	2789			

从表 8.2 的结果可见,大学生的家庭情况不同在抗挫折能力上并无显著差异($F=1.42$, $p=0.242>0.05$)。也就是说,来自单亲家庭、离异家庭和完整双亲家庭的大学生,他们的抗挫折能力并没有显著的差异性。

(二) 对中小学生群体的调研

在中小学生群体的调研中,我们也是将家庭情况分为完整双亲家庭、单亲家庭和离异家庭,并将抗挫折能力具体细分为挫折耐受力、挫折排解力和挫折成长力,并对总的抗挫折能力也进行了分析。

我们共调查了 2 472 名中小学生,其中来自完整双亲家庭 2 203 人,单亲家庭 133 人,离异家庭 136 人,具体的调研情况请见表 8.3。

表 8.3　不同家庭情况在中小学生抗挫折能力上的平均数和标准差

	家庭情况	人数	平均数	标准差
挫折耐受力	完整双亲家庭	2 203	9.02	2.419
	单亲家庭	133	8.84	2.561
	离异家庭	136	8.19	2.430
	总和	2 472	8.96	2.434
挫折排解力	完整双亲家庭	2 203	9.58	1.982
	单亲家庭	133	9.41	2.236
	离异家庭	136	8.81	1.828
	总和	2 472	9.53	1.996
挫折成长力	完整双亲家庭	2 203	13.47	2.614
	单亲家庭	133	13.20	2.572
	离异家庭	136	12.79	3.061
	总和	2 472	13.42	2.643
总的抗挫折能力	完整双亲家庭	2 203	32.07	5.564
	单亲家庭	133	31.45	5.945
	离异家庭	136	29.79	6.042
	总和	2 472	31.92	5.635

对不同家庭情况在抗挫折能力上的差异进行单因素方差分析,结果如表 8.4。

表 8.4 不同家庭情况在中小学生抗挫折能力上的比较(ANOVA)

因变量		平方和	自由度	平均平方和	F 值	显著性
挫折耐受力	组间	89.993	2	44.997	7.636	0.000
	组内	14 548.874	2 469	5.893		
	总和	14 638.867	2 471			
挫折排解力	组间	78.615	2	39.308	9.940	0.000
	组内	9 763.229	2 469	3.954		
	总和	9 841.844	2 471			
挫折成长力	组间	67.191	2	33.595	4.826	0.000
	组内	17 187.584	2 469	6.961		
	总和	17 254.775	2 471			
抗挫折能力总分	组间	700.939	2	350.470	11.127	0.000
	组内	77 768.390	2 469	31.498		
	总和	78 469.330	2 471			

从表 8.3 和表 8.4 可见,显著性都小于 0.05,即不同家庭情况在中小学生抗挫折能力上有显著的差异性。为了更为直观地看出其间差异,作图如下。

从图 8.1 至图 8.4 可见,都是来自完整双亲家庭的中小学生抗挫折能力最高,然后是单亲家庭的中小学生的抗挫折能力稍低,而离异家庭的中小学生的抗挫折能力最低。折线图纵轴为变量的平均数,以下全书都是这样。

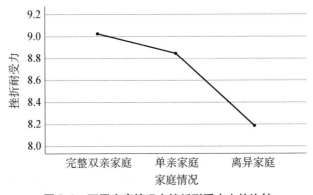

图 8.1 不同家庭情况在挫折耐受力上的比较

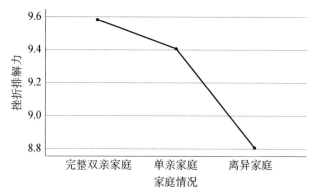

图 8.2 不同家庭情况在抗挫折排解力上的比较

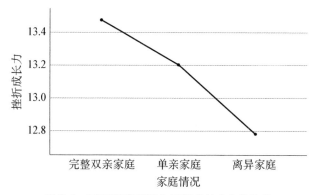

图 8.3 不同家庭情况在挫折成长力上的比较

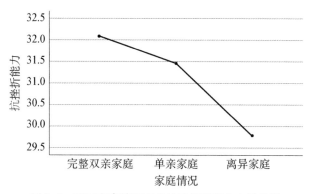

图 8.4 不同家庭情况在总的抗挫折能力上的比较

具体地统计分析数据,从总体上看,家庭情况不同的学生在挫折耐受力($F=7.636$, $p<0.001$)、挫折排解力($F=9.940$, $p<0.001$)、挫折成长力($F=4.826$,

$p<0.001$)和总的抗挫折能力($F=11.127$，$p<0.001$)上都有显著差异。①

为了更具体、细致地分析不同家庭情况学生的抗挫折能力的差异,用 LSD 法进行事后比较。结果表明,在挫折耐受力、挫折排解力和总的抗挫折能力上,都是完整双亲家庭和单亲家庭比离异家庭的高;在挫折成长力上,完整双亲家庭比离异家庭的高。换句话说,完整双亲家庭的孩子,其挫折耐受力、挫折排解力、挫折成长力和总的抗挫折能力都比离异家庭的孩子高,这充分表明了完整双亲家庭对孩子的重要性。以及,来自单亲家庭的孩子,其挫折耐受力、挫折排解力和总的抗挫折能力也比离异家庭的孩子高。这也进一步说明,父母离异对孩子的影响是巨大的。

这意味着,父母离婚不利于孩子抗挫折能力的提升。而当前社会上离婚率持续上升,2003 年起,离婚率已经连续 15 年上涨。2020 年 1 月 19 日上午,民政部举行 2020 年第一季度例行新闻发布会。发布会指出:"2019 年全国婚姻登记机关共办理结婚登记 947.1 万对,离婚登记 415.4 万对,补发结婚证和离婚证书 403.4 万对。"②面对这庞大的数据,考虑到家庭结构对孩子的抗挫折能力的影响,本研究认为,在抗挫折能力提升方面,非常重要的一点是给孩子一个完整的、和睦的家庭。

另外,也有学者研究发现,"离异家庭与完整家庭的子女在情绪、情感方面存在差异,完整家庭子女的情绪大多是积极、稳定的,离异家庭子女情绪波动大、不稳定且极为低落。非原生完整家庭的儿童消极情绪明显,易愤怒、恐惧、悲伤、抑郁等。"③在个案访谈中我们还发现,不完整家庭大多可能缺少家庭情感教育,并且可能采用极端的教育方式,比如采取放任自流或者一味地用金钱来弥补缺少陪伴的愧疚等;不完整家庭的孩子还极有可能在学习、理解以及认知能力上遭遇困难和挫折。

在访谈中,我们深深地感受到:完整、健全的家庭对孩子的身心健康具有重要的作用,父亲和母亲都是孩子成长过程的中无法替代的角色。不完整家庭虽然不

---

① 说明:粗略的分数差异并不一定就真的有差异,有可能受测量误差等原因的影响。从统计上分析,$p<0.05$,就表明有显著差异。
② 民政部举行 2020 年第一季度例行新闻发布会[EB/OL]. http://www.mca.gn.cn/article/xw/mtbd/202001/20200100023083.shtml.
③ 廖全明,夏加强,刘杨. 弱势少年儿童群体社会适应能力发展特点研究[M]. 成都:西南交通大学出版社,2016:105.

一定都会给孩子带来破坏性的影响，但的确可能会使孩子经常面临复杂的生活环境，使他们面对的困难和挫折比一般的孩子要多。在孩子自身还不能很好地处理这些困难和挫折的时候，就特别需要父母的开导和帮助。在孩子成长过程中，如果缺失了父亲或者母亲一方的或者双方的关心和爱护，久而久之，极易形成自卑、沉默少言、不愿与人交流等性格特征，导致遇到困难时情绪难以得到排解和释放。如果问题不能得到及时、妥善的解决，日积月累下去，个体的抗挫折能力就会越来越弱，最终导致他们的身心难以得到正常的发展。

总之，从上面的分析可见，在大学阶段，家庭情况不同，对孩子的影响并不显著；但是，在中小学阶段，家庭情况不同，对孩子的影响却非常的显著。这说明，在孩子年幼时，如果处于完整双亲家庭，可以最好地帮助孩子提升抗挫折能力；而处于离异家庭、单亲家庭，则不利于提升孩子的抗挫折能力；以及，单亲家庭也比离异家庭有利于提升孩子的抗挫折能力。为了孩子的健康成长，尽量给孩子一个完整的家庭吧。

二、关注一方缺位的单亲家庭或离异家庭

如果孩子所在的不是完整双亲家庭，而是单亲家庭或离异家庭，则要尽量保持稳固的家庭结构，尽量给孩子以安全感和归属感。因为单亲家庭或离异家庭的子女非常容易产生"我的家是不幸的""我没有人要了"等消极悲观的想法。如果生活中再遭遇其他挫折，就很容易在挫折累积中出现问题。所以，不管是单亲家庭还是离异家庭，都要特别关注孩子的抗挫折能力的培养。

就单亲家庭而言，不少人会想当然地以为孩子由于与父亲或母亲一方的亲密接触而使得亲子关系更为紧密；但是情况却可能刚好相反，丧偶或离异等的单身家长在生活中会遇到较多的困难，心态也不可避免地会发生较大的改变，会有很长一段时间的低谷期。在这个过程中，家长与子女的交流会大大减少，双方关系冷漠，使得心智本就不成熟的孩子在深陷父母缺失的现实创伤后继而被再度伤害。孩子可能缺乏自我认同感，逐渐逃避现实，消沉麻痹自我，更甚者会伴生诸多心理障碍。在生活中我们会发现，单亲抚养的孩子比双亲抚养的孩子更容易出现一些诸如睡眠或饮食不规律、缺乏体育锻炼等不健康的行为。单亲家庭中，父亲或母亲的缺失，家庭里物质环境和心理环境发生变化，在物质上和心理上给予孩子的支持不足，这些都是单亲家庭青少年健康行为问题的重要原因。

就离异家庭而言,父母的分离使得既有的家庭经济角色重心转移,孩子在承受心理创伤的同时还要面对家庭现实的重担,可能会较之同辈群体先行步入社会,在社会中经历摸爬滚打,从而抗挫折能力降低。不过,如前面调研的结果表明,在大学阶段家庭情况对孩子抗挫折能力的影响会比中小学阶段的影响小。如果是由于客观原因导致家庭的残缺,家长需要在平时的教育中更加注意方式方法,鼓励孩子多与人交流交往,培养他们对生活持有积极乐观的态度。这样,才能在遇到挫折时,知道向家人或朋友倾诉,获取精神上的支持,提升挫折耐受力和挫折排解力。而离异家庭重组之后,家庭成员的结构会更为复杂,这对孩子处理好人际关系提出了更高的要求。就子女这一角色来讲,在重组家庭中与尚还陌生的人同处一屋檐下,的确比较困难。一些孩子压抑自己的内心,但趋于自卑、自闭;也有些孩子外表上无所谓,但内心对挫折存在过激反应,呈现出强烈的攻击性。故而,对于这种父母一方角色缺位的子女来说,应该得到更多的关注,得到思想、心理上更多的关怀,促使其能够正确认知生活与家庭中的挫折,并通过正确的方式予以排解,在挫折中得到成长。

另外,就其他家庭结构而言,在父母双方角色皆缺位的留守儿童家庭中,孩子一般交由隔代抚养,或是与其他亲戚朋友一起生活。较之同辈群体,留守儿童成长环境的特殊性对其心理的发展、人格的形成以及挫折应对的能力等,都会产生潜移默化的影响。有些青少年可能坚强乐观,遇到挫折愿意主动寻求帮助与解决办法;但也有些青少年可能存有过于自卑、逃避困难等心理障碍。很多研究表明,留守儿童在面对负性事件或压力时,往往比非留守儿童表现出更为强烈的抑郁和焦虑情绪。所以,对于家庭不完整的孩子的抗挫折能力,需要特别的关注。

综上,完整的家庭结构有助于提高孩子的抗挫折能力,为了孩子的健康成长,尽量避免离异,给孩子一个完整的家庭;而如果由于客观原因致使家庭破裂了,则要尽量保持家庭结构的稳固化,特别关注孩子抗挫折能力的培养。

第二节　优化家庭环境

个体抗挫折能力的高低强弱,往往与家庭环境密不可分。家庭的心理环境、物质环境等,都会给个体的抗挫折能力带来直接的、不容忽视的影响。

一、构建和谐的家庭心理环境

和谐的家庭心理环境非常有助于个体抗挫折能力的发展。仅就家庭气氛来说,家庭气氛可以划分为融洽与对抗两种类型。在融洽的家庭气氛中长大的孩子,心情愉快、有安全感,遇到挫折能积极应对;而在对抗的家庭气氛中长大的孩子,心情紧张,没有安全感,遇到挫折容易逃避。为了说明家庭心理环境的重要性,我们在大学生群体进行了与父母关系融洽程度不同的大学生的抗挫折能力的调研;在中小学生群体进行了与爸爸、妈妈关系不同在抗挫折能力上的比较研究。

(一) 对大学生群体的调研

我们对2790名大学生进行了调研,结果与父母关系不融洽的有22人,不大融洽的有83人,比较融洽的有803人,融洽的有1882人。具体请见表8.5。

表8.5 与父母关系融洽程度不同在抗挫折能力上的平均数和标准差

	与父母关系	人数	平均数	标准差
一般抗挫折能力	不融洽	22	48.41	9.00
	不大融洽	83	46.34	7.27
	比较融洽	803	47.61	6.42
	融洽	1882	49.97	6.59
	总和	2790	49.17	6.69

对与父母关系融洽程度不同在抗挫折能力上的差异进行单因素方差分析,结果如表8.6。

表8.6 与父母关系融洽程度不同在抗挫折能力上的比较(ANOVA)

		平方和	自由度	平均平方和	F值	显著性
一般抗挫折能力	组间	3818.657	3	1272.886	29.35	0.000
	组内	120836.154	2786	43.373		
	总和	124654.810	2789			

从表8.6可见,与父母关系融洽程度不同在抗挫折能力上有显著差异(F=29.35, $p<0.01$)。为了直观地表现,作图8.5如下。

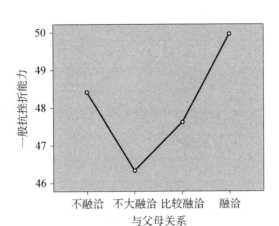

图 8.5 与父母关系不同在一般抗挫折能力上的比较

用 LSD 法进行事后比较,结合图 8.5 可见,与父母关系不大融洽、比较融洽的一般抗挫折能力比与父母关系融洽的抗挫折能力低。与父母关系不融洽的,虽然从图中可以看到低于与父母关系融洽的,但是差异没有达到显著性水平,所以不予以讨论。

以上研究结果表明,与父母关系融洽的大学生,其抗挫折能力也高,所以,要想提高抗挫折能力,也就需要注意与父母建立融洽的关系。

(二) 对中小学生群体的调研

为了更为详尽地说明与父母关系不同在抗挫折能力上的差异,我们分别进行了中小学生与爸爸关系不同在抗挫折能力上的比较,以及与妈妈关系不同在抗挫折能力上的比较;并将抗挫折能力具体细分为挫折耐受力、挫折排解力和挫折成长力,对总的抗挫折能力也进行了分析。

1. 与爸爸关系不同在抗挫折能力上的比较

我们对 2 484 名中小学生进行了调研,具体的数据请见表 8.7。

表 8.7 与爸爸关系不同在抗挫折能力上的平均数和标准差

	与爸爸关系	人数	平均数	标准差
挫折耐受力	与爸爸关系不好	102	8.11	2.821
	与爸爸关系不大好	203	8.23	2.329
	与爸爸关系较好	818	8.51	2.355
	与爸爸关系好	1 361	9.42	2.371
	总和	2 484	8.97	2.434

续 表

与爸爸关系		人数	平均数	标准差
挫折排解力	与爸爸关系不好	102	8.63	2.517
	与爸爸关系不大好	203	8.84	1.996
	与爸爸关系较好	818	9.17	2.007
	与爸爸关系好	1 361	9.92	1.849
	总和	2 484	9.53	1.995
挫折成长力	与爸爸关系不好	102	12.92	3.248
	与爸爸关系不大好	203	12.87	2.671
	与爸爸关系较好	818	12.93	2.709
	与爸爸关系好	1 361	13.85	2.470
	总和	2 484	13.43	2.642
抗挫折能力总分	与爸爸关系不好	102	29.66	6.741
	与爸爸关系不大好	203	29.94	5.315
	与爸爸关系较好	818	30.61	5.646
	与爸爸关系好	1 361	33.19	5.259
	总和	2 484	31.93	5.636

然后,对与爸爸关系不同学生在抗挫折能力上的差异进行单因素方差分析,结果如表8.8。

表8.8 与爸爸关系不同在抗挫折能力上的比较(ANOVA)

因变量		平方和	自由度	平均平方和	F值	显著性
挫折耐受力	组间	639.007	3	213.002	37.534	0.000
	组内	14 073.728	2 480	5.675		
	总和	14 712.736	2 483			
挫折排解力	组间	497.386	3	165.795	43.821	0.000
	组内	9 382.907	2 480	3.783		
	总和	9 880.293	2 483			
挫折成长力	组间	530.645	3	176.882	26.109	0.000
	组内	16 801.600	2 480	6.775		
	总和	17 332.245	2 483			

续　表

因变量		平方和	自由度	平均平方和	F值	显著性
抗挫折能力总分	组间	4 931.295	3	1 643.765	55.127	0.000
	组内	73 947.933	2 480	29.818		
	总和	78 879.228	2 483			

结果表明,与爸爸关系不同学生在挫折耐受力(F=37.534,$p<0.001$)、挫折排解力(F=43.821,$p<0.001$)、挫折成长力(F=26.109,$p<0.001$)和总的抗挫折能力(F=55.127,$p<0.001$)上都有显著的差异。为了更为直观地看到其间差异,具体请见图8.6至图8.9。

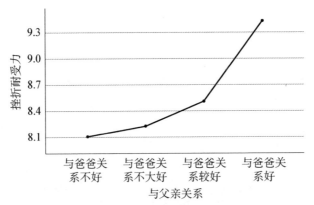

图8.6　与爸爸关系不同在挫折耐受力上的比较

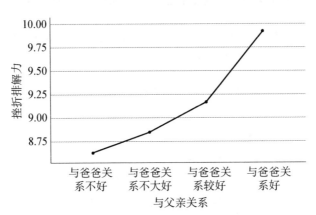

图8.7　与爸爸关系不同在挫折排解力上的比较

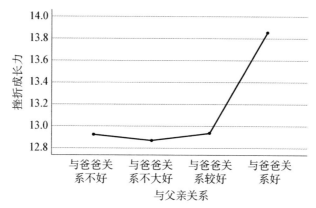

图 8.8　与爸爸关系不同在挫折成长力上的比较

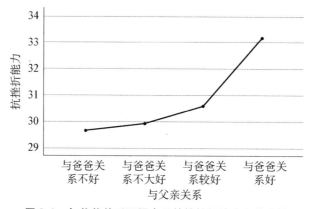

图 8.9　与爸爸关系不同在总的抗挫折能力上的比较

用 LSD 法进行事后比较,结合图 8.6 至图 8.9,可以清楚地看到:在挫折耐受力、挫折排解力、挫折成长力和总的抗挫折能力上,与爸爸关系不好、不大好和较好的,其抗挫折能力都显著低于与爸爸关系好的抗挫折能力;在挫折排解力上,与爸爸关系不好、不大好的都显著低于与爸爸关系较好的。这说明,孩子在家里与爸爸关系好,对其抗挫折能力的提升非常重要。

2. 与妈妈关系不同在抗挫折能力上的比较

对 2 485 名中小学生的调研结果如表 8.9。比如,在挫折耐受力上,与妈妈关系不好 72 人,与妈妈关系不大好 98 人,与妈妈关系较好 595 人,与妈妈关系好 1 720 人。

表8.9 与妈妈关系不同在抗挫折能力上的平均数和标准差

与妈妈关系		人数	平均数	标准差
挫折耐受力	与妈妈关系不好	72	7.99	2.851
	与妈妈关系不大好	98	7.39	2.469
	与妈妈关系较好	595	8.32	2.378
	与妈妈关系好	1720	9.33	2.339
	总和	2485	8.97	2.434
挫折排解力	与妈妈关系不好	72	8.68	2.544
	与妈妈关系不大好	98	8.39	1.988
	与妈妈关系较好	595	8.96	2.047
	与妈妈关系好	1720	9.83	1.872
	总和	2485	9.53	1.995
挫折成长力	与妈妈关系不好	72	12.36	3.765
	与妈妈关系不大好	98	11.87	3.052
	与妈妈关系较好	595	12.73	2.702
	与妈妈关系好	1720	13.81	2.440
	总和	2485	13.43	2.642
抗挫折能力总分	与妈妈关系不好	72	29.03	7.423
	与妈妈关系不大好	98	27.64	5.381
	与妈妈关系较好	595	30.01	5.605
	与妈妈关系好	1720	32.97	5.233
	总和	2485	31.93	5.636

然后,对与妈妈关系不同在抗挫折能力上的差异进行单因素方差分析,结果如表8.10。

表8.10 与妈妈关系不同在抗挫折能力上的比较(ANOVA)

因变量		平方和	自由度	平均平方和	F值	显著性
挫折耐受力	组间	781.827	3	260.609	46.409	0.000
	组内	13931.970	2481	5.615		
	总和	14713.796	2484			
挫折排解力	组间	533.733	3	177.911	47.195	0.000
	组内	9352.644	2481	3.770		
	总和	9886.377	2484			

续 表

因变量		平方和	自由度	平均平方和	F 值	显著性
挫折成长力	组间	860.093	3	286.698	43.164	0.000
	组内	16 478.762	2 481	6.642		
	总和	17 338.856	2 484			
抗挫折能力总分	组间	6 455.583	3	2 151.861	73.678	0.000
	组内	72 460.462	2 481	29.206		
	总和	78 916.044	2 484			

从表 8.10 可见，与妈妈关系不同在挫折耐受力（F=46.409，$p<0.001$）、挫折排解力（F=47.195，$p<0.001$）、挫折成长力（F=43.164，$p<0.001$）和总的抗挫折能力（F=73.678，$p<0.001$）上都有显著差异。为了更为直观地看到其间差异，具体请见图 8.10 至图 8.13。

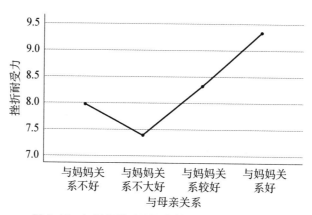

图 8.10　与妈妈关系不同在挫折耐受力上的比较

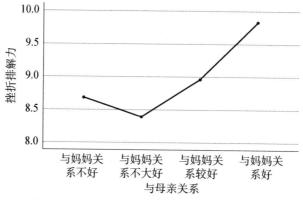

图 8.11　与妈妈关系不同在挫折排解力上的比较

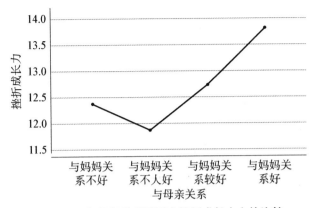

图 8.12　与妈妈关系不同在挫折成长力上的比较

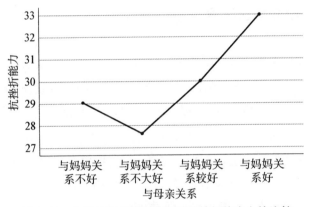

图 8.13　与妈妈关系不同在总的抗挫折能力上的比较

采用 LSD 法进行事后比较,结果表明,在挫折耐受力、挫折排解力、挫折成长力和总的抗挫折能力上,与妈妈关系不好、不大好和较好的都显著低于与妈妈关系好的;与妈妈关系不大好的显著低于与妈妈关系较好的。这说明,孩子与妈妈关系好非常重要;孩子与妈妈关系好,其抗挫折能力也高;要想孩子的抗挫折能力提高,要注重让孩子与妈妈建立良好的关系。

从以上两方面的研究结果可见,来自父母的社会支持具有非常显著的作用。与爸爸妈妈关系好的,抗挫折能力也高;与爸爸妈妈关系不好的,抗挫折能力也低。所以,培养孩子具有良好的抗挫折能力,要注意与孩子建立良好的亲子关系。

不管是中小学生,还是大学生,都正处于身心尚未完全发育成熟的时期。在大中小学阶段,他们的自我意识得到发展,想要展示自己的能力,但又时时处处需要父母的呵护,可谓兼具自主性和依赖性。如果在家庭里子女与父母有着良好的关系,家庭气氛融洽,子女在遭遇挫折时,有人可以依赖,有人可以倾诉,有人可以帮助,则可以在一次次的挫折中提升抗挫折能力;相反,如果在家庭里子女与父母关系不好,家庭气氛对抗,子女在遭遇挫折时,不知道可以向谁倾诉,不知道可以求助于何人,则可能抗挫折能力无法提高甚至变低。

综上所述,与父母关系融洽,或者说与父母关系良好,对提升孩子的抗挫折能力具有非常重要的作用;要想帮助孩子提升抗挫折能力,就要注意构建和谐的家庭心理环境。

二、改善家庭物质环境

家庭的物质环境包括家庭经济状况、衣食住行等各种物质条件。家庭的心理环境对孩子的抗挫折能力有影响,那家庭的物质环境又如何呢?有研究认为,家庭物质环境对青少年心理健康、社会化发展的影响,主要是通过父母在物质环境及社会地位中,对于个体的期望以及教养方式的差异来形成的[①]。有研究表明,贫困大学生的心理健康水平低于非贫困生,与家庭环境密切相关,贫困生家庭成员之间互相承诺、帮助和支持的程度相对较低,较少参加社交和娱乐活动[②]。也有研究者对农村与城市中青少年的心理健康水平做过对比研究,结果显示农村高中生在人际敏感、抑郁、恐惧、偏执等方面与城市高中生存在显著差异,农村高中生的整体心理健康水平要低于城市高中生[③]。为了知道家庭物质环境对孩子的抗挫折能力的影响,我们对大学生和中小学生进行了调研。

(一)对大学生群体的调研

我们将家庭经济状况分为:不宽裕、不大宽裕、有点宽裕、宽裕四类,对 2790 名大学生进行了调研,结果如表 8.11。

---

① 孙宏伟,冯正直. 心理健康教育学[M]. 北京:人民卫生出版社,2018.
② 谢倩,朱丽芳. 贫困大学生心理健康状况与家庭环境关系[J]. 中国公共卫生,2008(8):946.
③ 李景华,郝雁丽. 家庭教育环境与青少年学生心理健康关系研究[J]. 教学与管理,2009(9):49-50.

表 8.11 不同家庭经济状况在抗挫折能力上的平均数和标准差

	家庭经济状况	人数	平均数	标准差
一般抗挫折能力	不宽裕	688	49.19	6.88
	不大宽裕	1002	49.13	6.63
	有点宽裕	940	48.98	6.63
	宽裕	160	50.39	6.43
	总和	2790	49.17	6.69

对家庭经济状况不同在抗挫折能力上的差异进行单因素方差分析,结果如表 8.12。

表 8.12 不同家庭经济状况在抗挫折能力上的比较(ANOVA)

		平方和	自由度	平均平方和	F 值	显著性
一般抗挫折能力	组间	271.860	3	90.620	2.03	0.108
	组内	124 382.950	2786	44.646		
	总和	124 654.810	2789			

结果表明,家庭经济状况不同在大学生抗挫折能力上并无显著差异($F=2.03$,$p=0.108$)。

(二) 对中小学生群体的调研

在中小学生群体,我们将家庭经济状况分为不好、不大好、较好、好,将抗挫折能力分为挫折耐受力、挫折排解力和挫折成长力,并参考了总的抗挫折能力,对 2485 名学生进行了调研,结果请见表 8.13。

表 8.13 不同家庭经济状况在抗挫折能力上的平均数和标准差

家庭经济状况		人数	平均数	标准差
挫折耐受力	家庭经济状况不好	93	7.84	2.810
	家庭经济状况不大好	314	8.50	2.465
	家庭经济状况较好	1514	8.92	2.313
	家庭经济状况好	564	9.55	2.532
	总和	2485	8.97	2.434

续　表

家庭经济状况		人数	平均数	标准差
挫折排解力	家庭经济状况不好	93	8.56	2.585
	家庭经济状况不大好	314	8.91	2.044
	家庭经济状况较好	1514	9.53	1.913
	家庭经济状况好	564	10.06	1.912
	总和	2485	9.53	1.995
挫折成长力	家庭经济状况不好	93	12.51	3.485
	家庭经济状况不大好	314	13.08	2.508
	家庭经济状况较好	1514	13.33	2.594
	家庭经济状况好	564	14.04	2.574
	总和	2485	13.43	2.642
抗挫折能力总分	家庭经济状况不好	93	28.90	7.501
	家庭经济状况不大好	314	30.48	5.545
	家庭经济状况较好	1514	31.78	5.407
	家庭经济状况好	564	33.64	5.444
	总和	2485	31.93	5.636

对家庭经济状况不同在抗挫折能力上的差异进行单因素方差分析，结果如表8.14。

表8.14　不同家庭经济状况在抗挫折能力上的比较(ANOVA)

因变量		平方和	自由度	平均平方和	F值	显著性
挫折耐受力	组间	378.956	3	126.319	21.863	0.000
	组内	14334.840	2481	5.778		
	总和	14713.796	2484			
挫折排解力	组间	365.725	3	121.908	31.768	0.000
	组内	9520.652	2481	3.837		
	总和	9886.377	2484			
挫折成长力	组间	341.003	3	113.668	16.591	0.000
	组内	16997.853	2481	6.851		
	总和	17338.856	2484			

续　表

因变量		平方和	自由度	平均平方和	F 值	显著性
抗挫折能力总分	组间	3 189.756	3	1 063.252	34.835	0.000
	组内	75 726.288	2 481	30.522		
	总和	78 916.044	2 484			

从表 8.14 可见,家庭经济状况不同的学生在挫折耐受力(F＝21.863, $p<0.001$)、挫折排解力(F＝31.768, $p<0.001$)、挫折成长力(F＝16.591, $p<0.001$)和总的抗挫折能力(F＝34.835, $p<0.001$)上都有显著差异。图 8.14 至图 8.17 更直观地表现了这种差异。

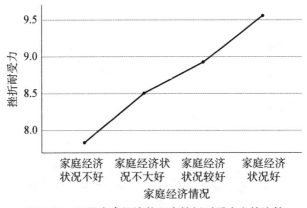

图 8.14　不同家庭经济状况在挫折耐受力上的比较

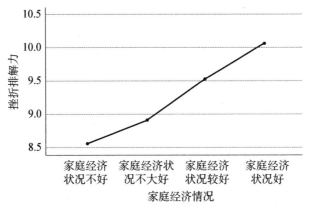

图 8.15　不同家庭经济状况在挫折排解力上的比较

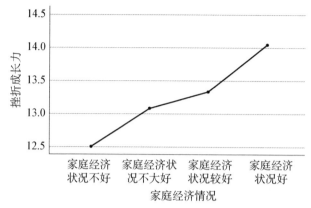

图 8.16　不同家庭经济状况在挫折成长力上的比较

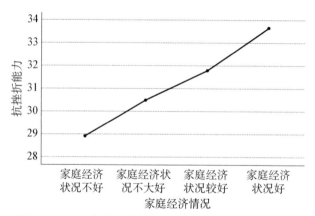

图 8.17　不同家庭经济状况在总的抗挫折能力上的比较

用 LSD 法进行事后比较,在挫折耐受力和总的抗挫折能力上,都是家庭经济状况不好的显著低于家庭经济状况不大好的,家庭经济状况不大好的显著低于家庭经济状况较好的,家庭经济状况较好的显著低于家庭经济状况好的。

在挫折排解力上,家庭经济状况不好和不大好的,显著低于家庭经济状况较好和好的,家庭经济状况较好的显著低于家庭经济状况好的。

在挫折成长力上,家庭经济状况不好的显著低于家庭经济状况较好和好的,家庭经济状况不大好的显著低于家庭经济状况好的,家庭经济状况较好的显著低于家庭经济状况好的。

从总体上来说,对中小学生群体的调研结果表明,家庭经济状况不好,孩子的抗挫折能力低;家庭经济状况好,孩子的抗挫折能力也高。而在大学生群体,经济状况的不同,在抗挫折能力上并没有大的差异。这说明,在中小学生年龄段,受家庭影响较大,而到大学生年龄段,则受家庭的影响就小了。或者,换一句话说,在大学阶段,学生的抗挫折能力受家庭经济状况的影响较小;但在中小学阶段,学生的抗挫折能力受家庭经济状况的影响较大。

在现实生活中,家庭经济状况在一段时间内的确很难有大的改变。但是,社区等应该有所作为。试想一下,如果社区能对所属辖区内经济状况相对较差的家庭予以关注和帮助,相信可以帮助这些家庭的孩子提升其抗挫折能力。

第三节 开展科学的家庭教育

"家庭是孩子的第一个课堂,父母是孩子的第一任老师。家庭教育工作开展得如何,关系到孩子的终身发展,关系到千家万户的切身利益,关系到国家和民族的未来。"[1]家庭作为个体成长过程中的第一个生活场所,在遵循个体成长成才规律、掌握挫折教育方法、科学地创设挫折教育情境的前提下,以父母为主体的家庭教育,对个体抗挫折能力的提升有着天然的优势。

一、"言传"与"身教"相结合

《教育部关于加强家庭教育工作的指导意见》指出,广大家长要"不断提高自身素质,重视以身作则和言传身教,要时时处处给孩子做榜样,以自身健康的思想、良好的品行影响和帮助孩子养成好思想、好品格、好习惯"。

首先,是做好"言传"。在家庭教育中,父母要有意识地将一些生活经验告诉给孩子,比如说遇到考试失败该怎么办?被人欺负了该怎么办?等等。也可以通过语言来客观评价孩子,让他们明白自己长处的同时,也能认识到自身的不足。明白自己的长处可以增加自信,对自身缺点的清晰认识又可以避免滋生骄傲自满的情绪,从而对自己有正确的认知。再如,可以告诉孩子,在当今竞争激烈的社会中,我们需要培养什么样的素质;生活中,可能会不可避免地遭遇哪些挫折。这样,可以

---

[1] 教育部.《关于加强家庭教育工作的指导意见》教基一〔2015〕10号[EB/OL]. http://www.moe.gov.cn/srcsite/A06/s7053/201510/t20151020_214366.html.

帮助孩子既知道自己应该追求什么，又能有一定的心理准备。另外，还可以告诉孩子一些挫折防御机制，如本书前文所述的一些积极的心理防御机制。这样，当孩子遭遇挫折之时，就不会茫然失措。

其次，是做好"身教"。孩子总是会在无意间模仿父母的行为举止的。《论语·子路》有曰："其身正，不令而行；其身不正，虽令不从。"讲的就是家庭中的长辈需要表里如一、克勤克俭、尊礼重教，为下一代树立一个良好的榜样。身若正，不需要命令式的说教；身若不正，即使下达命令也不会遵从。"身教"带有明显的实践性质，尤其是对于心智和思维尚未成熟的青少年来说，更容易模仿和接受的是"身教"。从心理学角度来看，"身教"就是通过外在形象的感染作用显示教育能量。"身教"可以使个体最先对一些朴素的知识拥有一个基本的理解，比如哪些行为是好的，哪些行为是不好的；对这些有了最基本的认识，才能形成最初的行为和养成一些良好的性格特征。通过以身作则、亲身示范，可以培养孩子克服困难、获取成功的信心。比如说，如果孩子亲眼看见父母遭遇了工作或生活中的挫折，但是能坚强地面对，争取变挫折为机遇，这样的身教便会对孩子起到良好的激励作用，帮助孩子形成良好的生活习惯。这些好的习惯往往会伴随一个人的一生，并且促使个体能够及时发现问题、及时调整，进一步养成独立的人格，在面对挫折时就可以游刃有余。

最后，还要注重"言传"与"身教"的结合。真正好的家庭挫折教育一定是"言传"与"身教"相结合的；两者结合的方式既比单一的言语教育更具说服力，又比需要很强主观能动性的"身教"感染来得更具体，更能加深印象。只有父母言行一致，给孩子做好了榜样的示范，孩子日后遇到挫折时才会在头脑中涌现父母的榜样，从而积极地应对生活中的挫折。

二、有意识地创设挫折情境

"再穷不能穷教育，再苦不能苦孩子"，这是社会上一直流传着的一句话。但是随着社会的进步，人们生活水平的提升，很多家庭意识到不让孩子吃苦，在某种程度上来说就是害了孩子。一味地满足后辈的物质要求和欲望，只能使得他们从小"衣来伸手，饭来张口"；出了任何问题都有家长站在身前帮忙挡着，孩子们根本不知道什么叫困难和挫折。一旦长大成人，或者离开父母独立上大学之后才发现，生活中处处都是困难，甚至连洗衣服等都成了困难的事情，久而久之，很容易导致抗挫折能力低下，或造成严重的心理问题。因此，家长要学会在孩子成长的过程中说

"不",并且还要适当地让他们经历一些磨难,要让他们学会自立和坚强,提升抗挫折能力。

挫折情境是心理学中挫折内涵的一个重要的方面;同时,挫折情境也是挫折认知和挫折反应的前提。"挫折阈限受许多因素的影响,但很重要的一个因素是挫折经验。经历过坎坷,遭受过挫折的人,比一帆风顺的人的挫折阈限要高,挫折承受力要强,对挫折作出适当反应的能力也更强。"[1]个体的挫折排解力,对挫折作出合理反应的能力,同其他心理品质一样,也是可以通过学习以及积累经验获得的。家庭教育需要帮助孩子在挫折体验中提升挫折排解力。

创设挫折教育情境不等于让孩子吃苦,而是通过设置一些合理的、科学的、符合个体成长规律的教育实践活动,创设一些诸如"挑战极限""自寻出路"等挫折情境,让孩子参与其中并且完成一些挑战生理、心理素质的环节和关卡,从而对他们的意志、胆识以及信心等进行有意识的培养和训练。有意识地让孩子接触和容忍生活中的一些挫折情境,尽可能地让他们自我解决和克服困难,鼓励他们把生活中遭遇的挑战和困难,当作磨炼自己、挑战自我的激励机制;这样,他们在面对挫折时,能够泰然自若,找到排解挫折的途径和渠道。

因此,父母应有意识地引导孩子面对失败或是有意识地创设挫折情境,鼓励孩子在遭遇挫折时不仅要能够坦然面对失败,还要能够鼓起勇气再次尝试和挑战挫折。要让孩子明白,困难和挫折都是不可怕的,都是可以通过合理的、科学的途径得以解决的,家庭永远是孩子坚强的后盾。这样,个体在面对困难或挫折时,就能有足够的勇气和底气战胜挫折;就能想到父母、家庭是可以帮助他们排解挫折的永远的港湾。

三、对孩子提出一定的要求

为了说明爸爸妈妈对孩子要求的不同在其抗挫折能力上的影响,我们在中小学生群体进行了调研。我们将爸爸对孩子的要求分为:爸爸没什么要求、爸爸要求较低、爸爸要求较高、爸爸要求非常高这四类;将妈妈的要求也作同样的分类。同时,我们将抗挫折能力具体细分为挫折耐受力、挫折排解力和挫折成长力,对总的抗挫折能力也进行分析。

---

[1] 张钱. 思想政治教育视域下大学生创新创业教育研究[M]. 北京:光明日报出版社,2019:153.

(一) 爸爸要求不同在抗挫折能力上的比较

我们对 2 484 名中小学生进行调研,具体结果如表 8.15 所示。

表 8.15 爸爸要求不同在抗挫折能力上的平均数和标准差

	爸爸要求	人数	平均数	标准差
挫折耐受力	爸爸没什么要求	285	8.11	2.463
	爸爸要求较低	472	8.55	2.398
	爸爸要求较高	1 337	9.20	2.355
	爸爸要求非常高	390	9.33	2.515
	总和	2 484	8.97	2.434
挫折排解力	爸爸没什么要求	285	8.96	2.136
	爸爸要求较低	472	9.10	2.018
	爸爸要求较高	1 337	9.74	1.881
	爸爸要求非常高	390	9.76	2.074
	总和	2 484	9.53	1.995
挫折成长力	爸爸没什么要求	285	12.84	2.946
	爸爸要求较低	472	12.92	2.737
	爸爸要求较高	1 337	13.60	2.480
	爸爸要求非常高	390	13.90	2.672
	总和	2 484	13.43	2.642
抗挫折能力总分	爸爸没什么要求	285	29.90	5.904
	爸爸要求较低	472	30.57	5.611
	爸爸要求较高	1 337	32.54	5.349
	爸爸要求非常高	390	32.99	5.768
	总和	2 484	31.93	5.636

对爸爸要求不同的学生在抗挫折能力上的差异进行比较,结果如表 8.16 所示。

表 8.16 爸爸要求不同在抗挫折能力上的比较(ANOVA)

因变量		平方和	自由度	平均平方和	F 值	显著性
挫折耐受力	组间	414.229	3	138.076	23.949	0.000
	组内	14 298.507	2 480	5.766		
	总和	14 712.736	2 483			

续 表

因变量		平方和	自由度	平均平方和	F值	显著性
挫折排解力	组间	264.227	3	88.076	22.715	0.000
	组内	9 616.066	2 480	3.877		
	总和	9 880.293	2 483			
挫折成长力	组间	345.896	3	115.299	16.834	0.000
	组内	16 986.348	2 480	6.849		
	总和	17 332.245	2 483			
抗挫折能力总分	组间	2 979.037	3	993.012	32.446	0.000
	组内	75 900.192	2 480	30.605		
	总和	78 879.228	2 483			

结果表明,爸爸要求不同的学生在挫折耐受力(F=23.949, $p<0.001$)、挫折排解力(F=22.715, $p<0.001$)、挫折成长力(F=16.834, $p<0.001$)和总的抗挫折能力(F=32.446, $p<0.001$)上都有显著差异。

用LSD法进行事后比较,结合图8.18至图8.21可见,在挫折耐受力、挫折排解力、挫折成长力和总的抗挫折能力上,都是爸爸没什么要求和爸爸要求较低显著地低于爸爸要求较高和爸爸要求非常高;以及,在挫折耐受力上,爸爸没什么要求显著地低于爸爸要求较低;在挫折成长力上,爸爸要求较高显著地低于爸爸要求非常高。

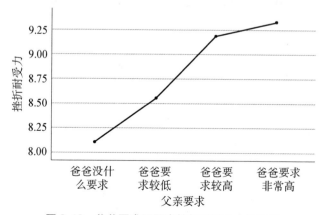

图8.18 爸爸要求不同在挫折耐受力上的比较

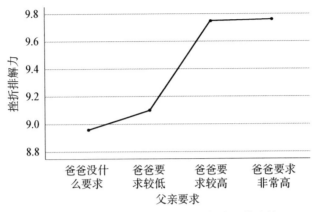

图 8.19　爸爸要求不同在挫折排解力上的比较

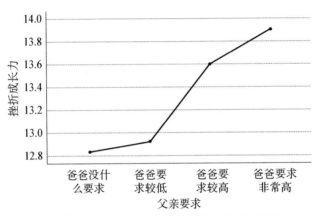

图 8.20　爸爸要求不同在挫折成长力上的比较

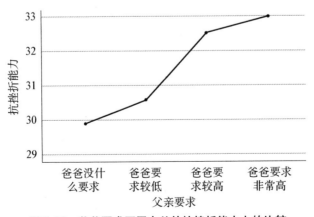

图 8.21　爸爸要求不同在总的抗挫折能力上的比较

也就是说,爸爸对孩子的要求高,孩子的抗挫折能力也高;爸爸对孩子没有什么要求,孩子的抗挫折能力也较低。

(二) 妈妈要求不同在抗挫折能力上的比较

对妈妈要求不同的学生在抗挫折能力上的差异进行比较,结果如表 8.17 和表 8.18。

表 8.17 妈妈要求不同在抗挫折能力上的平均数和标准差

妈妈要求		人数	平均数	标准差
挫折耐受力	妈妈没什么要求	245	8.35	2.556
	妈妈要求较低	361	8.53	2.398
	妈妈要求较高	1 382	9.10	2.365
	妈妈要求非常高	497	9.24	2.501
	总和	2 485	8.97	2.434
挫折排解力	妈妈没什么要求	245	8.92	2.061
	妈妈要求较低	361	9.18	1.948
	妈妈要求较高	1 382	9.65	1.950
	妈妈要求非常高	497	9.76	2.034
	总和	2 485	9.53	1.995
挫折成长力	妈妈没什么要求	245	12.87	3.000
	妈妈要求较低	361	12.94	2.566
	妈妈要求较高	1 382	13.52	2.537
	妈妈要求非常高	497	13.80	2.709
	总和	2 485	13.43	2.642
抗挫折能力总分	妈妈没什么要求	245	30.14	5.999
	妈妈要求较低	361	30.66	5.357
	妈妈要求较高	1 382	32.27	5.479
	妈妈要求非常高	497	32.80	5.755
	总和	2 485	31.93	5.636

表 8.18 妈妈要求不同在抗挫折能力上的比较(ANOVA)

因变量		平方和	自由度	平均平方和	F 值	显著性
挫折耐受力	组间	222.359	3	74.120	12.690	0.000
	组内	14 491.438	2 481	5.841		
	总和	14 713.796	2 484			

续　表

因变量		平方和	自由度	平均平方和	F值	显著性
挫折排解力	组间	182.378	3	60.793	15.543	0.000
	组内	9 703.999	2 481	3.911		
	总和	9 886.377	2 484			
挫折成长力	组间	243.732	3	81.244	11.791	0.000
	组内	17 095.124	2 481	6.890		
	总和	17 338.856	2 484			
抗挫折能力总分	组间	1 913.585	3	637.862	20.552	0.000
	组内	77 002.459	2 481	31.037		
	总和	78 916.044	2 484			

结果表明，妈妈要求不同的学生在挫折耐受力（$F=12.690$，$p<0.001$）、挫折排解力（$F=15.543$，$p<0.001$）、挫折成长力（$F=11.791$，$p<0.001$）和总的抗挫折能力（$F=20.552$，$p<0.001$）上都有显著差异。用LSD法进行事后比较，结果发现，在挫折耐受力、挫折排解力、挫折成长力和总的抗挫折能力上，都是妈妈没什么要求和妈妈要求较低显著地低于妈妈要求较高和妈妈要求非常高；在挫折成长力上，妈妈要求较高显著地低于妈妈要求非常高（为了节省篇幅，在此没有具体作图）。

综合上面的两个研究结果，爸爸、妈妈要求低的比爸爸和妈妈要求高的，反映在抗挫折能力上具有同样的趋势。即，爸爸、妈妈要求低的，孩子的抗挫折能力也低；爸爸、妈妈要求高的，孩子的抗挫折能力也高。在访谈中我们发现，如果爸爸妈妈平时要求低，孩子遇到的挫折少，相应地，抗挫折能力低；相反，如果爸爸妈妈平时要求高，孩子遇到的挫折较多，应对挫折的经验也相对丰富，相应地，抗挫折能力高。所以，在家庭教育中，适当地给孩子提出一定的要求也有利于他们健康茁壮地成长。

综上所述，家庭结构、家庭环境、家庭教育都对孩子抗挫折能力的提升有着重要的作用。为了帮助孩子提升抗挫折能力，从家庭结构的角度来看，我们要尽量给孩子一个完整的家庭，促进家庭结构稳固化；从优化家庭环境的角度来看，要注意构建和谐的家庭心理环境并改善家庭物质环境；要开展科学的家庭教育，将"言传"与"身教"相结合，有意识地创设挫折情境，并对孩子提出一定的要求，让家庭成为孩子提升抗挫折能力的港湾。

第九章　学校——抗挫折能力的守卫者

在家庭教育的基础上,学校教育对学生的抗挫折能力提升发挥着促进作用。无论是大学,还是中小学,学生都要在学校度过较长的学习时间,自然也会受到来自学校比较大的影响。而且,相对于家庭和社会的影响来说,学校教育由于其具有确定的培养目标、规定的教学内容,并有严格的管理制度,从而对学生的发展具有非常特殊而重要的作用。可以说,正是因为学校教育的计划性、科学性和可控性等,使得学生的抗挫折能力可以在学校教育中得到较大的发展和提升。学校若是能在课程设置、活动安排、校风建设、心理育人等方面下功夫,就能更有效地帮助学生提升抗挫折能力。

第一节　发挥课程教育的作用

课程是学校教育的核心,课堂是学校教育的主渠道。中小学生每天有80%左右的学校生活都是在课堂上度过的;即便是大学生,每天也会有许多的学校生活时间是在课堂上度过的。学生在课堂中学到的不仅仅是科学理论知识,还能学到为人处世、待人接物等知识。学校如果能充分发挥课程教育的作用,利用好思想政治理论课、心理健康教育课程,并在尽量多的其他课程渗透挫折教育,自然能为学生提供最好的教育平台,帮助学生提升抗挫折能力。

一、发挥好思想政治理论课的引导作用

可能有人会觉得奇怪:本来是在谈论着提升抗挫折能力,怎么就说到了思想政

治理论课了呢？其实,大家想一想:我们的心理是否与思想有着紧密的联系？如果这个问题想清楚了,自然就能理解为什么在说到发挥课程教育对提升抗挫折能力的作用时,首先需要谈谈发挥好思想政治理论课的引导作用了。

是的,我们的心理,如抗挫折能力,与我们的思想有着紧密的联系。或者说,我们的思想对我们的心理有着重要的引导作用。如果一个人在思想上"站得高、望得远",他就能在遭遇挫折时认知正确、情绪稳定、意志坚定……不容易被挫折打倒;相反,如果一个人在思想上没有树立正确的世界观、人生观、价值观,则在遭遇挫折时不容易有大局观,不容易正确应对挫折。

除了普遍含义的世界观、人生观、价值观,特别地,大中小学生应该有正确的挫折观。即,对挫折要有正确的看法和态度,包括对挫折普遍性、挫折双重性、挫折原因和挫折影响的积极认知,以及对挫折持乐观积极、科学理性且主动寻求解决办法的态度,而非悲观失望、畏惧逃避、自暴自弃的消极态度。习近平总书记在同各界优秀青年代表座谈时指出:"青年时期多经历一些摔打、挫折、考验,有利于走好一生的路。"大中小学生是否具有正确的挫折观,直接决定了其是否能实现习近平总书记强调的"培养奋勇争先的进取精神,历练不怕失败的心理素质,保持乐观向上的人生态度,敢于面对各种困难和挫折"。新时代挑战与机遇并存,大中小学生在享受新时代经济发达、信息便利的同时,也比以往任何时期都更容易暴露于各种不良思潮之中,更容易遭遇挫折。所以,更应该注重思想政治理论课的教学。

在我国,大中小学都设有思想政治教育方面的课程。这些课程也许名称不同,但教育的目的和核心内容都是一样的:都是为了帮助学生树立正确的世界观、人生观、价值观,培养良好的思想品德和行为习惯,将来成为全面发展的人才。目前,在高校进行思想政治教育的四门必修课中,"思想道德与法治"课程的教材无论如何改版,都一直保有关于挫折观方面的内容,可以帮助学生正确对待人生矛盾,成就出彩人生;而其他几门思想政治理论课则为学生提供了方向的指引。中小学"思想道德与法治"的教材中,也富含正视挫折、化解挫折、战胜挫折的内容,可以为中小学生提供多种多样的克服挫折、战胜逆境的方法。

在这些思想政治理论课的教学中,如果教师能充分发挥课堂教学的作用,可以帮助学生大大提高其抗挫折能力。要想帮助学生提高抗挫折能力,首先就要让学生了解抗挫折能力是什么,以及为何要培养这一能力,这离不开教师主导的理论灌输。教师可以在课堂教学中注重加强挫折教育的理论灌输,可以用一部分时间来进行抗挫折能力的理论讲解,教给学生挫折耐受力、挫折排解力和挫折成长力等的相关知识。这样,学生若是在日后遇到挫折时,就可以利用课堂学习的知识进行应对。应该说,学生只有在思想上有正确的取向和追求,才能激励自己认真学习,不畏惧挫折。所以说,思想政治理论课对提升抗挫折能力具有重要的引导作用。

二、利用好心理健康教育课程的直接作用

当前,不仅是高校,很多中小学校也设有专门的心理健康教育课程。这对提升学生的抗挫折能力和培养积极的心理状态都有着重要的、直接的作用。

第一,心理健康教育课程的教学内容与抗挫折能力直接相关。在心理健康教育课程中,不管是自我认知、情绪调节、意志培养,还是个性、人际沟通、职业规划等内容都与抗挫折能力密切相关。这些基础的心理健康理论知识的教学,可以给学生的脑海里留下关于积极心理健康的印象,为学生在应对生活中的挫折时发挥直接的作用。而且,有些心理健康教育课程还有专门的章节是关于挫折、压力、抗挫折能力等内容的,这可以为学生了解并提升抗挫折能力起到非常直接的作用。

第二,在课程互动中培养学生的抗挫折能力。心理健康教育课程非常适合组织课堂互动的活动,营造有利于提升抗挫折能力的课堂氛围。单纯的理论灌输容易让学生产生倦怠,增设互动环节不仅可以提高学生的积极性,还可以增进师生、生生之间的了解,加深师生、生生之间的感情。例如,可以安排教师或学生分享自身经历过的挫折,可以进行情景剧表演等。具体来说,可以让学生自己撰写剧本,扮演"角色",拍摄视频,再进行课堂展示;还可以让学生在观看视频后积极参与讨论或辩论等,让学生自己思考该怎样去面对"角色"所面临的挫折。如果几个小组同时扮演同样的"角色",续写不同的排解方式,适当的竞争还可以提高学生的积极性,使学生有设身处地的感受。在参与的过程中,学生感受到了所扮演人物经历的挫折,有利于挫折耐受力的培养;想办法解决"角色"面临的挫折,锻炼了学生的挫折排解力;互动之后,在教师的引导下进行交流讨论,总结过程中关于面对挫折得到的收获,则可以提高学生的挫折成长力。

以及,在心理健康教育课程中,可将课堂讲授与案例分析、小组讨论、心理测试、团体训练等相结合,还可以邀请有关专家举办专题讲座等。当前,国家高度重视心理健康教育课程的开展,强调理论与实践相结合。我们要发挥心理健康教育

课程的特点,利用心理量表对学生的抗挫折能力进行测量,从而有利于更好地区分不同的个体,有针对性地开展更有效的活动。在心理健康教育课程的实践环节中,学生的挫折耐受力、挫折排解力和挫折成长力都可以得到直接的锻炼和提升。

三、结合其他课程进行抗挫折能力教育

学校开设课程繁多,思想政治理论课和心理健康教育方面的课程只是比重很小的一部分。为了更好地帮助学生提升抗挫折能力,应发动各科教师在教学过程中充分利用各自课程的特点,将抗挫折能力教育渗透其中。

在中小学,语文教材中就有许多关于挫折、抗挫折能力的故事,古文中的"天将降大任于是人也"也让人回味无穷,这些都是渗透抗挫折能力教育的契机;数学课中,可以讲述科学家们为获得某项数学成果所经历的挫折等,这不仅有助于学生抗挫折能力的提升,也有助于学生理解、记忆相关数学知识;外语课中,可以注重发掘与抗挫折能力相关的教学内容。历史课中,古今中外的许多历史人物都是绝佳的榜样,如古代越王勾践卧薪尝胆,忍辱负重,最终完成兴国大业,这是抗挫折能力强的表现;而今,无数共产党人的故事也值得深入学习,如邓小平同志"三落三起"的故事等都是激励同学勇敢应对挫折的绝佳材料。

在大学,情况也类似,无论是通识课,还是专业课,只要教师有心、留意,都能发掘出有利于激发同学提升抗挫折能力的内容。各门课程虽侧重点不同,但都有可以用来帮助学生提升抗挫折能力的知识点和契机。只要教师能有意识地思考并选择恰当的教育时机,在课程进行中也许只是顺便讲解了一个相关的抗挫折能力的故事,就可能给学生心中增加抵抗挫折的力量。如在数理化等学科的课程中,可以通过讲解中外科学家的典型事迹,让学生知道在科研的道路上没有捷径可走,遭遇挫折是难以避免的;这不仅有助于学生提升抗挫折能力,还有助于学生开阔视野,树立远大的理想和目标。在文史哲课程中,也可以通过讲解著名的历史人物、哲学家、文学家等的故事,传递人物的抗挫折精神。

第二节　发挥学校课外活动的作用

学生除了在课堂接受教育之外,也会在学校参加各种各样的课外活动。学校

的各种课外活动也是帮助学生提升抗挫折能力的重要方式。

课外活动作为学校的第二课堂,是课程教育的重要补充,同样也是帮助学生提升抗挫折能力的重要途径或重要阵地。课外活动的分类有许多不同的分类方式,但针对提升学生抗挫折能力来说,以下主要考虑社团活动、文体活动、社会服务活动等内容。

一、重视社团活动的作用

社团对大中小学生抗挫折能力的提升发挥着非常大的作用。社团,是学生在共同兴趣爱好的基础上,自发组织或参加的群体性组织。社团的组织和运行,一般需要经过学校相关部门的批准并接受相关部门的指导。在中小学,一般会有聚焦于学科知识、文娱体育等的社团,能吸引广大同学的参与;而在大学,社团的方向更为多样,如学术科研类、文艺娱乐类、体育健身类、社会公益类、技能训练类等,辐射的人群也更为广泛。所以,社团活动也就承载了帮助学生自我教育、自我提升的功能。

社团的组织不是一件容易的事情,组织者在创建某个社团的过程中,难免会遭遇各种各样的困难或挫折;在克服这些困难和挫折的过程中,抗挫折能力也就得到了充分的锻炼。而社团的参与者虽说不用面对创建社团的困难或挫折,但是在进入社团之前需要接受面试,这便可能遭遇面试失败的挫折;在经过面试进入社团之后,也可能遇到各种挫折:也许是知识欠缺方面的挫折,也许是人际交往方面的挫折,也许是活动不顺的挫折。正是在参与这些活动的过程中,需要面对挫折,需要克服挫折带来的痛苦;个体在一次次面对挫折的过程中,自然而然就积累了应对挫折的经验,获得了抗挫折能力的提升。以及社团活动的作用,除了增加经验之外,社团也是兴趣相投者的群体,团结互助能力更强,对参与者的综合素质包括抗挫折能力的提升具有极大的价值。

所以,学校要重视社团活动的作用,要鼓励学生在学有余力的情况下,积极参与社团活动,积极迎接挑战、提升自我。

二、重视文体活动的作用

文艺体育类活动不仅可以帮助学生调节或减轻日常学习带来的疲劳,而且对于帮助学生提升抗挫折能力也具有非常有益的作用。

参与文娱活动时,学生要与同学朋友建立紧密的联系,要花费时间去练习,还难以避免地可能会在大众面前出丑,所以,学生参与文娱活动的过程,自然也是其锻炼、提升抗挫折能力的过程。

再说体育活动,在参与过程中,个体会面对体力不支、伤病、对手挑战、竞技压力等各种问题。因此在体育活动带来的生理磨炼中,个体可以培养坚韧的心理品质,从而有利于克服困难和挫折。因此,引导学生适当地参与体育活动,在保障安全的前提下接受身体的磨炼,对提高学生的抗挫折能力具有积极的作用。

不过,每个学生都有自己的特殊情况。针对不同的个体,要在分析学生自身身体状况、兴趣爱好、运动经历的情况下采用适合的方式引导其参与到体育活动中去。对于身体素质较好、对体育运动有较强兴趣的学生,可以提供专门的体育赛事活动;对于身体素质较弱,缺乏锻炼的学生,可以组织趣味体育活动,以培养兴趣和积极性为主。

不得不说,随着网络的普及,学生在户外运动的时间逐渐减少,很多学生基本不参与体育活动,也不愿面对体育活动带来的挫折。学校在开展体育活动时,可以发掘活动的教育意义,设置团体类、益智类项目。如趣味运动会可开展"两人三足""旋风跑""环环相扣""网球掷准"等项目。这些项目的参与门槛低,擅长和不擅长体育活动的同学都可以参与进来,同时参与这些项目又需要面对各种关卡的挑战和团队协作的挑战,在参与过程中也存在着不小的压力;团队的鼓励和竞技的压力又可以激励学生们去努力克服困难、接受挑战。

虽然在参与体育活动时,学生们会表现出较高的积极性,但往往多数人止步于参与这一环节。为了鼓励学生们积极走向室外,可以通过设置奖励、将活动参与情况计入综合考评等方式,鼓励学生们积极参加,培养其坚强的意志和乐观积极的心理,从而有利于今后面对和跨越挫折,提升抗挫折能力。

三、重视社会服务活动的作用

学校里有许多的社会服务类活动都有助于提升学生的抗挫折能力。教育部《中小学综合实践活动课程指导纲要》中指出:"社会服务指学生在教师的指导下,走出教室,参与社会活动,以自己的劳动满足社会组织或他人的需要,如公益活动、志愿服务、勤工俭学等,它强调学生在满足被服务者需要的过程中,获得自身发展,促进相关知识技能的学习,提升实践能力,成为履职尽责、敢于担当的人。社会服务的关键要素包括:明确服务对象与需要;制订服务活动计划;开展服务行动;反思服务经历,分享活动经验。"①

在《中小学综合实践活动课程指导纲要》中,还针对不同学段,推荐了不同的活动主题,如表9.1:

表9.1 社会服务活动学段及推荐主题

学段	活动主题
1—2年级	1. 生活自理我能行
	2. 争当集体劳动小能手
3—6年级	1. 家务劳动我能行
	2. 我是校园志愿者
	3. 学习身边的小雷锋
	4. 红领巾爱心义卖行动
	5. 社区公益服务我参与
	6. 我做环保宣传员
	7. 我是尊老敬老好少年
7—9年级	1. 走进敬老院、福利院
	2. 我为社区做贡献
	3. 做个养绿护绿小能手
	4. 农事季节我帮忙
	5. 参与禁毒宣传活动
	6. 交通秩序我维护
10—12年级	1. 赛会服务我参与
	2. 扶助身边的弱势群体
	3. 做个环保志愿者
	4. 做农业科技宣传员
	5. 参与公共文化服务
	6. 做普法志愿者

在这些活动中,可以引导学生在参与社会服务活动的基础上,反思自己在社会服务活动中的收获与经验,反思自己在活动中遭遇的困难与挫折,从而积累应对挫

---

① 教育部.《中小学综合实践活动课程指导纲要》[EB/OL]. http://www.moe.gov.cn/srcsite/A26/s8001/201710/t20171017_316616.html.

折的经验,提升抗挫折能力。

在大学校园里,公益活动、志愿服务、勤工俭学等,亦是帮助学生提升抗挫折能力的重要途径。

大学生可以参加的公益活动有很多,可以在校内参加公益活动,也可以在校外参加公益活动。如参加募捐活动,为穷困山区的人们捐款捐物。这可以是自己把闲置不用的书籍、衣物等通过募捐活动捐献出去,也可以是自己作为组织者来组织一次募捐活动。再如,参加一些义务维修活动或心理辅导活动,利用自己的专业知识去帮助更多需要帮助的人们。利用周末或假期,组织或参加探访养老院老人、福利院孤儿等的活动;组织或参加学校周边社区的暑托班或晚托班等,为孩子们带去知识与关爱。在这些类似的活动中,不管是组织者还是参与者,都可以得到非常多的锻炼与提升。

勤工助学类活动,如到图书馆做一个小小管理员,参与图书的整理、归类等工作;到餐厅做一个小小保洁员,帮助同学回收餐具或打扫餐厅卫生;到学院教师的课堂做助教,协助任课教师完成教学PPT准备、上课前准备、课堂教学、课后相关辅导等工作任务。在以上劳动教育中,学生可以体会生活的不易,可以积累与人交往的经验,积累应对挫折的经验等。

在参加公益活动或勤工助学类活动时,如果学生过分夸大了想象中的困难和挫折,就会在进行活动的过程中消极应对,甚至还未开始就想要放弃。所以,学校组织者可以在开展活动之前,预判一些可能发生的问题并提出解决方案;鼓励学生在参与活动中学会耐受挫折、排解挫折,在活动结束之后分享遇到的问题,总结经验教训,知道在下次再遇见类似问题时如何来应对,从而在此过程中提升自己的挫折成长力。总之,通过社会服务活动,在帮助学生认识和了解社会及他人的需求,帮助学生增强服务社会、服务他人的能力的同时,也能帮助学生提升自己的挫折耐受力、挫折排解力和挫折成长力。

第三节　营造良好的学校氛围

马克思指出:"人创造环境,同样环境也创造人。"而我们平日也常说"耳濡目染"一词,这说明良好的学校氛围对学生有着重要的影响,当然,对学生抗挫折能力的提升也有较大的作用。教师可以通过与学生建立良好的师生关系,发挥榜样的示范作用,在校园建设中体现抗挫折精神等,营造良好的学校氛围,从而潜移默化地影响学生。

一、与学生建立良好的师生关系

如同家庭氛围中的亲子关系非常重要一样,学校氛围中的师生关系也非常重要。为了说明良好的师生关系对学生抗挫折能力的影响,我们对大学生群体和中小学生群体进行了相关的调研。

(一)与大多教师关系不同的大学生在抗挫折能力上的比较

我们对 2 744 名大学生进行调研,具体数据如表 9.2 所示。

表 9.2 与大多教师关系不同在抗挫折能力上的平均数和标准差

	与大多教师关系	人数	平均数	标准差
一般抗挫折能力	不好	22	46.14	8.27
	不大好	214	45.75	7.44
	比较好	1 748	48.54	6.48
	好	806	51.52	6.12
	总和	2 790	49.17	6.69
人际交往抗挫折能力	不好	22	43.55	7.66
	不大好	214	41.43	6.85
	比较好	1 748	44.65	6.36
	好	806	48.04	6.92
	总和	2 790	45.37	6.84
恋爱抗挫折能力	不好	22	48.27	10.30
	不大好	213	48.02	7.03
	比较好	1 718	49.92	6.54
	好	791	52.63	6.11
	总和	2 744	50.54	6.65

对与大多教师关系不同情况在抗挫折能力上的差异进行单因素方差分析,结果如表 9.3 所示。

表 9.3 与大多教师关系不同在抗挫折能力上的比较(ANOVA)

		平方和	自由度	平均平方和	F 值	显著性
一般抗挫折能力	组间	7 852.837	3	2 617.612	62.44	0.000
	组内	116 801.973	2 786	41.925		
	总和	124 654.810	2 789			
人际交往抗挫折能力	组间	10 052.920	3	3 350.973	77.62	0.000
	组内	120 273.917	2 786	43.171		
	总和	130 326.837	2 789			
恋爱抗挫折能力	组间	5 569.390	3	1 856.463	43.97	0.000
	组内	115 698.437	2 740	42.226		
	总和	121 267.828	2 743			

从表 9.3 可见,与大多教师关系不同在一般抗挫折能力($F=62.44$, $p<0.001$)、人际交往抗挫折能力($F=77.62$, $p<0.001$)、恋爱抗挫折能力($F=43.97$, $p<0.001$)上都有显著差异。

进一步用 LSD 法进行事后比较之后发现,与大多教师关系不好、不大好、比较好的学生的一般抗挫折能力都比与大多教师关系好的学生的一般抗挫折能力低,与大多教师关系不大好的学生的一般抗挫折能力比与大多教师关系比较好的学生的一般抗挫折能力低,如图 9.1 所示。

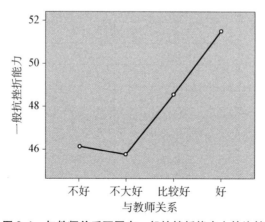

图 9.1 与教师关系不同在一般抗挫折能力上的比较

与大多教师关系不好、不大好、比较好的学生的人际交往抗挫折能力都比与大多教师关系好的学生的人际交往抗挫折能力低,与大多教师关系不大好的学生的人际交往抗挫折能力比与大多教师关系比较好的学生的人际交往抗挫折能力低,如图9.2所示。

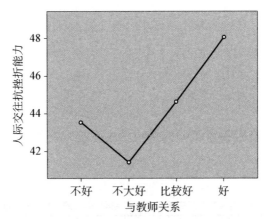

图9.2　与教师关系不同在人际抗挫折能力上的比较

与大多教师关系不好、不大好、比较好的学生的恋爱抗挫折能力都比与大多教师关系好的学生的恋爱抗挫折能力低,与大多教师关系不大好的学生的恋爱抗挫折能力比与大多教师关系比较好的学生的恋爱抗挫折能力低,如图9.3所示。

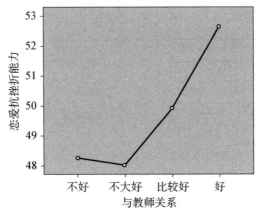

图9.3　与教师关系不同在恋爱抗挫折能力上的比较

上面的比较也许有点繁琐,但我们可以看出:与教师关系良好的,抗挫折能力也高,知道这一条即可。在进一步的个案访谈中,也印证了这种关系,与教师关系良好的同学,具有较多的社会支持,能够得到较多的人际关怀,有归属感,即便遇到挫折也能较好地应对,从而具有较高的抗挫折能力。所以,在学校教育中,与学生保持良好的师生关系,可以给学生较多的心理支持,可以帮助学生提高抗挫折能力。这有赖于班主任老师,也有赖于每一位任课教师。

以及,要说明的是:在上述的比较中,是在统计上有显著差异的,才会报告有所不同。可能有读者会疑惑:为什么与教师关系不好的学生,其抗挫折能力似乎比与教师关系不大好的学生还稍微高一些? 对这个问题,我们不能根据粗略的数据来判断,而是要根据统计上是否有显著差异来加以判断;在本研究中,与教师关系不好的学生及与教师关系不大好的学生,二者的抗挫折能力并无显著差异。

(二) 与大多教师关系不同的中小学生在抗挫折能力上的比较

我们对2 485名中小学生进行了调研,结果如表9.4所示。

表9.4 与大多教师关系不同在抗挫折能力上的平均数和标准差

	与大多教师关系	人数	平均数	标准差
挫折耐受力	与大多教师关系不好	50	7.92	3.083
	与大多教师关系不大好	103	7.92	2.729
	与大多教师关系较好	1168	8.38	2.294
	与大多教师关系好	1164	9.70	2.298
	总和	2485	8.97	2.434
挫折排解力	与大多教师关系不好	50	8.38	2.806
	与大多教师关系不大好	103	8.57	2.295
	与大多教师关系较好	1168	9.13	1.915
	与大多教师关系好	1164	10.07	1.853
	总和	2485	9.53	1.995
挫折成长力	与大多教师关系不好	50	12.64	3.590
	与大多教师关系不大好	103	11.65	3.322
	与大多教师关系较好	1168	12.89	2.563
	与大多教师关系好	1164	14.17	2.380
	总和	2485	13.43	2.642
抗挫折能力总分	与大多教师关系不好	50	28.94	7.441
	与大多教师关系不大好	103	28.15	6.431
	与大多教师关系较好	1168	30.39	5.302
	与大多教师关系好	1164	33.94	5.062
	总和	2485	31.93	5.636

对与大多教师关系不同在抗挫折能力上的差异进行单因素方差分析,结果如表9.5所示。结果表明,与大多数教师关系不同的学生在挫折耐受力(F=73.642, $p<0.001$)、挫折排解力(F=62.015, $p<0.001$)、挫折成长力(F=68.878, $p<0.001$)和总的抗挫折能力(F=111.629, $p<0.001$)上都有显著差异。

表 9.5　与大多教师关系不同在抗挫折能力上的比较(ANOVA)

因变量		平方和	自由度	平均平方和	F值	显著性
挫折耐受力	组间	1 203.094	3	401.031	73.642	0.000
	组内	13 510.702	2 481	5.446		
	总和	14 713.796	2 484			
挫折排解力	组间	689.642	3	229.881	62.015	0.000
	组内	9 196.735	2 481	3.707		
	总和	9 886.377	2 484			
挫折成长力	组间	1 333.064	3	444.355	68.878	0.000
	组内	16 005.792	2 481	6.451		
	总和	17 338.856	2 484			
抗挫折能力总分	组间	9 385.334	3	3 128.445	111.629	0.000
	组内	69 530.710	2 481	28.025		
	总和	78 916.044	2 484			

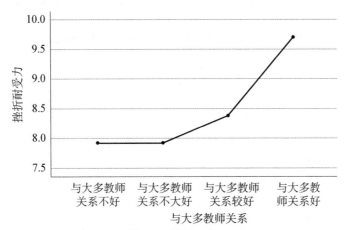

图 9.4　与大多教师关系不同在挫折耐受力上的比较

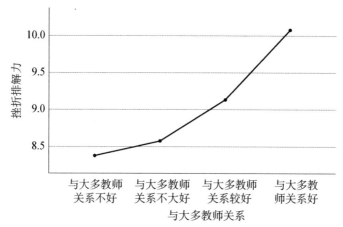

图 9.5　与大多教师关系不同在挫折排解力上的比较

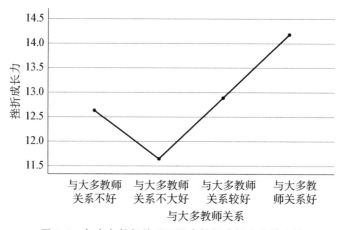

图 9.6　与大多教师关系不同在挫折成长力上的比较

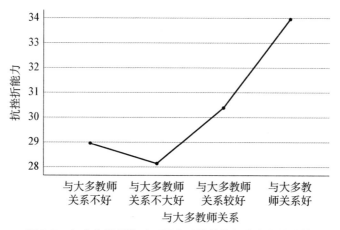

图 9.7　与大多教师关系不同在总的抗挫折能力上的比较

用 LSD 法进行事后比较,结果发现,在挫折耐受力、挫折排解力、挫折成长力和总的抗挫折能力上,与大多教师关系不好、不大好、较好的,都显著低于与大多教师关系好的;另外,在挫折排解力上,与大多教师关系不好、不大好的,都显著低于与大多教师关系较好的;在挫折成长力上,与大多教师关系不大好的,显著低于与大多教师关系不好、较好的;在总的抗挫折能力上,与大多教师关系不大好的,显著低于与大多教师较好的。在这些比较中,也是在统计上有显著差异的,才会报告有不同。

总之,从调研可见,无论是大学生还是中小学生,与教师关系好的,抗挫折能力也高。所以,与学生建立良好的师生关系,是营造良好的校园环境、帮助学生提升抗挫折能力的重要一环。

二、发挥榜样的示范作用

我们都知道,"榜样的力量是无穷的"。在提升大中小学生抗挫折能力方面,若是能发挥榜样的示范作用,也一定能起到良好的效果。榜样的选取,可以选取各领域的卓越人物,也可以选取学校的教师、同学等作为榜样来激励学生积极面对挫折。

(一)选取适当的名人榜样

古今中外有很多著名人物,他们的事迹都体现了很强的抗挫折能力,例如我们耳熟能详的贝多芬、霍金、爱迪生等;例如党的领导人毛泽东、周恩来、邓小平等;例如《钢铁是怎样炼成的》的作者奥斯特洛夫斯基、胸部以下瘫痪但身残志坚的张海迪等,以及中央电视台每年的"感动中国"人物等。可以说,但凡有所作为的人,很少是不经历挫折的,也很少是抗挫折能力不高强的。我们可以选择对学生有启迪的人物,通过学校的雕塑、宣传栏、广播、微信公众号等各种方式进行宣传教育,在校园里形成一种力争向榜样人物学习的学校氛围——遇到挫折不畏惧,敢于与挫折抗争。当这些人物的事迹深入人心了,学生们在需要时自然就能回想起榜样人物的事迹并以之激励自己。

(二)发挥教师的模范带头作用

在学校中,教师不仅进行知识传授,其行为举止和自身品质都对学生有着重要的影响。学生,尤其是中小学生,一般会将自己的老师作为榜样和学习模仿的对象。《论语·子路篇》中有云:"其身正,不令而行;其身不正,虽令不从。"因此教师自身要注意发挥出模范带头的作用。无论是在教学中,还是在课余与同学交流的过程中,教师都应表现出积极乐观的一面,用自身的经历,特别是战胜挫折、获取成功的经历,来激发学生努力学习、天天向上的斗志。以及,教师在面对遇到挫折的学生时,要给予足够的耐心和关照,做好沟通疏导工作,尽自己的力量来帮助学生面对挫折。比如说笔者在学生时代眼见一位尊敬的老师遇到了工作中的挫折,他参加一次非常重要的教学比赛但没有获得预期的奖项,但这位老师几乎没有表现出什么伤心、生气等情绪,就仍然是每天一如既往地备课、上课;以及,他还主动跟我们分享这次挫折经历,告诉我们要好好学习、努力争取,但要以平常心应对得失等,这对我们班的同学都有很大的激励作用。另外,还有位老师的家人因车祸去世了,这对老师来说是非常大的挫折,但老师只是在短短的几日处理完家人的事情之后就回到了学校,没有因家庭的挫折而影响教学,这也对我们班的同学在应对挫折方面起到了很好的示范作用。

(三) 发掘身边的优秀学生榜样

除了名人的事迹和教师的示范,身边的同学榜样也对学生具有相当大的影响力。因为周围的同辈群体与学生自身年龄相仿,面对的问题也具有相似性,更容易引起学生的共鸣。比如说,遇到学习的挫折了,是怎么应对的;遇到宿舍相处不愉快的挫折了,是怎么应对的;重要考试考砸了,是怎么应对的;身体出了状况等,是怎么应对的等等。笔者一直记得,在大学时期有位同学沉迷于网络,不幸在第一学期有几门课程挂起了红灯;在这一挫折之下,他没有沉沦,而是由此奋发,真的是"三更灯火五更鸡"的努力,在第二学期毫不意外地获得了班级第一名的好成绩,特别是统计科目的得分在班级可谓是遥遥领先。这在班上给了另外的同学非常大的触动,在知道成绩的那一刻,这一学期成绩下降的同学都受到了非常大的激励,班上成绩不错的同学也"心里咯噔一下"。班上由此形成了你追我赶的学习氛围,这让班主任老师也大为感动。所以,身边榜样的力量真的是非常强大,这比老师苦口婆心讲几个小时的大道理都有效。

现在的学生对互联网和各类社交平台的应用较为广泛,可以利用学校广播站、校报、微信公众号、网站等途径宣传身残志坚或遭遇挫折不屈服的优秀学生的例子,也可以开展交流分享会等,让大家更近距离地了解优秀事迹。同时,我们要知道,宣扬身边的优秀学生案例,并不是要求人人都要变得和他们一样,而是希望学生能学会应对自身的挫折,学会调整期望值,学习同学应对挫折的方法等,这就达到了教育的目的。

综上,无论是名人,还是老师或同学,其应对挫折时的态度和行为都会对同学面对挫折时的认知、情绪和行为等产生重要的影响。因此,学校要有意地挖掘一些可复制的榜样事件,利用榜样的力量增强学生克服困难、战胜挫折的信念与决心,帮助学生提升抗挫折能力。

三、加强学校心理辅导

无论是加强学校的心理普测、心理讲座、心理知识宣传活动,还是注重个别心理辅导,都可以在学校营造起重视心理健康、重视抗挫折能力的氛围。无论是大学,还是中学、小学,通过加强学校心理辅导来帮助学生提升抗挫折能力都是非常必要且重要的。学校心理辅导,既要重视开展正面的、预防性的提升挫折耐受力、挫折排解力的教育活动,也要重视可以帮助学生解决问题的事后补救的工作,以帮助学生提升挫折排解力和挫折成长力。

虽然心理辅导可以很好地帮助学生耐受挫折、排解挫折并从挫折中获得成长,但当前各个学校心理辅导中心发挥作用的情况不一:有些学校的心理辅导中心应接不暇,但也有些学校的心理辅导中心门可罗雀。为了更好地发挥心理辅导中心的作用,可以考虑从硬件和软件两方面来加强学校心理辅导,为学生创建有利于提升抗挫折能力的心理氛围。

(一) 加强心理辅导中心的"硬件"建设

温馨的环境可以让学生身心愉悦,感受如家的温暖。心理辅导中心要做好硬件环境的建设,设置专门的场地,保证有良好的私密性,并做到环境优雅、温馨。当前,在大多数的小学、初中、高中和高校都设置有学校心理辅导中心,但由于各校条件不一,可能各个学校心理辅导中心的硬件配备差异较大。

笔者所在学校的心理辅导中心非常重视心理辅导硬件环境的建设。近期在装修之后,笔者应心理辅导中心老师的邀约去参观,到那里的第一感觉就是非常的温馨、放松,非常愿意待在那里休息一会儿。可以设想,同学在遭遇挫折之后来到心理辅导中心,在那里是非常容易获得安全感,获得成长的力量的。

（二）加强心理辅导中心的"软件"建设

除了心理辅导中心主动发起的宣传教育活动之外,在大多数情况下,都是学生遭遇了挫折之后到心理辅导中心来寻求帮助。心理辅导中心老师的专业水平面临着非常大的考验。

首先,要保证有足够的心理辅导人员并提高心理辅导人员的专业性,这是"软件"建设首当其冲的问题。学校心理辅导中心工作人员的职业素养和工作方法等,对心理辅导提升学生抗挫折能力的实际效果有着关键的作用。当前,很多中小学的心理辅导中心工作人员由其他课程的教师兼任,专业程度有待提升。此外还由于一些学校的心理辅导人员得不到足够重视、付出得不到相应回报,造成学校心理辅导中心的人才流失。所以,学校要重视心理辅导中心的工作,定期开展针对心理辅导人员的培训提升课程,提升其专业的心理辅导知识和技能;提高心理辅导人员的待遇,设立考核评审制度,将工作与绩效挂钩,从而提升其工作积极性;推动心理辅导人员在学生遇到挫折时采用有效的方法进行引导,从根本上帮助学生解决问题,提高学生抗挫折能力。

其次,在保证个别辅导的基础上,可以考虑安排人员开发并维护专门的网站及微信公众号、微博等。还可以按期组织参观体验活动,帮助学生更多地了解心理辅导中心,更多地了解抗挫折能力。在学校教育工作中,比较值得推崇的做法就是,在学生初入校园时即对学生的抗挫折能力等进行测量,建立心理档案,对抗挫折能力低下的学生给予特别的关注。

第三,在家校之间、学校与医院之间建立起顺畅的沟通渠道,必要的时候协同家长、医生等来帮助学生排解遇到的问题。做好家校沟通并在学生接受心理辅导之后保证追踪回访,了解学生对于所遇到挫折的解决情况。与医院建立起稳定的合作关系,在遇到较为复杂的问题时,可以快速转介。

第四,在进行心理辅导的过程中,要注意做好保密工作。在听取学生遇到的挫折之后,根据每个学生的性格特点采取措施,帮助学生提高挫折排解力;在一段时间之后进行回访,如果学生的问题有所解决,可以进行总结教育,让学生反思在此过程中的心理变化和提升,提高学生的挫折成长力。

当前社会对人才的要求日益提高,学生们只有各方面都得到全面发展,才能在激烈的社会竞争中占据一席之地。抗挫折能力是个人能力的重要部分,是个人面对困难和挑战并从中得到成长所必须具备的能力。学校不仅要承担知识传授的功能,还要兼顾学生各方面发展,培养其独立面对挫折、排解挫折并从中得到收获和成长的能力。只有这样,才能推动学生社会化,让学生在走出学校、踏入社会后具有更强的竞争力。可以说,在提高学生抗挫折能力方面,学校要义不容辞地承担起守卫者的重要责任。

总之,学校教育对抗挫折能力提升发挥促进作用。学校要注意发挥好课程教育的作用,发挥学校课外活动的作用,加强学校心理辅导,营造良好的学校氛围,从多方面来为学生提升抗挫折能力保驾护航,做学生抗挫折能力的守卫者。

第十章 社会——抗挫折能力的保障者

社会教育是家庭教育和学校教育的补充和延伸,是我国对大中小学生进行教育的重要方式。相对于家庭教育和学校教育来说,社会教育涉及的范围更为广泛,教育内容更为丰富多彩,途径和方法也更为灵活多样。特别是在社会快速发展的当下,社会教育中丰富的资源可以在学生抗挫折能力提升方面发挥重要的作用。对学生抗挫折能力提升来说,在政府的调控和引导之下,比较直接的社会教育资源体现在社区、青少年活动中心及图书馆、博物馆、美术馆、档案馆等公共文化服务机构,以及心理咨询机构和危机干预机构,而大众传媒也会起到非常重要的作用。社会应在帮助学生提升抗挫折能力方面提供保障性环境、保障性物资,发挥保障者的作用。

第一节 发挥政府的调控作用

大中小学生抗挫折能力的提升是全社会都关注的重要话题。政府部门应该从高层的角度、前瞻性地发挥出调控的作用,建立并维护良好的社会大环境,从而为大中小学生抗挫折能力提升和健康成长保驾护航。

一、完善相关政策法规

在大中小学生抗挫折能力提升方面,如果学生在遇到挫折时能有法可依、有政策可循,这可以给学生提供一种重要的安全感。抗挫折能力的提升离不开顶层的设计,只有国家层面有了良好的设计,才能有基层的贯彻执行。当前,抗挫折教育正日趋成为社会公众所关注的热点。故而,需要政府在宏观调控上做好引领者的角色,倡导建立、健全合理的抗挫折教育机制,结合时代发展并就大中小学生所面临的抗挫折教育问题出台相应的政策法规,协调多方面资源与各方教育力量,以便为大中小学生抗挫折教育提供常态化的管理,从整体上搭建起一个与挫折教育相关的、相对全面的保障机制。

(一) 制定或完善便于学生求助的法律法规

为了保护未成年人身心健康,保障未成年人合法权益,促进未成年人德智体美劳全面发展,对未满十八周岁的公民,已经有了《中华人民共和国未成年人保护法》[①]的全面呵护。该法从总则、家庭保护、学校保护、社会保护、网络保护、政府保护、司法保护、法律责任和附则九个方面,教育和帮助未成年人维护自身合法权益,增强自我保护意识和能力。该法可以在中华人民共和国中央人民政府网站上非常方便地查询到,也可以从本页脚注网址前往查看。这对许多大中小学生来说,是在遭遇挫折之后可寻求到的重要保障。

但是,对于已满十八周岁的学生来说,还需要更适合的法律法规的保护。以及,现有的许多法律具有普适性,显得较为高大上,这虽有其好处,但在许多学生有需要的时候,却并不能及时查询到适合自己使用的法律法规。当前,有不少学生在遭遇挫折之后,不知道如何查找和应用相关法律法规来维护自己的权利。比如,大学生在打工、实习过程中可能遭遇侵权并受到损害,这有可能是物质上的损害、金钱上的损害,也可能是精神上的损害。许多的学生由于不知道如何求助,只能忍气吞声,自己默默承受挫折的打击,显得抗挫折能力较为低下。再如,学生在肖像权、名誉权、隐私权等受到侵害时,在希望获得法律法规的帮助时,是否能够方便地查询到适用的法律,是否能有法可依而不是求助无门,这也对学生抗挫折能力的提升具有重要的影响。所以,从社会层面来看,是否有完备的法律法规是提升学生抗挫折能力的重要因素。如若相关政府部门能建立或完善相关政策法规,则可以为学生的成长提供必要的保障。

(二) 促进抗挫折教育相关政策时代化、透明化

伴随着社会的快速发展以及西方多元价值文化的冲击,学生们所面临的挫折

---

① 中华人民共和国未成年人保护法 [EB/OL]. http://www.gov.cn/xinwen/2020-10/18/content_5552113.htm.

类型也日趋多样,理想与社会现实带来的巨大落差影响着大中小学生群体应对挫折的能力。通常而言,大中小学生抗挫折能力的具体培养工作是在家庭与学校之中进行的,但政府在这个过程中起着宏观把控的作用。政府应该努力在大中小学生抗挫折能力提升的过程中发挥保障作用,如政府应结合各级学校现有的挫折教育的总体状况,基于大中小学生群体的抗挫折能力水平与社会反馈,针对其不足之处,及时调整挫折教育相关政策,使相关政策具有时代化的特色。

政府需要关注并帮助大中小学生解决面临的主要挫折,以公开透明化的信息管理来帮助学生认识社会现实,提升自我。以大学生毕业生群体为例,许多毕业生为就业难、找不到适合的工作而备感挫折。可以说,这个问题已成为近几年的热议话题,关注度高居不下。如何解决这个问题? 除去大学生本身积极提高自身能力与素质外,还需要政府的扶持,如增设就业岗位,完善就业相关的政策法规,创设公平竞争的就业环境,拨付资金支持创新型大学生自主创业等。政府还应协同多方力量,帮助大学生毕业群体客观厘清就业形势,树立合理的就业预期。比如,教育部办公厅《关于开展 2022 年高校毕业生就业创业政策宣传月活动的通知》[1]、教育部办公厅《关于高等学校做好 2022 年开发科研助理岗位吸纳毕业生就业工作的通知》[2]、教育部办公厅《关于举办 2022 届高校毕业生就业促进周开展"百日冲刺"系列活动的通知》[3]等,这样的信息公开、透明,可以帮助学生了解信息、认清形势,提升抗挫折能力。

二、注重社会导向

"全社会应当树立关心、爱护未成年人的良好风尚。"政府及相关部门应当注重引导形成良好的社会风尚,为大中小学生提升抗挫折能力并健康成长提供良好的保障。

在《中华人民共和国未成年人保护法》"第六章 政府保护"中,我们可以看到

---

[1] 教育部办公厅《关于开展 2022 年高校毕业生就业创业政策宣传月活动的通知》[EB/OL]. http://www.moe.gov.cn/srcsite/A15/s3265/202204/t20220406_614120.html

[2] 教育部办公厅《关于高等学校做好 2022 年开发科研助理岗位吸纳毕业生就业工作的通知》[EB/OL]. http://www.moe.gov.cn/srcsite/A16/s3340/202205/t20220520_628957.html

[3] 教育部办公厅《关于举办 2022 届高校毕业生就业促进周开展"百日冲刺"系列活动的通知》[EB/OL]. http://www.moe.gov.cn/srcsite/A15/s3265/202205/t20220509_625938.html

各类政府保护的规定,如"各级人民政府应当发展职业教育,保障未成年人接受职业教育或者职业技能培训,鼓励和支持人民团体、企业事业单位、社会组织为未成年人提供职业技能培训服务。""国家建立性侵害、虐待、拐卖、暴力伤害等违法犯罪人员信息查询系统,向密切接触未成年人的单位提供免费查询服务。""地方人民政府应当培育、引导和规范有关社会组织、社会工作者参与未成年人保护工作,开展家庭教育指导服务,为未成年人的心理辅导、康复救助、监护及收养评估等提供专业服务。"等相关内容。在政府相关部门提供的保障之下,学生们才能免受较大挫折的侵扰,才能在遭遇挫折之后有申诉的渠道。

学生挫败情绪的产生是基于对客观环境的感知。当个体在环境中觉知到无力时,会衍生出挫败感很强的情绪并想要逃避挫折,因此,挫折相关环境的改善能够为个体提供减少挫折产生的客观条件,减轻挫折对于个体的负面刺激。社会各机构要引导大中小学生对客观事物及挫折情境持有正确的认识:一次失败不能代表全部,失败过后不要自暴自弃;人生道路总归是崎岖不平的,成功的方式还有许多;要在挫折中汲取教训,避免重蹈覆辙,善于将逆境化为个人成长的动能。

(一) 重视社会挫折教育走向

社会是天然的挫折情境教育创设地,不同于大中小学生在校所接受的理论性教育,理论和实践相结合是对大中小学生进行挫折教育的一个重点。理论的掌握与实践中挫折的应对并非是对等的,二者之间还存有相当的差异性。不得不说,抗挫折能力多是在社会实践活动中逐渐提升的。但是需要注意的是挫折教育并不意味着一味打压大中小学生的自尊心与自信心,将挫折情境创设在不合理基础上的做法只会适得其反。在社会的"教育要从小抓起"的倡导下,"鸡爸""鸡妈""虎爸""鹰爸"等典型家长的不断涌现,让本就抗挫折能力不够强的大中小学生更加消极退避,挫折教育的效果也适得其反。抗挫折教育的目的是培养大中小学生坚韧的性格,提升其挫折耐受力、挫折排解力与挫折成长力。社会也并非持续性地为大中小学生群体创设挫败情境,而是意图通过创设挫折情境让大中小学生提高挫折耐受力,并帮助其进一步成长。这就要求政府、社会等多方力量能够在大中小学生失败时引导其正确分析原因,努力战胜挫折,在实践中不断提升抗挫折能力。

(二) 拓展抗挫折教育宣传形式

政府应加大资金投入宣传力度,扩充与挫折相关的心理健康知识宣传,通过帮助大中小学生辩证地看待现实中遇到的各种困难与挫折,形成良好的挫折观;使其明白挫折对于人生的意义,从而以更加积极的心态去面对挫折,提升总体抗挫折能力。大中小学生群体获取信息的途径是多方面的,加大宣传资金的投入能够拓展抗挫折能力宣传形式的多样化,以保证大中小学生群体获取到更多的宣传内容,督促个体的发展及行为能够符合相应的社会道德规范及主流价值观的要求,从而避免或减少挫折。《中华人民共和国未成年人保护法》中规定:"网信部门及其他有关部门应当加强对未成年人网络保护工作的监督检查,依法惩处利用网络从事危害未成年人身心健康的活动,为未成年人提供安全、健康的网络环境。""新闻出版、教育、卫生健康、文化和旅游、网信等部门应当定期开展预防未成年人沉迷网络的宣传教育,监督网络产品和服务提供者履行预防未成年人沉迷网络的义务,指导家庭、学校、社会组织互相配合,采取科学、合理的方式对未成年人沉迷网络进行预防和干预。"①政府要严厉打击网络违法行为,积极倡导正确的主流价值观,引导网络舆论的正向传播,使大中小学生群体在网络中能够接受、获取正面的网络道德教育,引导其价值观的正确走向,使其处于优良、文明、和谐的网络环境中。这样,社会就可以在安全的网络环境中拓宽抗挫折教育的渠道、丰富抗挫折教育的形式了。

第二节 构筑社会支持系统

社会支持的含义较为广泛,包括物质支持、情感支持和信息支持等。物质支持,如来自父母、亲友的物资或金钱等方面的支持;情感支持,如他人给予的情感上的安慰和支持;信息支持,如从他人那里获取信息或解决问题的建议和指导。社会支持能够为个体提供应对挫折时的物质与心理帮助,能够缓冲挫折对个体的直接打击,构筑起一道外围屏障来帮助个体战胜挫折、排解挫折,帮助个体在挫折中成长。因此,构筑社会支持系统是增强抗挫折能力的一个重要途径。

个体在遭遇挫折之后,可以从家人那里获得毫无保留的支持。父母对孩子在经济上、情感上、信息上等的支持,可谓是最为纯粹的了。对于学生来说,老师的经

---

① 中华人民共和国未成年人保护法[EB/OL]. http://www.gov.cn/xinwen/2020-10/18/content_5552113.htm.

历相对丰富,学识相对渊博,能冷静地指导学生应对生活中的种种挫折,来自老师的情感支持和信息支持对于学生来说是非常重要的。而来自同学、朋友的支持,对学生来说是非常容易获得的。许多学生在遭遇挫折之后,不愿意找家长,不敢找老师,相对来说,找同学、朋友的心理压力就小许多,这也是许多学生有问题愿意找同学朋友的缘故。同学朋友的分析可以为学生多一条思路,在倾诉中也可以宣泄一些不良情绪。所以,在当今关于社会支持的量表测量中,得到最为广泛使用的量表——多维感知社会支持量表——是从家人、重要他人(如老师)、朋友这三个方面来构建社会支持的维度的。

但从社会的角度,也有许多能为学生提供社会支持、能为学生抗挫折能力提升起到保驾护航作用的机构。如果能构筑起抗挫折教育社会支持立体网络,形成家庭、学校、社会的强大合力,多方面齐抓共管、各司其职,自然能对大中小学生抗挫折能力的提升起到非常良好的作用。特别是对于一些特殊群体的学生,譬如贫困学生、心理有问题的学生等,仅仅依靠家庭或学校这两方难以彻底解决问题;如果能多方协同努力,构建良好的多方沟通机制,由多方及时了解学生的信息,协助其找出症结、解决问题,则可以构筑起强大的社会支持体系。

在社会层面能发挥出较为明显作用的是社区、青少年活动中心和心理咨询机构。从预防的角度来说,社区、青少年活动中心的日常活动可以为大中小学生提供知识储备,起到提升抗挫折能力、预防心理危机的作用;而从求助的角度来说,心理咨询机构则可以为大中小学生提供一个释放挫折压力的场所。我们知道,抗挫折能力差的学生一般都具有一定的外在行为表现,如果不及时加以干预,可能会进一步诱发心理危机,引发极端行为。社区、青少年活动中心和心理咨询机构都是相对容易发现学生特殊状况的地方,从而也是可以为大中小学生提供帮助的场所。

一、社区

社区是大中小学生日常生活的地方,对学生有着潜移默化的影响。运行良好的社区心理健康服务可以为学生们提供学习心理健康理论知识、促进人际交往的场所,从而可以为大中小学生群体抗挫折能力的提升提供基本的保障。

西方国家与此相关的研究与建设起步较早。如美国、英国等拥有成熟的理论和专业化的工作机构和人员,形成了以政府为主导的、较为完善的社区心理健康服务体系。① 美国在注重与卫生事业结合的同时,社区心理相关的服务也在开展之中,其心理健康服务呈现出社区与医疗服务紧密结合的特点。瑞典则是以政府为主导建立社区心理健康服务体系,心理健康服务的重心不断向基层下移,注重发挥医患自身的能力。另外,如澳大利亚等也基本实现了社区心理健康服务的全覆盖,并形成了一套相对完整的理论体系。毕竟,西方社区心理学研究已有 50 余年,而我国对社区心理学的研究还处于学科新建阶段。②

当前,我国的一些大城市在既有的社区治理实践中已经有了一定的心理健康方面的社区服务和社区参与。特别是在一些新兴的社区,已经将心理健康作为社区服务的重要内容。《文汇报》就有相关的报道,如上海正在全面试点推进心理咨询服务点进社区、下基层,让老百姓在身边就可及、可达心理资源服务,化开"心结"。截至 2021 年 3 月底,虹口辖区内的三级心防网(虹口区精神卫生中心—社区卫生服务中心—市民驿站及居委会)的建设已卓有成效,8 个街道的市民驿站均涵盖心理咨询服务,辖区内的居委已有 2/3 的点位建立"心有彩虹"心理咨询点,为辖区居民提供便利可及的心理咨询服务③。在笔者到社区参观时,的确在多个睦邻友好社区见到了心理健康方面的服务配置。

不过,当前社区居民心理健康服务的需求较大,社区还难以完全满足居民的相关需求;且社区的关注点重在老年人,而对大中小学生的关注度还不够。所以,对如何前瞻性地帮助学生提升抗挫折能力,加大宣传力度,更多地组织相应的活动等方面,仍需进一步提升。初步地,也许可以从以下几方面来提升相关服务。

(一) 提高社区心理健康服务标准

社区可建立健全心理健康教育服务体系和相关机构,自上而下地落实各种政策精神。如,可以开展心理健康教育预防普及和宣传教育工作,健全面向社区居民的个体心理档案和咨询疏导工作;基于居民个体诉求的多样化来开展心理相关服务,依托相关心理机构来及时监测个体心理动态变化;及时发现个体心理问题,促使个体接受心理相关诊疗服务,以防止极端情况的出现。这样,自然可以对社区里的大中小学生抗挫折能力提升起到促进作用。

---

① 赵彩霞,徐明生. 国外社区心理健康服务的发展现状及启示[J]. 科技资讯,2020(20):219 - 218.
② 刘敏岚,邓荟. 社区心理服务:一种社会精细化治理的路径[J]. 天津行政学院学报,2018(1):61.
③ 有心结打不开? 去找"身边这道彩虹"! 上海试点心理咨询服务点进社区[EB/OL]. https://wenhui. whb. cn/third/baidu/202104/08/399258. html.

(二) 开展社区抗挫折能力提升的经验交流会

社区是社会教育的主要担当者,可以由社区牵头,邀请抗挫折教育专家定期、定时到社区来开展提升抗挫折能力的讲座,并邀请或组织社区成员参与,以期为大中小学生群体的挫折教育提供范例和经验。这种促进相互交流的经验交流会,也可以让人们在实践交流中丰富抗挫折的经验。如以前有某学生为近视而备感挫折,在学校时一直没有机会或是不愿意与同学交流这个问题,但在社区组织的某次经验交流会中,他一是发现有与他有同样困惑的邻居,二是听另外的邻居介绍了几位专门治疗近视的医生,由此他积累了几年的心结逐渐解开了,挫折感减少了,抗挫折能力也提升了。

(三) 提供多样化社区心理健康服务

社区的心理健康服务应考虑到大中小学生及其家长不同的挫折类型及心理需求,尽量使服务内容多样化。大中小学生及其家长的挫折可能涵盖亲子关系、学习压力、求职择业等,故而社区心理健康服务的内容要在开展心理测量的基础上,贴近实际、采取不同方式帮助社区成员破除心理障碍,提升其总的抗挫折能力。社区心理类健康服务除了理论宣讲、理论指导,还可以多从组织心理活动上下功夫,让社区心理健康服务百花齐放,满足居民的多种需求。

在湖南省党网"红网"上的一个案例就非常好地展示了这种多样化服务的做法:为帮助社区青少年正视挫折,摆脱挫折带来的负面情绪,培养他们积极勇敢面对挫折的乐观态度,长沙市某社区携手志愿者协会,组织举办新时代文明实践志愿服务"满天星"行动暨"直面挫折 阳光成长"挫折教育课堂。活动中,志愿者老师通过演绎日常学习、交友、与父母的冲突等生活中的真实场景,引导孩子们在遇到挫折时换位思考,用智慧巧妙地化解挫折。伴随丰富的案例、生动的图文,志愿者老师从"挫折教育"和"自信面对"两个方面展开,让青少年感悟挫折的双重性,提高青少年心理承受能力。最后,志愿者老师带领孩子们用棉签和颜料绘制出一幅幅梅花棉签画,朵朵梅花提醒着孩子们在遇到挫折时要有不屈不挠的精神,像梅花一样顽强坚韧,最终克服困难。"此次教育活动不仅让青少年经历了一次愉悦的心灵之旅,还提高了他们的心理健康水平,为其今后的学习和生活打下了良好基础。同时,活动还传递了正能量,引导青少年树立正确的世界观、人生观、价值观,对培养辖区青少年积极乐观心态、营造和谐社区氛围有着重要意义。"该社区相关负责人表示,青少年教育是家庭和社会的共同责任,需要学校、家庭、社区多方沟通、相互推动、功能互补。下一步,社区将持续关注青少年教育问题,探索构建家校社"三位一体"的教育模式,通过互动、融合形成教育合力,引导青少年在学校生活、家庭生活、社会生活中健康成长[①]。再如,为扎实开展青少年心理健康教育进村(社区)工作,提高未成年人的抗挫折能力,某社区开展以"直面挫折,我能行"为主题的青少年健康教育活动[②]。如果许多的社区都能组织这样的活动,则可以为大中小学生抗挫折能力的提升提供具有保障性的环境。

二、青少年活动中心等机构

《中华人民共和国未成年人保护法》第四十四条指出:"爱国主义教育基地、图书馆、青少年宫、儿童活动中心、儿童之家应当对未成年人免费开放;博物馆、纪念馆、科技馆、展览馆、美术馆、文化馆、社区公益性互联网上网服务场所,以及影剧院、体育场馆、动物园、植物园、公园等场所,应当按照有关规定对未成年人免费或者优惠开放。"从这一段话中,我们可以非常清楚地发现,以上这些单位都是对学生成长有着重要作用的地方,也正是对提升学生抗挫折能力具有非常重要作用的地方。

当前的大中小学生很少体验过老一辈的困苦,几乎都是衣食无忧,从根本上导致其经受挫折的可能性大大降低;加之活动体验缺乏,在遭遇挫折之时容易陷入困顿。在大中小学生成长过程中,以上的这些单位都是可以为学生们提供锻炼、试错的地方。如果这些单位都能有意识地为学生提供锻炼的机会,自然可以构筑起强大的社会支持系统。

以青少年活动中心为例,在大中小学生的日常生活中,青少年活动中心是有着非常重要的地位和作用的,毕竟许多的学生都在这里度过了非常开心的时刻。若青少年活动中心有意识地设计好相关活动,是可以为辖区内学生抗挫折能力的提升起到重要作用的;青少年活动中心优良的师资、丰富的活动可以为大中小学生抗挫折能力的提升提供不少的保障。

---

① 青少年如何直面挫折?这场教育活动让他们收获了"秘笈"[EB/OL]. https://baijiahao.baidu.com/s?id=1737585854103625369&wfr=spider&for=pc.
② 中牟团讯. 青心服务|听篌街社区开展直面挫折,我能行—青少年心理健康教育活动[EB/OL]. https://mp.weixin.qq.com/s/uMUhFJ6YhzxPS1udCpdYng.

（一）承担社会教育责任

作为重要的社会教育机构，青少年活动中心应承担起教育责任，管理、指导区内中小学、幼儿园开展课外活动，或直接为学生提供丰富的课外活动。青少年活动中心应主动探索课外教育活动的新模式，将区内各教育资源相整合，提升青少年活动中心社会教育的内涵和质量，为学生抗挫折能力的提升发挥出应有的作用。应该说，青少年活动中心的许多活动都挺有难度的，比如声乐、乐器、科技等，大中小学生在参与活动的过程中难免遭遇挫折，或是考试未达到要求，或是排练或活动时没有达到老师的要求等，这都是一次次的挫折、一次次的锻炼。青少年活动中心也可以为学生组织抗挫折能力方面的讲座，如某市的青少年宫的"未成年人健康成长指导中心"邀请长期从事家庭教育的心理专家为少年儿童及家长们带来一场主题为"如何对孩子进行挫折教育"公益教育讲座[①]。

青少年活动中心还应以丰富的社会实践机会促进实践活动与学习、就业相结合，增强实践效果，帮助大中小学生客观认识自我和社会现实。社会实践旨在帮助大中小学生将理论与实践密切结合，在实践中检验理论，并通过社会实践来了解社会、服务社会，增强对理论知识的内化吸收。在此类社会实践活动中，要特别注意引导大中小学生适度调节其抱负水平，树立合理的期望标准。抱负水平的合理设置关系到学生的挫败情绪，影响着个体的抗挫折能力。青少年活动中心可以通过社会实践，引导大中小学生设立合理的奋斗目标，建立一定的抱负水平。抱负水平的设置有一定的科学性，要避免长期目标太高或太空泛而带来长期挫败感，也要避免因短期目标太高所带来的压力，当然也要避免目标太低的危害。只有帮助大中小学生在实践中多动手，才能让其对挫折的理解有切身体验，从而帮助其不断总结经验教训、提升自己的抗挫折能力。要告诉大中小学生，在实践的过程中不要畏惧失败，对挫折要有正确的认知，要能化被动为主动，化消极因素为积极因素，将身处逆境的负能量转化为面对挫折、在挫折中加以成长的动能。俗话说，实践方可出真知。经历过挫折的人，比起没经历过挫折的同辈群体应对挫折的能力更强，能在挫折中收获更多，能更快地适应陌生环境。虽然大中小学生在挫折中难免会有诸多消极反应，感到受挫，但从另外一方面来看，挫折亦能让人成长，带给人们诸多终生

---

① 烟台青少年宫举办对孩子进行挫折教育公益讲座[EB/OL]. http://www.jiaodong.net/news/system/2012/05/16/011551896.shtml.

受益的东西。

(二) 联合多方机构共同组织活动

针对当前大中小学生抗挫折能力急需提升的现状,青少年活动中心应注意与学校等多方主体密切合作,通过专业对接、提供实践机会及实践活动的统筹规划,使抗挫折教育成为学生生活的一部分。当前,在具体的实践中还存有一些困难,如缺乏必要的活动设备和场所,实践对象的不理解、不配合等诸多问题,并由此影响到社会实践活动的开展,这就需要青少年活动中心去争取政府与相关社会机构的资金扶持,争取那些可能提供帮助的单位的支持,共同为大中小学生抗挫折能力的提升提供保障。在组织活动的过程中,如果单凭青少年活动中心本身,是难以组织多种多样的活动的,但如果协同多家单位,则可以组织丰富多彩的活动了。譬如,可以联合残障机构组织提供帮助残障儿童的公益性活动,让学生学习弱势群体自强自立的精神;可以联合多家单位,组织学生去参观红色文化场馆、创业基地、中共会议会址等,让学生感受红色文化精神的洗礼,获得课堂上无法得到的体验与震撼。

(三) 完善志愿者队伍

青少年活动中心还可以设立多支热衷于大中小学生抗挫折教育的志愿者队伍。一方面志愿者队伍可以直接为大中小学生提供抗挫折能力提升方面的讲座,服务于大中小学生。我们在网上可以非常容易地搜索到相关新闻,如某青少年活动中心和未成年人心理健康辅导站共同举办"感悟挫折,拥抱阳光"青少年心理团辅公益活动;志愿者老师通过活动让孩子们认识到人生不可能永远都顺利,成长道路上难免有困难挫折,学会应对挫折至关重要,并让孩子们获得战胜挫折的方法[1]。

另外一方面,青少年活动中心可以尝试建立志愿服务小分队,由专业的老师指导或带领大中小学生去做一些志愿服务工作,让他们学会在生活中面对困难,提高抗挫折能力。此外,还有各种社会调查、社区服务等,可以通过拓宽线上志愿与线下志愿相结合的志愿活动形式,帮助学生在行动中来加深对生活的认识,提升社会

---

[1] 未成年人心理健康辅导站举办"感悟挫折,拥抱阳光"心理团辅活动[EB/OL]. https://www.meipian.cn/2hsjvvyn.

责任感、提升抗挫折能力。

另外,在注重引导大中小学生参与社会实践的同时,可加强大中小学生抗挫折教育的课题探究,增强对大中小学生抗挫折教育与心理健康教育的宣传力度,推动社会、志愿者等为提升大中小学生抗挫折能力而保驾护航。大中小学生正处于价值观尚未完整形成的不成熟时期,对于心理健康知识尚不够了解,或由于学习、人际交往等多方面的综合因素容易诱发心理障碍。在这个过程中,不少家长将其视为青春期、不懂事等幼稚行为,可能任其发展,而不会对其予以重视;外加社会对心理疾病污名化的偏见与歧视,导致大中小学生即使出现病态心理症状,也碍于污名化等缘由而不愿去寻求专业帮助与治疗。故而青少年活动中心的志愿者队伍对于心理健康知识的宣传,不应仅仅针对于大中小学生主体,应更广泛地包括大中小学生群体相关的家庭,希望他们能够对于大中小学生中符合或类似的心理病态症状予以重视,及时察觉家庭成员的心理问题,及时予以诊疗。

总之,抗挫折能力的提高,不能仅仅依靠理论知识的获取,更需要学生们积极投身社会实践,在社会实践中加以磨炼。大中小学生只有努力投身社会实践,方能增强处理实际问题的能力,培养自己的挫折耐受力、挫折排解力和挫折成长力。只有让大中小学生多多参与社会实践活动,才能够弥补当前家庭教育和学校教育中关于挫折教育内容过少的现实状况,帮助其更好地适应社会。

三、心理咨询机构和危机干预机构

在政府调控引导、社区和青少年活动中心协同努力之后,还有心理咨询机构和危机干预机构等可以成为提升大中小学生抗挫折能力的最后防线。

预防很重要、实践很重要,治疗也很重要。如果挫折太大、太突然,超过了个体能耐受的范围,个体难以靠自己的能力排解挫折、解决问题,这种时候就需要求助于心理咨询机构或危机干预机构了。

当前,许多的大中小学校都设有心理辅导中心,可以面向校内的大中小学生及教职人员提供相关服务。但不少学生对心理咨询存有认知偏见,觉得寻求心理帮助不正常,或是担心自己的隐私被老师知晓,因而有问题时宁肯自己默默承受也不主动去寻求咨询。所以,社会上的心理咨询机构和危机干预机构就显得非常必要了。

为了帮助大中小学生提升抗挫折能力、解决紧急的问题,心理咨询机构和危机干预机构也要主动作为,为有需要的个体提供必要的社会支持。

(一) 从宏观层面来说,可以从以下几方面来着手

1. 促进心理咨询机构完备化

心理咨询重要而又复杂,相关机构专业人员的素质如何关乎到个体的诊疗效果。故而,心理咨询机构的任职人员需要具备高尚的职业道德和过硬的专业素养。心理咨询机构还要注重心理咨询形式的创新,与时代发展密切结合,开设线上线下预约、咨询通道,多渠道为学生提供心理援助服务。

2. 畅通心理咨询转介绿色通道

便捷、及时的大中小学生心理转介绿色通道能够提升心理疏导效果,最大限度地规避心理问题在大中小学生群体中的发展。在学生有需要的时候,可以方便地从学校心理辅导中心转介到社会上的心理咨询机构;而在问题得到缓解之后,亦能便捷地转回学校心理辅导中心,以获取长期的支持。

3. 完善心理危机应对体系

提升大中小学生的抗挫折能力不仅需要预防心理危机,亦需要完善心理危机应对体系,促进心理危机干预机构的发展。大中小学各不相同,但各年龄段的学生都有遭遇重大心理危机的可能,在出现心理危机、学生抗挫折能力低下的时候,社会上需要有相应的心理危机干预服务。

(二) 从微观层面来说

我们可以从学生个体的角度来看,在抗挫折能力较低、需要特别帮助的时候,专业的心理治疗可以说是最为直接的社会支持方式了。

1. 是接受专业的心理治疗

许多需要帮助的同学,总是兜兜转转,找了许多非专业的医院。其内心的抗拒我们不用多探究,但若想要真正解决问题,去接受专业的心理治疗会比什么都强! 关于查找医院和医生,我们举例如下:

(1) 如果在上海附近,可以去上海精神卫生中心

① 官网为:https://www.smhc.org.cn/。在官网中,可以找到不同院区的专家介绍:https://www.smhc.org.cn/Medicalguide/channels/1262.html

② 挂号网里的链接: https://www.guahao.com/hospital/8296304b-5550-4c20-a434-97e82e19b45e000

(2) 如果在南京,可以去南京脑科医院

① 官网为:http://www.c-nbh.com/。从官网的"专家介绍"里可以查询适合自己的医生,网址为:http://www.c-nbh.com/doctor/doctor.asp。所谓"磨刀不误砍柴工",自己多查询一定是有必要的。大多数的心理疾病可以从医学心理科、精神大科、精神一科、精神二科、精神三科、精神四科里面查找,仔细对比一下看哪位医生比较合适。

② 也可以从"挂号网"查询:

https://www.guahao.com/hospital/a25c8e22-a779-4866-bc50-3b6ae67fbe36000

以上网址都可以到浏览器里具体查询。当然,也可以在百度中输入医院名称之后查询。

2. 该吃药则吃药

看病的确是去看了,但是在吃药的过程中,有人还会有反复:吃药会有副作用,我是否可以自己少吃一点? 我是否可以不要吃这些药了? 我吃了药,也许会长胖,也许会头昏昏沉沉的,也许会……心里无数的疑点飘过,有人就会自行减少药量或停止吃药。

对此,解决的办法依然是:想象一下,如果你现在是得了严重的肺炎、胃病、发烧等等,你会吃药吗? 不吃药,病情会严重,会极大地影响你的健康;吃药的确会有副作用,但是两害相权取其轻,你就会吃药了,对吗? 身体疾病你会吃药,现在是心理的疾病,其实也是一样的。而且,我们的心理与生理有着紧密的联系,你就把自己(若是父母则是把孩子)当作是身体上得了病,该吃药就要吃药。而且,还应该"谨遵医嘱",按时、按量地吃药。每过一段时间,还要复诊,还要再去接受专业的评估。

希望抗挫折能力极低、急需帮助或心理有病的人,能尽快去接受专业的心理治疗,该吃药则吃药,讳疾忌医,于事无补。

第三节 发挥大众传媒的作用

大众传媒是指利用书籍、报刊、电影、电视、网络等诸多形式来传递信息的传播媒体。大众传媒具有传递信息、引导舆论等功能,通过传递心理知识、营造良好的社会心理氛围等可以对学生产生重要的影响。大众传媒的影响范围广泛,时时、处处都在潜移默化地影响着学生的认知。大中小学生所感知到的社会信息,以及认识、处理事情的方式,或多或少都是受大众传媒熏陶的结果。大众传媒对大中小学生的影响并非局限在当前,而是在更早之前,甚至可以追溯到个体的孩童时期。故而,大众传媒对于信息的传播,应选择更为妥当的方式,传播适宜的内容。大众传媒传播的信息、知识等,对大中小学生世界观的形成起着非常重要的作用。这也就潜在地规定了大众传媒要以社会主流价值观为主导,当好媒体守门人的角色,尽可能保证学生从大众传媒中建立起正确、积极的认知基础,形成正确的挫折观。为此,大众传媒需要发挥好自身功能来为提高大中小学生抗挫折能力提供一定的社会支持平台。

一、形成积极的社会舆论导向

大众传媒对人们的影响可谓是渗透到社会的方方面面,影响到社会的每一位成员。由此,大众传媒也能够潜在地引导社会舆论,引导社会成员遵循社会的要求。总体上来说,大众传媒应该注意以下两个方面。

(一)坚持正面宣传为主

大众传媒应积极地回应社会上人们关注的问题,并做到有针对性地进行正面宣传,即从正面的角度,宣传社会上的具有激励作用的榜样人物,为人们树立学习的榜样,让学生们知道应该学习什么、应该怎么做。比如说中央电视台"感动中国"年度人物,无一不是抗挫折能力高强的榜样。其中,与大中小学生年龄接近的人物更可以带来无比的激励作用,如2020年"感动中国"人物江梦南就是一个很好的例子。江梦南在半岁时,因为肺炎误用药物导致神经性耳聋。在几乎完全丧失听力的情况下,江梦南在父母的帮助下通过读唇语来"听"和"说"。她说:"我从来没有因为自己听不见,就把自己看成了一个弱者。"就这样,她克服了重重的挫折,以优异的成绩考上了吉林大学的本科、硕士,并在2018年考上了清华大学的博士。成为博士之后,在学习之余,江梦南还想着要为学校和社会多做贡献,加入了清华学生无障碍研究学会,推广无障碍设施,帮助更多听障人士解决难题。对于这样一位勇于面对困难和挫折的女生,大众传媒的积极宣传可以让更多的同学知道她、学习她,以她为镜来反省自身。

如果在大众传媒中,多多播报类似的正面例子,自然可以为大中小学生们提供学习的榜样。让学生们在面对生活中的挫折时,可以以正面的例子来激励自己。以及,大众传媒还应创新报道的内容和形式,增强报道的吸引力和感染力,让学生们愿意看、愿意学。

(二)负面报道应慎重

关于抗挫折能力的负面报道也经常会在大众传媒中看见,比较极端的就是网络直播自杀了。自杀者也许是想借助虚拟网络平台来获取最后的安慰,而网络平台的匿名性使得怀有看客心理的网民们随意发表言论,成为"压死骆驼的最后一根稻草"。而且,一些大众传媒为了吸引眼球,连篇累牍、触目惊心地报道自杀的案例,这无疑会给关注相关新闻的个体带来模仿、示范效应。所以,大众传媒中的负面报道应慎重,并应注意不能过度发布较为细节性的内容。另外,网络中还存在不少的相约自杀群,使原本一人可能不会完成的自杀成为了可能。所以,大众传媒还应该借助大数据等先进的互联网技术来实现对敏感词汇、敏感图片等的监控,并进行即时反馈,从中间机制入手来预防生命事故的发生。

所以,从总体来看,应建立健全社会舆论监督机制,帮助大中小学生们多接触正面的、阳光的,具有较高的抗挫折能力的榜样,并尽量少涉足负面的信息。

二、拓宽宣传渠道

关于抗挫折能力的宣传,各方媒体都能发挥出自身的价值。

(一)图书、报刊

对于大中小学生来说,图书、报纸、杂志等传统的纸质媒体是"天天见面的好朋友"。图书、报纸、杂志是大中小学生获取知识的最重要的方式之一。如果在图书、报刊中能提供科学的提升抗挫折能力的方法,就能让学生在阅读图书、报纸和杂志的过程中轻松收获挫折方面的理论知识,丰富挫折应对的经验。

当前,关于挫折、抗挫折能力的专著还不多,但是,在不少的关于心理健康、心理素质的书籍中,都有关于挫折或抗挫折能力方面的章节或段落。这些内容可以帮助学生们了解抗挫折能力的含义、重要性,知道该如何提升自己的抗挫折能力。

而一些科普性的关于抗挫折能力的图书则不胜枚举了,如名人传记、抗挫折能力培养丛书、漫画等等,它们分别适合于不同年龄段的学生。

在大中小学的语文课本里,许多的课文、故事都是培养抗挫折能力的优良素材,特别是关于抗挫折能力的名言警句、人物故事等。而在其他科目的图书里,也同样具有利于抗挫折能力提升的内容。

若是在培养孩子抗挫折能力的过程中,有意识地利用好图书、报纸、杂志中关于抗挫折能力的素材,则能大大提高效率。

(二)电影、广播电视节目等

电影、广播电视节目、舞台艺术作品、音像制品、电子出版物等,也是传播抗挫折能力常识的重要方式。

在学校里,可以通过广播、电视等来经常性地播放关于克服挫折、健康成长的优秀典型案例,让大中小学通过了解同龄人的事迹来受到感化,增强认识挫折、耐受挫折、排解挫折的能力,并从挫折中收获成长的信心、勇气和能力。对于学生来说,每天收听广播是获取知识的重要渠道,也是收获抗挫折能力常识的渠道。

当前,许多的电影、电视题材广泛,蕴含着帮助大中小学生成长的素材。大中小学生们在学习之余,看看电影、听听广播、看看电视等,亦能受到潜移默化的影响。

(三)新兴的网络媒体平台

新媒体时代下的互联网是传播关于抗挫折能力知识的优良途径,各类官方媒体可以申请相应的公众号、微博账号等,扩展宣传的范围,增加受众人群。在媒体平台上通过宣传一些榜样模范的先进事迹,用先进事迹、励志故事让大中小学生群体增强战胜挫折的勇气;还可增设抗挫折教育专题来引导大中小学生群体正确应对挫折,强化挫折教育以及了解抗挫折能力的重要性及培养方法。

另外,小红书、哔哩哔哩、知乎等也是重要的媒体平台,当前大中小学生们花费在上面的时间不可谓不多。社会教育在如何"抓住学生的眼球"方面也得多下功夫,可多方发布抗挫折能力提升的方法、案例,并安排专人在网络上与学生进行即时的互动,为学生提供帮助。

大中小学生群体获取信息的途径是多方面的,加大宣传力度、拓宽宣传渠道、让抗挫折能力宣传形式多样化,可以保证大中小学生群体更多地获取到宣传内容,减轻挫折对于大中小学生的负面影响。

总之,社会教育是家庭教育、学校教育的重要补充,稳定的社会资源可以促进学生抗挫折能力的提升,社会教育对抗挫折能力提升发挥保障作用。

第十一章　个体——抗挫折能力提升的主体

古人云：人生逆境，十有八九。在人的一生中，只要有目标、有追求，生活中就有可能遇到或大或小、或多或少、或这样或那样的挫折。每个人都曾体验过成功的喜悦，也一定经历过挫折带来的沮丧。当自身的愿望或目标不能实现时，也就是人生遭遇挫折之际。个体既要有坦然面对挫折的心理，还需要做好积极面对挫折的准备。当目标遇到阻碍或者生活遭遇挫折时，也是个体最为困惑的时候，如果此时个体能够客观地分析情况，及时地调整应对策略、摆脱挫折困境，之后则可能在挫折中获得成长，变得更加坚强。"适者生存，优胜劣汰"，挫折是大中小学生在成长成才道路上必然要遇到的问题，因此提高抗挫折能力就显得非常有必要。大中小学生如果能更好地适应并立足于现代竞争社会，培养起优良的心理素质，提升抗挫折能力，使挫折成为自身成长的新的推动力，就可以从容地面对今后学习和生活中遇到的各种挑战。

第一节　形成积极的认知

如前所述，挫折一般包含挫折情境、挫折认知和挫折反应这三方面要素。在现实生活中，当这三个方面同时具备时，个体就会产生挫折感；但有时，即便没有一定的挫折情境，如果个体具有不恰当的挫折认知，也会产生一定的挫折反应。挫折反应的大小和严重程度，与个体对挫折的认知密切相关，所以大中小学生在以往社会生活中所形成的认知结构对挫折是否产生以及挫折反应的强度具有重要的影响作用。特别是当大中小学生主体认知不当，或者在主观认为遭遇挫折时，将会容易产生负面的挫折情绪。因此，大中小学生对挫折情境的合理认知对于提升他们的抗挫折能力有着至关重要的作用。

一、树立正确的挫折观

挫折观,即个体对挫折的认识和评价。个体在遭受挫折之后,是否会产生强烈的挫折感和挫折反应,是否能经得起挫折的打击,不仅在于挫折本身的性质和程度,更重要的是个体对挫折的认知和评价如何。简单来说,个体是否会产生挫折感、挫折感强度如何,主要取决于个体的挫折观。我们都知道,危机从某个角度看可能不太好,但换一个角度却也可以看成是很好的转机。挫折可以砥砺个体的意志,促使他们深刻反思,从而奋发有为。个体能否从挫折困境中加以转变取决于其对挫折的实际认知,因此树立正确的挫折观是个体有效提升抗挫折能力的重要方法。

(一) 挫折在人生道路上不可避免

挫折具有普遍性。挫折与压力实际存在于每一个人的生活之中,无论在哪里生存着,都会因某种需要得不到满足或某个目标无法实现而产生相应的挫折和压力。挫折是社会生活的重要组成部分,是竞争中普遍存在的现象,如何正确面对挫折与压力同样是每个人都必须面对的人生课题。对于学生个体来说,挫折的产生是学习生涯中不可避免的,也是普遍存在的,从某种意义上来讲也是社会生活中不可或缺的组成部分。大中小学生在学校生活中随时随地都可能遭遇挫折:上课听不懂、考试不及格、被老师批评、被同学耻笑、在活动中出丑、在某个重要的竞赛中失误等等,生活中时时处处都可能遭遇挫折。所以,认识到挫折是不可避免的,对挫折持有平和的心态,这是非常重要的。要知道,即使面对的挫折情境完全相同,不同的个体也是会表现出完全不同的挫折反应的。因此,对于个体来说,对挫折具有正确的认知和评价是非常重要的。大中小学生正是在经历了挫折的磨炼之后,才会获得持续的进步。

(二) 挫折是人生的宝贵财富

"塞翁失马,焉知非福",世界上的许多事情都具有两面性,既有消极的方面,也同样有积极的方面。挫折也是如此。古今中外,世界著名的科学家和政治家都是经历过逆境并从困难中磨砺而来的。逆境是现实世界中客观存在的,关键是如何正确认识和对待。所谓"心想事成""一帆风顺"只不过是人们的希望和理想而已，没有经历过挫折磨炼的人生是不完整的人生，也难以体验到克服困难、获得成功之后的喜悦之情。如果个体能够形成正确的挫折观念，认识到挫折是人生之中的常态，并且能够以一种正确的心态来加以面对，敢于正视面临的挫折，就能够把挫折作为自我不断进取和实现进步的阶梯。中国传统文化蕴含着应对挫折的哲理，挫折是普遍存在的，人在经受住困苦的磨砺之后可以奋发有为。尽管挫折会给我们带来痛苦的经历，阻碍我们学习和工作的发展，但是如果能从挫折中加以学习就可以超越挫折，使之转化为人生的宝贵财富，成为促进自我成长的必要条件，即挫折成长力得到提升。从挫折带给学生的不利方面来看，当学生在遭遇挫折时，会给自身带来痛苦不堪的回忆。但是，挫折又同时会给学生带来积极的结果，如利用挫折培养自己的意志品格，提升自我能力，努力将挫折转化为激励进步的力量。只有学生认识到挫折的积极意义，才能有信心和勇气面对挫折。在学生面对挫折的过程中，他们的性格和意志可以得到锻炼，在摆脱挫折困境中逐渐成长和成才，从而使得挫折成为提升和锻炼自我的机会。相反，如果学生们一直生活在安逸的顺境之中，当遭遇到困难和挫折时，他们就难以应对这些困境。挫折既是一种困境，同时也是一个自我奋发的机会，如果自身积极面对并拥有战胜挫折的自信心，就能够顺利摆脱挫折困境。所以，挫折在大中小学生成长的道路上是难以避免的，是促进大中小学生成长的积极因素，有助于磨砺意志、丰富个人经历和增长能力，为增强抗挫折能力奠定基础。

（三）挫折是可以克服和战胜的

个体如果从不同的角度来认知挫折，就会得到截然不同的结论，就如同盲人摸象，所站的角度不同，摸到的大象就会完全不同；又如同摄影，从不同的角度对同一景物拍摄也会得到不同的影像。虽然挫折是学生生活中不可预知和无法回避的，但它却不是不可战胜的，只是"生活中的一个篇章"而已。在学生的整个生命历程之中，除了挫折之外，还有知识的学习、道德素养的养成、自我能力的提升等许多的重要事情需要自我加以关注和尝试。如果学生自身抗挫折能力相对比较弱，那么当他们在面对挫折情境时，就会备感挫折所带来的压力。其实，如果学生能够正确地看待挫折困境或换个角度来看挫折，就容易克服和战胜挫折带来的烦恼；在事后也就会倍加珍惜自身所拥有的挫折体验。如果学生以积极的心态微笑着对待生活和完善自我，就能转化为自身前进发展的动力，这样学校生活幸福体验感就高，也就相应减少了烦恼和挫折感。要相信,挫折是可以克服和战胜的;只要勇敢、坚强,没有什么挫折是不可战胜的。

二、对自己持有积极的评价

为了说明积极的认知评价与抗挫折能力的关系,本研究对 2 790 名大学生和 2 485 名中小学生进行了调研。

(一) 不同学业自评大学生在抗挫折能力上的比较

对不同学业自评大学生在抗挫折能力上的差异进行比较,结果如下。

表 11.1 不同学业自评大学生在抗挫折能力上的平均数和标准差

	学业自评	人数	平均数	标准差
一般抗挫折能力	优等	268	51.66	6.32
	中上	1 075	49.39	6.50
	中等	1 192	48.86	6.60
	中下	207	47.03	7.19
	较差	48	47.38	8.22
	总和	2 790	49.17	6.69
人际抗挫折能力	优等	268	47.05	7.20
	中上	1 075	45.69	6.55
	中等	1 192	45.13	6.69
	中下	207	43.45	7.57
	较差	48	43.29	8.52
	总和	2 790	45.37	6.84
恋爱抗挫折能力	优等	264	51.83	6.79
	中上	1 059	50.71	6.58
	中等	1 173	50.51	6.28
	中下	203	48.73	7.71
	较差	45	47.82	9.05
	总和	2 744	50.54	6.65

表 11.2　不同学业自评大学生在抗挫折能力上的比较(ANOVA)

		平方和	自由度	平均平方和	F值	显著性
一般抗挫折能力	组间	2 924.667	4	731.167	16.73	0.000
	组内	121 730.143	2 785	43.709		
	总和	124 654.810	2 789			
人际抗挫折能力	组间	1 896.454	4	474.113	10.28	0.000
	组内	128 430.384	2 785	46.115		
	总和	130 326.837	2 789			
恋爱抗挫折能力	组间	1 470.756	4	367.689	8.41	0.000
	组内	119 797.071	2 739	43.738		
	总和	121 267.828	2 743			

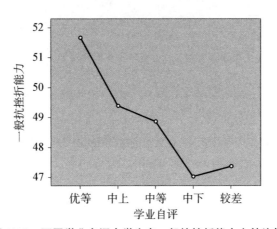

图 11.1　不同学业自评大学生在一般抗挫折能力上的比较

结果表明,不同学业自评学生在一般抗挫折能力上有显著差异($F=16.73$, $p<0.001$)。进一步用 LSD 法进行事后比较,学业自评较差的比优等、中上的低;学业自评中下的,比优等、中上、中等的低;学业自评中等的比优等的低。

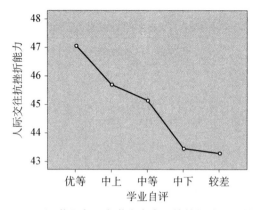

图 11.2　不同学业自评大学生在人际抗挫折能力上的比较

结果表明,不同学业自评学生在人际抗挫折能力上有显著差异(F=10.28, $p<0.001$)。进一步用 LSD 法进行事后比较,学业自评较差的比优等、中上的低;学业自评中下的,比优等、中上、中等的低;学业自评中等的比优等的低;学业自评中上的比优等的低。

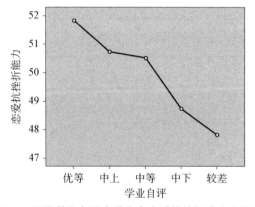

图 11.3　不同学业自评大学生在恋爱抗挫折能力上的比较

结果表明,不同学业自评学生在恋爱抗挫折能力上有显著差异(F=8.41, $p<0.001$)。进一步用 LSD 法进行事后比较,学业自评较差的比优等、中上、中等的低;学业自评中下的,比优等、中上、中等的低;学业自评中等的比优等的低;学业自评中上的比优等的低。

以上研究表明,不同学业自评学生在抗挫折能力上差异较大。总体上看,都是学业自评越差,抗挫折能力越低。这说明,个人对自己学业的评价与抗挫折能力有着密切的联系。

(二) 不同学业自评中小学生在抗挫折能力上的比较

对不同学业自评的中小学生在抗挫折能力上的差异进行比较,结果如下。

表 11.3 不同学业自评中小学生在抗挫折能力上的平均数和标准差

	学业自评	人数	平均数	标准差
挫折耐受力	自评学业优	623	9.95	2.244
	自评学业良	1 252	8.93	2.276
	自评学业合格	437	8.06	2.520
	自评学业须努力	173	8.03	2.670
	总和	2 485	8.97	2.434
挫折排解力	自评学业优	623	10.09	1.981
	自评学业良	1 252	9.54	1.895
	自评学业合格	437	9.05	1.972
	自评学业须努力	173	8.76	2.235
	总和	2 485	9.53	1.995
挫折成长力	自评学业优	623	14.41	2.279
	自评学业良	1 252	13.35	2.544
	自评学业合格	437	12.72	2.759
	自评学业须努力	173	12.28	3.091
	总和	2 485	13.43	2.642
抗挫折能力总分	自评学业优	623	34.45	5.233
	自评学业良	1 252	31.81	5.231
	自评学业合格	437	29.83	5.645
	自评学业须努力	173	29.08	6.133
	总和	2 485	31.93	5.636

表 11.4 不同学业自评中小学生在抗挫折能力上的比较(ANOVA)

		平方和	自由度	平均平方和	F 值	显著性
挫折耐受力	组间	1 108.769	3	369.590	67.398	0.000
	组内	13 605.028	2 481	5.484		
	总和	14 713.796	2 484			

续 表

		平方和	自由度	平均平方和	F值	显著性
挫折排解力	组间	398.411	3	132.804	34.727	0.000
	组内	9 487.966	2 481	3.824		
	总和	9 886.377	2 484			
折成长力	组间	1 053.306	3	351.102	53.488	0.000
	组内	16 285.550	2 481	6.564		
	总和	17 338.856	2 484			
抗挫折能力总分	组间	7 292.245	3	2 430.748	84.199	0.000
	组内	71 623.799	2 481	28.869		
	总和	78 916.044	2 484			

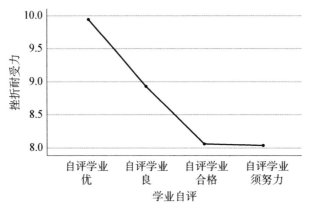

图 11.4 不同学业自评中小学生在抗挫折耐受力上的比较

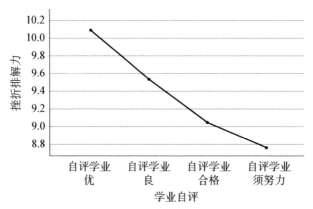

图 11.5 不同学业自评中小学生在挫折排解力上的比较

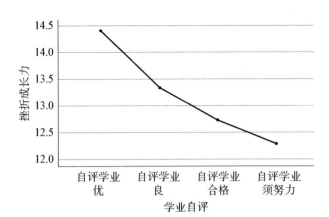

图 11.6　不同学业自评中小学生在挫折成长力上的比较

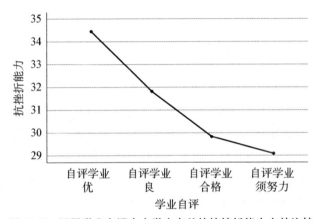

图 11.7　不同学业自评中小学生在总的抗挫折能力上的比较

结果表明,不同学业自评学生在挫折耐受力(F=67.398,$p<0.001$)、挫折排解力(F=34.727,$p<0.001$)、挫折成长力(F=53.488,$p<0.001$)和总的抗挫折能力(F=84.199,$p<0.001$)上都有显著差异。进一步用 LSD 法进行事后比较,在挫折耐受力、挫折排解力、挫折成长力和总的抗挫折能力上,都是学业自评优的比学业自评良、合格、须努力的高;学业自评良的比学业自评合格、须努力的高。

以上研究说明,为了提升抗挫折能力,学生个人要在日常的学习生活中形成较为积极的认知,对自己持有积极的评价,切不可悲观消极、自怨自艾。

三、遭遇挫折后的自我调适

校园生活中,挫折的发生常常是不期而遇、难以避免的,但这并不意味着学生在面对挫折情境时只能消极被动地容忍。相反,个体如果能够合理调整自己的期望水平、改变自身思维定式、提高心理素质等,则完全可以有意识地培养、锻炼自己的抗挫折能力。这对于学生适应学习生活起着至关重要的作用。

学生在遭遇挫折和困难之后,会采用不同的防御和应对策略加以自我保护,这种自我防御的结果有积极和消极的差别。如果采用恰当的自我调节方式,使自身能够从挫折中汲取前行的力量,这样就能够减轻挫折给自我带来的消极情绪体验,再次获得精神上的满足。然而,如果采用不当的自我调节和应对方式,比如压抑自己的情感、逃避现实等方式,虽然可以暂时性转移和离开当时的情境,但挫折体验还是真实存在的,不仅不能减轻紧张或者焦虑的情绪,反而会造成心理异常,严重的还会影响自身社会适应能力。因此,挫折是人生成长道路上难以避免的,个体需要学会通过自我调适来丰富应对挫折的策略,提高自身抵抗挫折的能力。

(一) 设置恰当的自我抱负水平

一般来说,希望越大,失望就会越大。也就是说,如果个人的期望水平越高,确立了不切实际的期望,一旦失败,那么挫折体验就会越发强烈;但如果期望水平太低,也会对培养抗挫折能力不利,因为期望水平(或自我抱负水平)的高低程度将对个体的学业成绩和工作绩效产生影响。这就需要个体正确评估自我实际能力,设置恰当的抱负水平。个体抗挫折能力可以借助对认知水平高低的调节来加以确定。首先,确定合适的活动目标。恰当的自我期望目标是在开展活动之前对所能实现的成就目标的预估,这种期望值一定是符合自己的智力水平、知识积累和兴趣爱好的。确定适合自身的自我期望目标需要个人了解任务的要求和难度,通过评估自身的能力水平、行为习惯,最后确立可实现的目标。研究表明,个体的动机如果处于中等水平时具有最佳的工作绩效,也就是说,个人在挑战力所能及的目标时表现最佳。恰当的自我期望目标能够有助于学生保持长久的学习热情。其次,适当调整个人的期望水平。个体可依据实现目标任务要求,根据个人认知认真分析自己的优劣势和评估任务难易程度,对于可能的结果作恰当的预期。这样对于可能出现的结果也有较为充分的心理准备,无论成功与否都能够理性接受。所以当大中小学生遇到挫折时,应对自身的目标设置是否得当加以反思,这样才能评估最终挫折是由于任务难度过大而引起,还是内在自我努力程度不足而引起的。

笔者对不同学业期望的中小学生在抗挫折能力上的情况进行了比较研究,结果如下。

表 11.5　不同学业期望在抗挫折能力上的平均数和标准差

学业期望		人数	平均数	标准差
挫折耐受力	希望学业优	2 121	9.14	2.375
	希望学业良	286	8.04	2.480
	希望学业合格	43	7.72	2.814
	希望学业须努力	35	7.91	2.769
	总和	2 485	8.97	2.434
挫折排解力	希望学业优	2 121	9.62	1.973
	希望学业良	286	9.17	1.967
	希望学业合格	43	8.44	2.062
	希望学业须努力	35	8.63	2.522
	总和	2 485	9.53	1.995
挫折成长力	希望学业优	2 121	13.61	2.568
	希望学业良	286	12.51	2.756
	希望学业合格	43	11.86	2.981
	希望学业须努力	35	11.83	3.005
	总和	2 485	13.43	2.642
抗挫折能力总分	希望学业优	2 121	32.37	5.496
	希望学业良	286	29.72	5.608
	希望学业合格	43	28.02	6.073
	希望学业须努力	35	28.37	6.562
	总和	2 485	31.93	5.636

表 11.6　不同学业期望学生在抗挫折能力上的比较(ANOVA)

		平方和	自由度	平均平方和	F 值	显著性
挫折耐受力	组间	414.578	3	138.193	23.977	0.000
	组内	14 299.218	2 481	5.763		
	总和	14 713.796	2 484			
挫折排解力	组间	133.283	3	44.428	11.302	0.000
	组内	9 753.093	2 481	3.931		
	总和	9 886.377	2 484			

续　表

		平方和	自由度	平均平方和	F值	显著性
挫折成长力	组间	507.373	3	169.124	24.929	0.000
	组内	16 831.482	2 481	6.784		
	总和	17 338.856	2 484			
抗挫折能力总分	组间	2 906.809	3	968.936	31.627	0.000
	组内	76 009.235	2 481	30.637		
	总和	78 916.044	2 484			

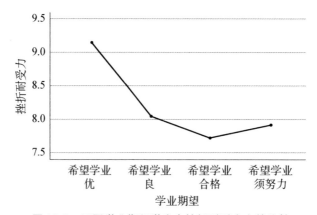

图 11.8　不同学业期望学生在挫折耐受力上的比较

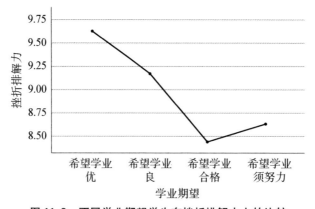

图 11.9　不同学业期望学生在挫折排解力上的比较

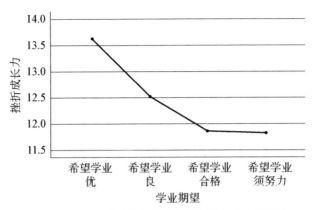

图 11.10　不同学业期望学生在挫折成长力上的比较

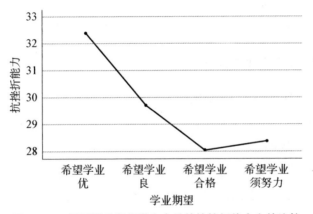

图 11.11　不同学业期望学生在总的抗挫折能力上的比较

结果表明,不同学业期望学生在挫折耐受力(F=23.977,$p<0.001$)、挫折排解力(F=11.302,$p<0.001$)、挫折成长力(F=24.929,$p<0.001$)和总的抗挫折能力(F=31.627,$p<0.001$)上都有显著差异。进一步用 LSD 法进行事后比较,在挫折耐受力、挫折排解力、挫折成长力和总的抗挫折能力上,都是学业期望优的比学业期望良、合格、须努力的高;以及,在挫折排解力上,学业期望良的比学业期望合格的高。所以,从以上实证的数据分析可见,个体要设置恰当的自我抱负水平,抱负水平不要太高,也不能太低;个体对自己有着积极的期望是非常重要的。

(二) 改变自我思维定式

个体在面临相同的压力或挫折事件时,往往因为自身原有的认知方式、思维角度不同而产生不尽相同的心理感受。个体如果能客观、积极地来看待挫折事件对自身的影响,将有助于减轻心理的困扰。而如果对所发生的事情只做简单的好或糟的评价,则一旦遭遇失败就容易增加个体的挫折体验。比如,学生因为某一门具体功课的考试成绩不理想,自身会有一种莫名的压力,想到考试失利对以后学习生活等产生不利影响,从而产生自我否定的评价,担心会成为老师和同学们心中的后进生形象,并由此害怕看到父母亲对自己学业失败感到震惊的样子,这也将成为其内在自我创伤的根源之一;或者有可能以偏概全,认为自己一事无成,从而进一步完全自我否定,并且自我评价非常低。这种非此即彼的思维方式,常常会给个体带来强烈的挫折感。但是,如果学生能够改变自己的思维认知方式,认识到此次考试失利只是一次意外,只要以后能努力奋起,就可以取得更好的成绩。或者认为"考试有压力正好是对自己的一种磨炼,考试不是负担,而是挑战",这样不仅能减少这件事情所带来的消极体验,而且还可以将它转化为激发自我潜能的强大动力。

(三) 进行积极的自我暗示

在学生进行挫折心理自我调适时,如果认为自己无法应对潜在的压力和挫败感,实际上是作出了负面的自我暗示。这种不合理的信念在某种程度上会干扰个体发挥内在自我调节的力量,从而使个体难以摆脱潜在的压力源。常见的情形是,学生认为一次考试失败也会影响其他考试,因而自我暗示"努力复习和不努力最终也没什么区别,最后都是不及格"。这就是典型的自我暗示给自我调适带来的负面影响。消极的自我暗示会给学生自我调适带来不利的影响,因而学生要通过积极的暗示来改变自我,从而使自身获得正面的收获。比如说某次考试不尽如人意,则暗示自己:"这次考试不好主要是前面努力不够的原因;我只要后期努力学习,成绩就一定能提高。"当学生在驳斥自己的不合理信念并积极进行自我激励的时候,就是在进行积极的自我暗示。积极的自我暗示可以使个体内心能够悦纳自我、接受自我,正确评价自我优缺点,认为自己虽然不够完美但一直在进步,并且会越来越好。正是得益于学生这种积极的自我暗示所带来良好的心态和行动,对于激发他们的潜能、情绪和生理状态等都会产生良好的作用并形成积极的自我意识。当学生面对挫折和压力时,可通过自身积极的自我暗示调动积极的心态来激发个体的内在潜能,从而达到自身心理状态的新的平衡,让自己以更加自信的姿态投入到挫折的应对中去。

(四)积极归因

本研究发现,抗挫折能力与成功能力归因、成功努力归因、失败努力归因都是正相关。在我们的生活环境中,不少学生即便获得了考试成功也经常只是采用运气好、老师批改试卷宽松等比较消极的归因方式,殊不知消极的归因方式对个人的成功感、抗挫折能力都没有裨益。比如,在我们的个案访谈中,有位初中生在近期的期末考试中成绩很好,比期中考试高了许多。他很高兴,但在多聊几句之后,只听他说是自己运气好而已,是复习到的试题都考到了。这不由让人感慨这位同学归因的消极。这提示我们在日常的教学过程中,可以指导学生进行成功能力归因、成功努力归因、失败努力归因。对于大中小学生个体来说,则是应该了解一些心理学常识,尽量学会进行积极归因。也就是说,在获得成功的时候,能看到自身的能力、努力,能将成功归因为能力和努力的结果;而在失败的时候,能将其归因为前期努力不够的结果,从而对日后的学习存有积极的预期,相信只要自己以后努力,就能获得成功。

(五)具有适当的自尊

自尊(self-esteem),即自我尊重,是个体对其社会角色进行自我评价的结果。本研究发现,抗挫折能力与自尊具有正相关;验证性因素分析也发现,自尊对抗挫折能力有直接的影响。所以,对于学生个体来说,具有较高的自尊是具有较高抗挫折能力的重要条件。在我们的个案研究中,有中小学生的自尊较低,对自己的评价较低,对自己的学习要求较低,期望较低,从而抗挫折能力也较低。因此,本研究非常建议大中小学生要正视自己的优点,对自己具有适度的期望,尊重自我。

第二节 保持积极的情绪

常言道:"人非草木,孰能无情。"情绪是人深刻的内心体验与感受。在个体成长的过程中,既有开心、快乐、喜悦、兴奋的时候,也有难过、悲伤、痛苦、遗憾的时候。处于学生时期,情绪波动会比较大;复杂而多变的情绪体验使得学生真切地体验着生活的丰富多彩,也感受到人生的酸甜苦辣。心理学家认为,不良的情绪是人类健康的潜在威胁。情绪可以说是人的心理状态的晴雨表,长期的不良情绪危及大中小学生正常心理健康发展,影响着生活的方方面面。因此,学生需要科学认识情绪,掌握情绪管理策略,管理和调适好自我的情绪,提升自身的抗挫折能力——即便遇到挫折也要保持积极的情绪。

一、积极情绪的功能

情绪是人对客观事物与人的需要之间关系的反映,是人对客观事物是否符合自己的需要而产生的体验,表现为喜、怒、哀、惧等内心体验。情绪是复杂的心理现象,其中包括认知活动、生理反应和行为表现。主观感受和体验是情绪最主要的构成成分,它涉及个体的认知活动以及个体对认知结果所进行的评价;行为表现、生理反应则是由个体的认知活动和个体对认知结果的评价所引起的。积极情绪是一种能够反映与环境相关的愉快情感,包括高兴、喜悦、兴奋、愉快、满足等。积极情绪不仅可以增进个体的身体健康和心理健康,与此同时还有助于增强个体抗挫折能力。

(一) 情绪对心理活动的作用

情绪是人的心理的重要组成部分,情绪对其他心理活动具有重要的作用。一般来说,积极情绪对心理活动具有适应功能、动机功能、组织功能和信号功能。首先,情绪具有适应功能,情绪调节是适应社会环境的重要方式。当人们在社会生活中遭遇困难或挫折的时候,如果放任情绪处于低谷只能是于事无补;而如果能调节自己的情绪,减轻焦虑和抑郁,则能更好地适应环境、克服挫折。所以,在遭遇挫折的时候保持积极的情绪是非常重要的方式。其次,情绪具有动机功能,情绪能激励人的行为,提高行动效率。试想,如果某学生考试失败,情绪较为紧张,在这个时候如果消极沉沦则学习成绩不可能得到提升,而如果能奋发努力,让自己的身心在考试失败的刺激下处于积极的活动状态,则可以提高学习效率,让自己在学习的过程中自然减轻挫折感。第三,情绪具有组织功能,积极的情绪可以影响个体的记忆、思维,让记忆变得轻松,让思维变得活跃。第四,情绪具有信号功能,个体可以通过面部表情、身段表情和言语表情来将自己的意愿和态度传递给自己及他人。保持积极的情绪可以让自己在面对挫折时更坚强勇敢一些。因此,个体保持健康、积极的情绪对于克服挫折、增强抗挫折能力等具有重要意义。

（二）情绪对生理活动的作用

情绪也会影响个体的生理活动。当客观事物无法满足个体需要的时候,可能引发难过、恐惧、憎恨、不安等消极的情绪体验。情绪反应在很大程度上取决于下丘脑、边缘系统、脑干网状结构和大脑皮层的活动;同时,情绪反应也会对个体的生理带来极大的影响。用书面语言表述情绪会影响我们的呼吸、血液循环、皮肤电反应、脑电反应及内外分泌腺的反应等。研究表明,内心充满矛盾、心情压抑、具有不安全感和不愉快情绪体验的个体,其内分泌紊乱、免疫力低下。经常的、持久的消极情绪容易引发过度神经紧张,导致身心疾病。举个例子来说,当你处于紧张、焦虑的情绪状态下的时候,你可能就不思饮食,没有吃饭的欲望;当你遭遇挫折的时候,当然也就很可能显出精神萎靡不振、消极颓废的样子。这就是情绪对生理活动的影响。

（三）有效的情绪管理促进身心健康

积极的情绪可以促使人的生理唤醒处于合适的水平,为个体认知加工提供有利的背景,使个体内分泌、消化系统等全身各系统的功能处于最佳活动状态,有利于增进个体的身心健康。在积极的情绪下,个体在实现个人进步和目标的时候体验到乐观、向上的心态,体验到成功感或被他人需要的积极感受。在此良好的心境状态下,使个体的情绪状态保持在一个相对稳定的层次,也有助于促进他们的社会适应,使得自身更好地与其他人相处,即使遭遇一定的挫折情境也可以更好地使个体主动适应环境和应对困难。或者可以说,有效的情绪管理可以使个体处于一种良性循环之中。

二、培养积极的情绪

积极情绪对个体的学习和生活发挥着重要作用,有助于提升抗挫折能力。个体应从以下方面来培养积极情绪,提高抗挫折能力。

（一）及时调适情绪

当我们出现一些不良情绪的时候,可以采用以下方法来加以调适。

1. 积极归因

情绪的产生与人的认识有直接的关系。正确地归因,找到问题的症结所在,并改变错误观念,是克服不良情绪的关键。首先,我们要觉察到自己的情绪,自己是因为什么事情而生气了,觉得无助了?其次,认清这件事情,并找出其原因。例如,我伤心了,是因为这次考试没有考好。我为什么会没有考好呢?是因为考试前没有认真复习,还是因为我本身缺乏这次考试所考察的能力?当然,我们会建议你,要相信自己的能力,要认识到考试没有考好,一般是没有复习好、没有准备好的缘故。只要下一次认真复习、认真准备,就肯定能考好。

2. 宣泄

宣泄的方法很多。具体来说,有:(1)倾诉。我们都知道培根的名言:"把快乐告诉一个朋友,将得到两份快乐;把忧愁向一个朋友述说,则只剩下半份忧愁。"再如,历史上"大禹治水"的故事也说明了"疏"比"堵"的作用更好。在你感到痛苦或烦恼的时候,如果能找到一个值得信赖的人倾诉一番,即便他不能给你什么好的建议,只要你将心里的痛苦说出来,你就会感觉心里畅快许多。(2)哭泣。哭是自我心理保护的一种措施,它可以释放不良情绪产生的能量,调节机体的平衡。哭是解除紧张、烦恼、痛苦的好方法。许多人在哭一场过后,痛苦、悲伤的心情就会大大减少。(3)较为剧烈的运动。跑步、打球等体育活动对改变不良情绪具有非常显著的效果。(4)发泄。如跑到无人的地方去大喊、大叫、摔打东西;把导致不良情绪的人和事写在纸上,想怎样写就怎样写、毫不掩饰地写、痛快淋漓地写,写完之后一撕了之等。但我们要注意的是,合理发泄不等于放纵、任性、胡闹。如果不分时间、场合、地点随意发泄,不仅不能调控好不良情绪,还会造成不良的后果。

3. 注意转移

注意转移就是把注意力从引起不良情绪的事情转移到其他事情上,可以做一些自己平时感兴趣的事或活动。比如,通过玩游戏、打球、下棋、看电影、读报纸、读小说、散步等有意义的活动,使自己从消极情绪中解脱开来,从而激发积极、愉快的情绪反应。再如,烦闷时,听听音乐;怒火一触即发,赶紧把舌头在嘴里转上几圈,或喝几口水、去打开窗户等。

4. 自我安慰

在考试或工作失败时,用"胜败乃兵家常事""失败是成功之母"来安慰自己;其他还有如"塞翁失马,焉知非福""亡羊补牢"等。

5. 积极的自我暗示

情绪激动时,暗示自己要"冷静些""不能发火"。和人发生不愉快时,暗示自己"先别慌,对人要有礼有节"等。

6. 放松法

可以采用腹式呼吸和肌肉放松相结合的方法。(1)做几次深呼吸:用鼻深吸一口气,感觉腹部鼓起来了,保持几秒钟,再由口缓缓呼出;(2)肌肉放松。要注意:要想真正地放松,需要先紧张,以感受二者的差别。你可以从自己愿意的任何部位开始尝试先紧张,后放松,如握紧拳头,保持尽量长的时间,然后再放松;绷紧手臂的肌肉,保持尽量长的时间,然后再放松;绷紧脚尖,保持尽量长的时间,然后再放松……

(二) 培养健康情绪

除了掌握一些调适情绪的常用方法,我们在日常还需要注意培养健康的情绪。

1. 正确看待人生和社会,保持乐观的态度

俗话说:"人无远虑,必有近忧。"我们要树立远大的理想,充实自己的精神生活。我们也要懂得自己的愿望和需要必须符合社会的要求和道德准则。个人是社会的一分子,要学会适应环境,恰当安排自己的生活,对生活保持热情和乐观的态度。

2. 学习别人健康的情绪反应

当我们容易陷入情绪的低谷时,不妨观察一下周围的人们:别人是否也像我一样容易生气? 其实,生气、怨恨反而是对自己的惩罚。在与人相处中,有的人对小事情斤斤计较,常常因别人的一点点错误而生气或怨恨不已,却没有想到这恰恰是对自己的惩罚。试想一下:在生别人的气时,你的心情舒畅吗?你生别人的气,别人知道吗? 为什么有的人整天乐呵呵的,不容易生气呢? 如果你注意到了这些问题,就应该及时加以改正,学习别人健康的情绪反应。

3. 广交朋友,参加有益的活动

在学生阶段,同学们可谓是朝夕相处,优美的校园也方便大家与朋友们沟通交流。在与朋友们相处的过程中,个体可以学到为人处世的方法,可以培养健康的情绪。与朋友一起参加一些有益活动,如器乐弹奏、集体体育、写作、书法等,还可以在其中陶冶性情、磨炼意志。

三、建立良好的人际关系

个体的情绪、抗挫折能力等与其人际关系有着紧密的联系。在本研究中,我们对人际关系不同的大学生在抗挫折能力上的情况进行了比较。

表11.7 不同人际关系在抗挫折能力上的平均数和标准差

	人际关系	人数	平均数	标准差
一般抗挫折能力	没有知心朋友	60	47.07	8.57
	有1至2个知心朋友	978	47.75	6.48
	有3个以上知心朋友	1752	50.04	6.58
	总和	2790	49.17	6.69
人际抗挫折能力	没有知心朋友	60	41.42	8.09
	有1至2个知心朋友	978	43.79	6.58
	有3个以上知心朋友	1752	46.39	6.71
	总和	2790	45.37	6.84
恋爱抗挫折能力	没有知心朋友	60	46.38	9.64
	有1至2个知心朋友	960	49.40	6.58
	有3个以上知心朋友	1724	51.32	6.42
	总和	2744	50.54	6.65

表11.8 不同人际关系在抗挫折能力上的比较(ANOVA)

		平方和	自由度	平均平方和	F值	显著性
一般抗挫折能力	组间	3561.230	2	1780.615	40.98	0.000
	组内	121093.580	2787	43.449		
	总和	124654.810	2789			
人际抗挫折能力	组间	5194.798	2	2597.399	57.85	0.000
	组内	125132.039	2787	44.898		
	总和	130326.837	2789			
恋爱抗挫折能力	组间	3323.600	2	1661.800	38.62	0.000
	组内	117944.227	2741	43.030		
	总和	121267.828	2743			

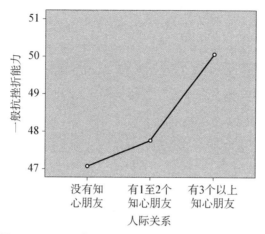

图 11.12　不同人际关系在一般抗挫折能力上的比较

结果表明,人际关系不同在一般抗挫折能力上有显著差异($F=40.98$, $p<0.001$)。进一步用 LSD 法进行事后比较,没有知心朋友、有 1—2 个知心朋友的一般抗挫折能力比有 3 个以上知心朋友的一般抗挫折能力低。

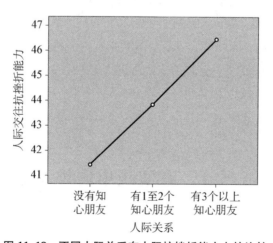

图 11.13　不同人际关系在人际抗挫折能力上的比较

结果表明,人际关系不同在人际抗挫折能力上有显著差异($F=57.85$, $p<0.001$)。进一步用 LSD 法进行事后比较,没有知心朋友的比有 1—2 个知心朋友、有 3 个以上知心朋友的人际抗挫折能力低;有 1—2 个知心朋友的也比有 3 个以上知心朋友的人际抗挫折能力低。

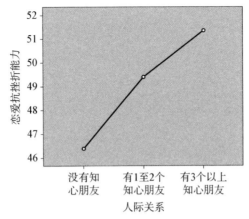

图 11.14　不同人际关系在恋爱抗挫折能力上的比较

结果表明,人际关系不同在恋爱抗挫折能力上有显著差异(F=38.62, $p<0.001$)。进一步用 LSD 法进行事后比较,没有知心朋友的比有 1—2 个知心朋友、有 3 个以上知心朋友的恋爱抗挫折能力低;有 1—2 个知心朋友的也比有 3 个以上知心朋友的恋爱抗挫折能力低。

研究表明,在一般抗挫折能力上,没有知心朋友、有 1—2 个知心朋友的比有 3 个以上知心朋友的低。在人际抗挫折能力和恋爱抗挫折能力上,都是没有知心朋友的比有 1—2 个知心朋友、有 3 个以上知心朋友的低;有 1—2 个知心朋友的也比有 3 个以上知心朋友的低。这说明了人际关系的重要性。人际关系好的人,有困难、遇到挫折时,有地方可以倾诉,从而可以很好地容忍挫折、排解挫折,从挫折中成长。所以,在生活中,要注意有意识地建立良好的人际关系。

第三节　在实践中磨炼意志

人的一生中不可能不经历一定的困难和挫折,对于个体来说,如果能战胜困难、化解挫折就能够能把握机会、突破困境,实现自我设定的目标。而个体要想将挫折转化为机遇,就要在实践中磨炼自己的意志力。

一、意志与抗挫折能力

个体是否具有坚强的意志品质也是影响其挫折耐受力强弱、挫折排解力大小的重要因素。学生在面对学业压力、人际关系的适应以及就业压力等问题时,培养良好的意志品质,增加挫折耐受力、挫折排解力就显得尤为重要。

(一) 意志概述

意志是指自觉地确定目的,并根据目的来支配、调节自己的行动,克服各种困难,以实现目的的心理过程。如学生为了争取优异的成绩而刻苦学习,即便经历了某次考试失败等挫折,还是得调整情绪、继续努力。

意志行动是有目的的行动;意志行动与克服困难相联系。意志体现在意志行动之中,而意志行动受到意志的支配和调节。意志行动是有目的的行动,它有发生、发展和完成的过程,可分为两个阶段:一是制订行动计划阶段,这是意志行动的准备阶段,表现为调整动机、确定目标、选择有效的策略和制订可行的行动计划等环节;二是执行决策计划阶段,是将准备阶段的决定付诸实施,将计划转化为实际行为,表现为克服困难,根据现有的经验教训,调整实施计划,最终实现目标的过程。

(二) 意志力与抗挫折能力的关系

在面对同样的挫折情境和挫折事件时,意志力强的人相较于意志力薄弱的人能够以坚忍不拔的毅力,持之以恒地自觉调节自我的心理和行为表现,积极面对现实,集中个人所有的资源来应对困难,始终坚持将原先的计划执行到底。意志力强的人在挫折面前仍然能够坚定自己的目标不动摇,他们具有较强的挫折适应能力、挫折耐受力,善于抑制和控制消极情绪,不容易气馁和产生动摇,能不断提升自信心。意志力弱的人在遇到挫折时,往往容易以消极应对的方式来加以回避,影响目标的实现,进一步降低自信心和对挫折的耐受能力。意志差的人,其挫折感通常较强,经常表现为情绪低落,不同程度地出现心理和行为异常。因此,学生个体要培养良好的意志品格来提升其抗挫折能力。

二、培养良好的意志品质

在面对挫折时,具有坚强意志品质的个体能够坚持原有目标不动摇,用百折不回的毅力有计划地完成目标,在持续克服内外部各种障碍和阻力之后,更容易接近成功。因此,在抗挫折能力培育的过程中,应根据大中小学生意志品质发展的特点,加强抗挫折能力的培养。

(一) 培养学生坚强的意志品质,做好应对挫折的教育

对于大中小学生来说,他们意志的自觉性、果断性、坚持性和自制力都有了一定的发展,能依据活动的性质和目的来独立作出判断,并且对于教师和家长的依赖性有所减少;但在面对相对困难的任务时或在遭遇挫折时,仍然会表现出一定的优柔寡断或者过于轻率,积极参与活动但受挫后往往容易表现出消极逃避的现象。针对学生阶段是学生意志品质形成的关键时期以及意志品质的主要特征,要注意加强他们意志自制力和坚韧性的培养,从而增强他们的抗挫折能力。

通过开展抗挫折意志品质培养活动,积极引导学生寻找古今中外历经磨难的名人抗挫折事迹。借助伟人给学生树立抗挫折的榜样,促使他们进一步了解良好意志对自身成长的作用,从而使学生对学校学习生活有更为深刻的理解和追求,确立昂扬进取的人生态度,保持乐观向上的精神斗志;培养他们既有适应环境和改变环境的能力,又有能忍受挫折或艰难困苦,并较为乐观自信的良好意志品质。

(二) 鼓励学生积极投身实践活动,不断锻炼自身意志

人的意志产生于实践,意志品格是在社会实践中不断培养和锻炼的。学生的心理品质还处于可塑性阶段,还不成熟。坚强的意志并非一个人天生就具有的,也难以在短时间内培养习得,而需要经过实践活动锻炼加以养成。挫折既具有给人以打击、带给人痛苦、消极体验的一面,同时也还具有教育和锻炼、催人奋进、从中得以提升和蜕变的积极的一面。生活中遇到的挫折和困难往往并不都是成长路上的绊脚石,更是一种激励学生自我成长的机会。平静、安逸的生活往往会使学生丧失斗志、甘于平庸;挫折和困难在使学生经受考验的同时能够有效提升抗挫折能力,使学生变得更加坚强。因而,学生应积极投身于社会实践活动之中,在社会实践的大熔炉中培养顽强的坚持精神和高度的自制力,锻炼自我品格,提升自我的意志力,培养坚强的意志品格。

三、积极争取锻炼自我的机会

不难想象,抗挫折能力与有无相关的挫折经验有着紧密的联系。即,如果遇到

的挫折是从来没有经历过或没有听说过的,个体没有相关的经验,在遇到挫折时就很难承受其压力;而如果遇到的挫折是曾经经历过或听说的,有一定的相关经验,则可以比较从容地应对。所以,对于大中小学生来说,在学校期间积极争取各种锻炼自我的机会是非常重要的事情。

对于大中小学生来说,最直接的争取锻炼自我的机会就是做学生干部了。为了说明争取锻炼自我的机会对提升抗挫折能力的作用,我们实证调研并分析了大中小学生担任学生干部情况在抗挫折能力上的比较情况。

(一) 大学生担任学生干部情况在抗挫折能力上的比较

对学生干部情况在抗挫折能力上的差异进行单因素方差分析,结果如下:

表 11.9 学生干部情况在抗挫折能力上的平均数和标准差

学生干部情况		人数	平均数	标准差
一般抗挫折能力	从未做过	543	47.86	7.01
	班级内做过	1 718	49.49	6.44
	院级	363	49.53	6.79
	校级	166	49.36	7.40
	总和	2 790	49.17	6.69
人际抗挫折能力	从未做过	543	43.96	6.85
	班级内做过	1 718	45.60	6.72
	院级	363	46.06	6.72
	校级	166	46.12	7.65
	总和	2 790	45.37	6.84
恋爱抗挫折能力	从未做过	528	49.48	6.99
	班级内做过	1 696	50.79	6.54
	院级	357	50.88	6.42
	校级	163	50.64	6.85
	总和	2 744	50.54	6.65

表 11.10 学生干部情况在抗挫折能力上的比较(ANOVA)

		平方和	自由度	平均平方和	F 值	显著性
一般抗挫折能力	组间	1 156.403	3	385.468	8.70	0.000
	组内	123 498.407	2 786	44.328		
	总和	124 654.810	2 789			
人际抗挫折能力	组间	1 446.791	3	482.264	10.43	0.000
	组内	128 880.046	2 786	46.260		
	总和	130 326.837	2 789			
恋爱抗挫折能力	组间	743.333	3	247.778	5.63	0.001
	组内	120 524.495	2 740	43.987		
	总和	121 267.828	2 743			

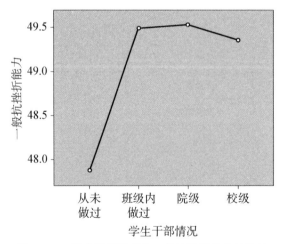

图 11.15 学生干部情况在一般抗挫折能力的比较

结果表明,不同学生干部情况在一般抗挫折能力上有显著差异(F=8.70, $p<0.001$)。进一步用 LSD 法进行事后比较,从未做过学生干部的一般抗挫折能力比班级内做过、院级、校级的都低。

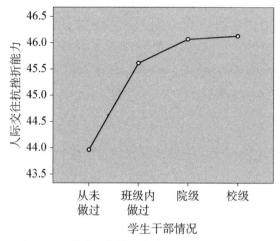

图 11.16　学生干部情况在人际抗挫折能力的比较

结果表明,不同学生干部情况在人际抗挫折能力上有显著差异($F=10.43$, $p<0.001$)。进一步用 LSD 法进行事后比较,从未做过学生干部的人际抗挫折能力比班级内做过、院级、校级的都低。

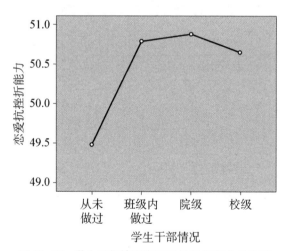

图 11.17　学生干部情况在恋爱抗挫折能力的比较

结果表明,不同学生干部情况在恋爱抗挫折能力上有显著差异($F=5.63$, $p=0.001<0.01$)。进一步用 LSD 法进行事后比较,从未做过学生干部的恋爱抗挫折能力比班级内、院级、校级的都低。

从以上的图表可以清晰地看出,从未做过学生干部的同学,其一般抗挫折能力、人际抗挫折能力、恋爱抗挫折能力比班级内、院级、校级做过学生干部的都低。这提示我们,从未做过学生干部的同学在经历人际困难等方面比做过学生干部的同学都较少,从而抗挫折能力较低。这也给同学们提出了一个建议:在学校读书期间,应该抓住机会,积极争取做学生干部,接受生活中的种种挫折的考验,从而提高自己的抗挫折能力。

(二) 中小学生担任学生干部情况在抗挫折能力上的比较

对中小学的学生干部情况在抗挫折能力上的差异进行单因素方差分析,结果如下:

表 11.11 学生干部情况在抗挫折能力上的平均数和标准差

	学生干部情况	人数	平均数	标准差
挫折耐受力	从未做过	516	8.79	2.636
	做过班级学生干部	1556	9.04	2.394
	做过校级学生干部	413	8.95	2.309
	总和	2485	8.97	2.434
挫折排解力	从未做过	516	9.45	2.119
	做过班级学生干部	1556	9.56	1.996
	做过校级学生干部	413	9.56	1.826
	总和	2485	9.53	1.995
挫折成长力	从未做过	516	12.99	2.819
	做过班级学生干部	1556	13.53	2.590
	做过校级学生干部	413	13.60	2.556
	总和	2485	13.43	2.642
抗挫折能力总分	从未做过	516	31.22	5.988
	做过班级学生干部	1556	32.12	5.587
	做过校级学生干部	413	32.10	5.303
	总和	2485	31.93	5.636

表 11.12 学生干部情况在抗挫折能力上的比较(ANOVA)

因变量		平方和	自由度	平均平方和	F 值	显著性
挫折耐受力	组间	24.580	2	12.290	2.077	0.126
	组内	14 689.217	2 482	5.918		
	总和	14 713.796	2 484			
挫折排解力	组间	5.076	2	2.538	0.638	0.529
	组内	9 881.300	2 482	3.981		
	总和	9 886.377	2 484			
挫折成长力	组间	125.968	2	62.984	9.082	0.000
	组内	17 212.888	2 482	6.935		
	总和	17 338.856	2 484			
抗挫折能力总分	组间	327.290	2	163.645	5.168	0.006
	组内	78 588.754	2 482	31.663		
	总和	78 916.044	2 484			

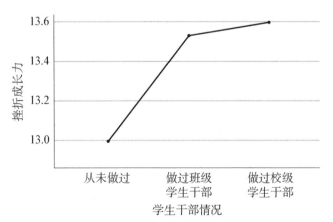

图 11.18 学生干部情况在挫折成长力上的比较

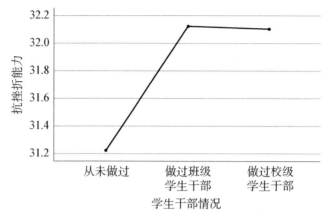

图 11.19　学生干部情况在总的抗挫折能力上的比较

结果表明,不同学生干部情况在挫折成长力($F=9.08$, $p<0.001$)和总的抗挫折能力($F=5.17$, $p<0.001$)上有显著差异。进一步用 LSD 法进行事后比较,从未做过学生干部的挫折成长力和总的抗挫折能力比做过班级学生干部和做过校级学生干部的都低。

以上实证调研结果都非常清晰地表明了,大中小学生在学校读书期间,应积极地参与竞争,在做学生干部的过程中,接受各种挫折的考验,从而提升自己的抗挫折能力。

综上所述,个体是抗挫折能力提升的主体,个体若能形成积极的认知、保持积极的情绪,并在实践中磨炼意志,则可以有针对性地提升自己的抗挫折能力。

小　　结

家庭教育、学校教育、社会教育作为个人抗挫折能力的小环境、中环境和大环境,分别发挥基础作用、促进作用和保障作用。这三种教育相互影响、相互作用,从而形成合力共同促进个体抗挫折能力的提升。

参考文献

[1] Aloba, O., Opakunle, T., & Ogunrinu, O. (2019). Psychometric characteristics and measurement invariance across genders of the Multidimensional Scale of Perceived Social Support (MSPSS) among Nigerian adolescents[J]. *Health Psychology Report*, 7(1): 69–80.

[2] Chamayou, J. L., Tsenova, V., Gonthier, C., Blatier, C., & Yahyaoui, A. (2016). French validation of the Frustration Discomfort Scale[J]. *Encephale-Revue De Psychiatrie Clinique Biologique Et Therapeutique*. 42(4): 325–332.

[3] Dahlem, N. W., Zimet, G. D., & Walker, R. R. (1991). The Multidimensional Scale of Perceived Social Support: A Confirmation Study[J]. *Journal of Clinical Psychology*. 47(6): 756–761.

[4] Dambi, J. M, Corten, L., Chiwaridzo, M., Jack, H., Mlambo, T., & Jelsma, J. (2018). A systematic review of the psychometric properties of the cross-cultural translations and adaptations of the Multidimensional Perceived Social Support Scale (MSPSS)[J]. *Health and Quality of Life Outcomes*, 16(1): 80.

[5] De Maria, M., Vellone, E., Durante, A., Biagioli, V., & Matarese, M. (2018). Psychometric evaluation of the Multidimensional Scale of Perceived Social Support (MSPSS) in people with chronic diseases[J]. *Annali Dell Istituto Superiore Di Sanita*, 54(4): 308–315.

[6] Gariepy, G, Honkaniemi, H., & Quesnel-Vallee, A. (2016). Social support and protection from depression: Systematic review of current findings in Western countries[J]. *The British Journal of Psychiatry*, 209(4): 284–293.

[7] Harrington, N. (2005). The frustration discomfort scale: Development and psychometric properties[J]. *Clinical Psychology & Psychotherapy*, 12(5): 374–387.

[8] Harrington, N. (2007). Frustration in tolerance as a multidimensional concept[J]. *Journal of Rational-Emotive & Cognitive-Behavior Therapy*, 25(3): 191–211.

[9] Harrington, N. (2011). Frustration intolerance: Therapy issues and strategies[J]. *Journal of Rational-Emotive & Cognitive-Behavior Therapy*, 29: 4–16.

[10] Laksmita, O. D., Chung, M. H., Liao, Y. M., & Chang, P. C. (2020). Multidimensional Scale of Perceived Social Support in Indonesian adolescent disaster survivors: A psychometric evaluation [J]. *PLOS ONE*, 15(3).

[11] Masten, A. S. (2019). Resilience from a developmental systems perspective[J]. *World Psychiatry*, 18(1): 101–102.

[12] Meindl, P., Yu, A., Galla, B. M., Quirk, A., Haeck, C., Goyer, J. P., Lejuez, C. W., D'Mello, S. K., & Duckworth, A. L. (2019). A brief behavioral measure of frustration tolerance predicts academic achievement immediately and two years later[J]. *Emotion*, 19(6): 1081–1092.

[13] Ozer, B. U., Demir, A. & Harrington, N. (2012). Psychometric properties of frustration discomfort scale in a Turkish sample[J]. *Psychological Reports*, 111(1): 117 - 128.

[14] Pushkarev, G. S., Zimet, G. D., Kuznetsov, V. A., & Yaroslavskaya, E. I. (2020) The Multidimensional Scale of Perceived Social Support (MSPSS): Reliability and Validity of Russian Version[J]. *Clinical Gerontologist*, 43(3): 331 - 339,

[15] Ramirez-Castillo, D, Garcia-Roda, C, Guell, F, Fernandez-Montalvo, J, Bernacer, J., & Moron, I. (2019). Frustration Tolerance and Personality Traits in Patients With Substance Use Disorders[J]. *Frontiers in Psychiatry*. 10: 421.

[16] Rosenzweig, S., & Rosenzweig, L. (1976). Guide to research on the Rosenzweig Picture-Frustration (P-F) Study, 1934 - 1974[J]. *Journal of Personality Assessment*, 40: 599 - 606.

[17] Rueger, S. Y., Malecki, C. K., Pyun, Y., Aycock, C., & Coyle, S. (2016). A meta-analytic review of the association between perceived social support and depression in childhood and adolescence[J]. *Psychological Bulletin*, 142(10): 1017 - 1067.

[18] Tabachnick, B. O., & Fidell, L. S. (2012). *Using Multivariate Statistics* (6th ed.) [M]. New Jersey, NY: Pearson Education.

[19] Tripaldi, S., Paparusso, M., Amabili, M., Manfredi, C., Caselli, G., Scarinci, A., Valenti, V., & Mezzaluna, C. (2018). Frustration Discomfort Scale (FDS). A Psychometric Study of the Italian Version[J]. *Journal of Rational-Emotive and Cognitive Behavior Therapy*. 36(3): 267 - 287.

[20] Wilson A., Yendork J. S., & Somhlaba N. Z. (2017). Psychometric properties of multidimensional scale of perceived social support among Ghanaian adolescents[J]. *Child Indicators Research*, 10(1):101 - 115.

[21] Yang, X. J., He, H. W. (2018). Developing a scale to measure undergraduates' antifrustration ability[J]. *Social Behavior and Personaltiy*, 46(4): 633 - 640.

[22] Yang, X. J., Li, X. L., Nian, D. Q., Xu, J. & He, H. W. (2022). Development and Psychometric Analysis of the Anti-frustration Ability Scale for Primary and Secondary School Students[J]. *Current Psychology*, (41): 8271 - 8279.

[23] Zimet, G. D., Dahlem, N. W., Zimet, S. G., & Farley, G. K. (1988). The multidimentional scale of perceived social support[J]. *Journal of Personality Assessment*, 52(1): 30 - 41.

[24] Zimet, G. D., Powell, S. S., Farley, G. K., Werkman, S., & Berkoff, K. A. (1990). Psychometric characteristics of the Multidimensional Scale of Perceived Social Support[J]. *Journal of Personality Assessment*, 55(3 - 4): 610 - 617.

[25] Zimet, G. D., Dahlem, N. W., Zimet, S. G., & Farley, G. K. (1988). The multidimentional scale of perceived social support[J]. *Journal of Personality Assessment*, 52(1): 30 - 41.

[26] 罗宾逊. 性格与社会心理测量总览[M]. 杨中芳,总校订. 台北:远流出版事业股份有限公司,1997: 169 - 171.

[27] 蔡琼霞. 初中生数学学习挫折的现状、成因及其对策研究[D]. 上海师范大学硕士论文,2004:5.

[28] 曹静梅. 对大学生挫折感的调查研究[J]. 心理学探新,1993(2):58 - 63.

[29] 车文博. 人本主义心理学[M]. 杭州:浙江教育出版社,2003.

[30] 车文博. 心理咨询大百科全书[M]. 杭州:浙江科学技术出版社,2001:9 - 10.

[31] 陈盛兴. 基于和谐心理视角开展大学生抗挫折教育[J]. 学校党建与思想教育,2012(27):66 - 67.

[32] 陈雯,陈新. 家庭背景因素对大学生心理健康的影响[J]. 中国全科医学,2008:966 - 968.

[33] 陈小玲,边和平. 挫折教育新论[M]. 徐州:中国矿业大学出版社,2015.

[34] 陈选华. 挫折教育引论[M]. 合肥:中国科学技术大学出版社,2006:74 - 78.

[35] 董金茂. 挫折教育的尺度与把握[J]. 教学与管理,2020:18 - 20.

[36] 董妍,王琦,邢采.积极情绪与身心健康关系研究的进展[J].心理科学,2012(2):487-493.
[37] 方鸿志.思想政治教育视域下大学生挫折教育研究[M].北京:中国社会科学出版社,2015.
[38] 冯江平.挫折心理学[M].太原:山西教育出版社,1991:78-80.
[39] 高峰,石瑞宝.大学生心理健康教育[M].北京:清华大学出版社,2020.
[40] 顾明远.以健康第一的教育理念筑牢学校体育在青少年成长成才中的基础[J].首都体育学院学报,2019(1):9-11.
[41] 郭晓飞.心理调节的原理和应用[M].北京:中国社会科学出版社,2006.
[42] 何金彩,唐闻捷.大学生心理健康与发展[M].杭州:浙江大学出版社,2005.
[43] 黄丽,姜乾金,任蔚红.应对方式、社会支持与癌症病人心身症状的相关性研究[J].中国心理卫生杂志,1996(4):160-161.
[44] 黄希庭.简明心理学辞典[M].合肥:安徽人民出版社,2004:53.
[45] 霍团英.公共治理视域下城市社区心理健康服务发展研究[J].浙江社会科学,2015(2):60-65,转157.
[46] 汪向东,王希林,马弘.心理卫生评定量表手册(增订版)[M].中国心理卫生杂志出版社,1999:131-133.
[47] 焦璨,尹菲,沈小芳,黄雨赋."老漂族"领悟社会支持对孤独感的影响——基于心理弹性、认知功能的中介作用[J].云南师范大学学报(哲学社会科学版),2020(1):80-87.
[48] 李宝丽.青少年心理健康成长的家庭影响及促进对策[J].中国教育学刊,2020(S1):12-13.
[49] 李海洲,边和平.挫折教育论[M].南京:江苏教育出版社,2001:22-23.
[50] 李嘉馨.影响挫折教育的家庭因素[J].现代教育科学,2011(6):51-52.
[51] 李晓峰,许占权,张旭东.大学生的挫折情境、挫折感现状解析[J].社会科学战线,2008(7):201-205.
[52] 林崇德,俞国良.中小学生心理健康教育指导纲要解读[M].北京:北京师范大学出版社,2013.
[53] 林雅芳.心理弹性[M].南京:江苏凤凰教育出版社,2014.
[54] 刘建锋,石静.学生心理健康教育[M].上海:上海交通大学出版社,2020.
[55] 刘志军,刘旭,李维.初中生乐观归因风格与抗挫折能力:自尊的中介作用[J].心理与行为研究,2016(1):64-69.
[56] 刘志军,刘旭.中学生抗挫折能力问卷的初步编制[J].内蒙古师范大学学报(自然科学汉文版),2016(3):413-417.
[57] 路晓英,孙峰,许明超.大学生心理健康教育[M].天津:天津科学技术出版社,2019.
[58] 罗利,周天梅.中学生感恩与主观幸福感的关系:抗挫折能力与社会支持的中介作用[J].心理发展与教育,2015(4):467-474.
[59] 马卡连柯.马卡连柯教育文集:上卷[M].吴式颖,编.北京:人民教育出版社,2005.
[60] [美]约翰·多拉德(John Dollard)、伦纳德·W.杜布(Leonard W. Doob)、尼尔·E.米勒(Neal E. Miller)、奥瓦尔·莫瑞尔(O. H. Mowrer)、罗伯特·西尔斯(Robert R. Sears)著.挫折与攻击(Frustration and Aggression)[M].邢雷雷,译.北京:中国人民大学出版社2018:9.
[61] 欧何生,黄泽娇,张旭东.大学生抗挫折心理能力对自杀意念影响的研究[J].心理学探新,2013(3):234-238.
[62] 商务印书馆辞书研究中心.新华词典[M].修订本.北京:商务印书馆,2002:158.
[63] 苏霍姆林斯基.给教师的建议[M].杜殿坤,译.北京:教育科学出版社,2016.
[64] 陶国富,王祥兴.大学生挫折心理[M].上海:立信会计出版社,2006.
[65] 汪向东,王希林,马弘.心理卫生评定量表手册(增订版)[M].中国心理卫生杂志社,1999.
[66] 吴文君,张彦通.基于社会性发展视角的大学生心理健康探析[J].河南大学学报(社会科学版),2017(2):124-130.
[67] 吴愈晓,王鹏,杜思佳.变迁中的中国家庭结构与青少年发展[J].中国社会科学,2018(2):98-

120,转 206 - 207.
- [68] 席居哲,桑标,左志宏. 心理弹性(Resilience)研究的回顾与展望[J]. 心理科学,2008(4):995 - 998.
- [69] 谢倩,陈谢平,张进辅,洪显利. 大学生犬儒态度与生活满意度的关系——社会支持的调节作用[J]. 心理发展与教育,2011(2):181 - 187.
- [70] 谢倩,朱丽芳. 贫困大学生心理健康状况与家庭环境关系[J]. 中国公共卫生,2008(8):945 - 946.
- [71] 严标宾,郑雪. 大学生社会支持、自尊和主观幸福感的关系研究[J]. 心理发展与教育,2006(3):60 - 64.
- [72] 杨强,叶宝娟. 感恩对青少年生活满意度的影响:领悟社会支持的中介作用及压力性生活事件的调节作用[J]. 心理科学,2014(3):610 - 616.
- [73] 杨秀君,韩晓月. 多维感知社会支持量表中文版在中小学生群体的信度和效度[J]. 中国临床心理学杂志,2021(5):952 - 955.
- [74] 杨秀君. 大学生学习挫折的现状调查及对策分析[J]. 高教探索,2013(1): 125 - 128.
- [75] 杨秀君. 大学生学习挫折量表的编制及信效度分析[J]. 中国学校卫生,2012(3):298 - 299,转 303.
- [76] 杨秀君. 失恋心理的调适与恋爱抗挫折能力的提高[J]. 思想理论教育,2013(8):91 - 94.
- [77] 杨秀君. 心理素质训练[M]. 上海:上海交通大学出版社,2010.
- [78] 杨秀君. 心理素质与人生[M]. 上海:上海交通大学出版社,2016.
- [79] 叶宝娟,胡笑羽,杨强等. 领悟社会支持、应对效能和压力性生活事件对青少年学业成就的影响机制[J]. 心理科学,2014(2):342 - 348.
- [80] 叶宝娟,杨雪,雷希,郑清. 网络社会支持对大学生网络助人行为的影响机制[J]. 中国临床心理学杂志,2018(6):1208 - 1214.
- [81] 叶宝娟,周秀秀,雷希,杨强. 亲子依恋对大学生利他行为的影响:领悟社会支持和人际信任的中介作用[J]. 中国临床心理学杂志,2020(2):265 - 268.
- [82] 叶奕乾,孔克勤,杨秀君. 个性心理学[M]. 上海:华东师范大学出版社,2016:28.
- [83] 于肖楠,张建新. 自我韧性量表与 Connor-Davidson 韧性量表的应用比较[J]. 心理科学,2007(5):1169 - 1171.
- [84] 詹姆斯·杜德斯. 21 世纪的大学[M]. 刘彤,等,译. 北京:北京大学出版社,2020.
- [85] 张飞燕. 青少年挫折产生的原因及其教育途径[J]. 湖南社会科学,2010(1):167 - 170.
- [86] 张丽霞. 大学生挫折承受力问卷的编制与应用研究[D]. 曲阜师范大学硕士论文,2008.
- [87] 张莉琴,赵彦军,吴蕊. 大学生挫折应对方式、家庭教养方式的相关研究[J]. 现代预防医学,2014(7):1249 - 1251,转 1254.
- [88] 张敏,卢家楣. 青少年情绪弹性问卷的研究报告[J]. 心理科学,2010(1):24 - 27.
- [89] 张旭东,车文博. 挫折应对与大学生心理健康[M]. 北京:科学出版社,2005:65 - 66.
- [90] 赵艳丽. 大学生心理辅导案例[M]. 青岛:中国海洋大学出版社,2007.
- [91] 郑日昌. 大学生心理卫生[M]. 济南:山东教育出版社,1999:95.
- [92] 周丽萍. 大学生学习挫折的消极表现刍议[J]. 重庆工学院学报,2005(5).
- [93] 周天梅,罗利. 中学生抗挫折能力问卷的编制[J]. 内江师范学院学报,2015(6):61 - 62.
- [94] 周天梅,张权伟,王超颖. 社会支持对中学生抗挫折能力的影响:一个链式中介效应模型[M]. 西南师范大学学报(自然科学版),2020(6):88 - 96.
- [95] 朱智贤. 心理学大词典[M]. 北京师范大学出版社,1989:89.
- [96] 民政部举行 2020 年第一季度例行新闻发布会[EB/OL]. http://www. mca. gov. cn/article/xw/mtbd/202001/20200100023083. shtml.
- [97] 中共中央、国务院. 关于进一步加强和改进大学生思想政治教育的意见[EB/OL]. http://www. moe. gov. cn/jyb_xwfb/gzdt_gzdt/moe_1485/tnull_3939. html.
- [98] 中华人民共和国教育部. 高等学校学生心理健康教育指导纲要[EB/OL]. http://www. moe.

gov. cn/srcsite/A12/moe_1407/s3020/201807/t20180713_342992. html

[99] 中华人民共和国教育部. 教育部关于加强普通高等学校大学生心理健康教育工作的意见[EB/OL]. http://www. moe. gov. cn/s78/A12/szs_lef/moe_1407/moe_1411/s6874/s3020/201001/t20100117_76896. html

附录

附录一:多维感知社会支持量表(MSPSS)[1]

亲爱的同学:您好! 本问卷是想了解当前学生的学习生活情况,与您的智力、学习成绩等没有关系。请仔细阅读每一个句子,将与您的实际情况相符的回答在相应"□"上打"√"。答案无对错之分,请如实回答,注意不要遗漏!

	不符合	不大符合	有点符合	符合
1. 当我需要帮助的时候,有某个人(比如我的老师)会陪在我身旁。	□	□	□	□
2. 我能够与某个人(比如我的老师)共享我的快乐与忧伤。	□	□	□	□
3. 我的家人总是尽力帮助我。	□	□	□	□
4. 我的家人给予我所需要的情感上的帮助和支持。	□	□	□	□
5. 当我有困难时,总会有某个人(比如我的老师)能让我感到安慰。	□	□	□	□
6. 我的朋友们总是尽力帮助我。	□	□	□	□
7. 遇到困难时,我可以依靠我的朋友。	□	□	□	□
8. 我能与家人谈论我遇到的问题。	□	□	□	□
9. 我拥有能分享我的快乐与忧伤的朋友。	□	□	□	□
10. 在我的生活中有某个人(比如我的老师),他/她关心我的感受。	□	□	□	□

---

[1] 杨秀君,韩晓月.多维感知社会支持量表中文版在中小学生群体的信度和效度[J].中国临床心理学杂志.2021(5):952-955.

续 表

	不符合	不大符合	有点符合	符合
11. 我的家人愿意帮助我做决定。	□	□	□	□
12. 我能向朋友们倾诉我遇到的问题。	□	□	□	□

计分：

多维感知社会支持量表的计分请使用计分卡。请根据计分规则，将自己的选择所代表的分数写在相应题号旁。

计分规则：

不符合，计1分；不大符合，计2分；有点符合，计3分；符合，计4分。

表 f.1　多维感知社会支持量表计分卡

	题号				分数
家人支持	3	4	8	11	
他人支持	1	2	5	10	
朋友支持	6	7	9	12	

对2488名中小学生知觉到的社会支持的数据进行描述性统计，各年级的平均数、标准差，及平均数±标准差的范围如下，供读者参考。

表 f.2　不同年级中小学生知觉到的社会支持的平均数和标准差

		平均数	标准差	最小值	最大值	范围
老师支持	三年级	13.33	2.95	4	16	10.38~16.28
	四年级	12.57	3.32	4	16	9.25~15.89
	五年级	13.96	2.83	4	16	11.13~16.79
	六年级	13.19	3.28	4	16	9.91~16.47
	初一	12.64	3.72	4	16	8.92~16.36
	初二	12.02	2.88	4	16	9.14~14.90
	高一	12.54	3.21	4	16	9.33~15.75
	高二	11.95	3.31	4	16	8.64~15.26
	总和	12.71	3.33	4	16	9.38~16.04

续 表

		平均数	标准差	最小值	最大值	范围
朋友支持	三年级	12.65	2.64	4	16	10.01~15.29
	四年级	12.64	2.95	4	16	9.69~15.59
	五年级	13.92	2.50	4	16	11.43~16.42
	六年级	13.47	3.03	4	16	10.44~16.50
	初一	13.23	3.35	4	16	9.88~16.58
	初二	12.60	2.34	6	16	10.26~14.94
	高一	13.53	2.82	4	16	10.71~16.35
	高二	13.04	2.91	4	16	10.13~15.95
	总和	13.21	2.95	4	16	10.26~16.16
家人支持	三年级	13.50	2.70	4	16	10.80~16.20
	四年级	13.13	2.75	4	16	10.38~15.88
	五年级	14.03	2.43	4	16	11.60~16.46
	六年级	13.59	2.62	4	16	10.97~16.21
	初一	13.22	2.92	4	16	10.30~16.14
	初二	12.86	2.52	6	16	10.34~15.38
	高一	13.04	2.77	4	16	10.27~15.81
	高二	12.66	2.78	4	16	9.88~15.44
	总和	13.20	2.76	4	16	10.44~15.96
社会支持总分	三年级	39.48	7.14	12	48	32.34~46.62
	四年级	38.34	7.29	13	48	31.05~45.63
	五年级	41.91	6.75	19	48	35.16~48.66
	六年级	40.26	7.36	15	48	32.90~47.62
	初一	39.10	8.48	12	48	30.62~47.58
	初二	37.48	6.54	23	48	30.94~44.02
	高一	39.11	7.43	12	48	31.68~46.54
	高二	37.65	7.63	12	48	30.02~45.28
	总和	39.12	7.61	12	48	31.51~46.73

附录二:自尊量表(SES)[①]

同学:你好!请你仔细阅读下面每一个句子,并将与你的实际想法相符的回答在相应"□"上打"√"。每题只能选择一个答案。答案无对错之分,希望你如实回答。回答时不要太费时考虑,也不要讨论,看懂后立即回答。注意不要遗漏!

	非常不同意	不同意	同意	非常同意
1. 我认为自己是个有价值的人,至少与别人不相上下。	□	□	□	□
2. 我觉得我有许多优点。	□	□	□	□
3. 总的来说,我倾向于认为自己是一个失败者。	□	□	□	□
4. 我做事可以做得和大多数人一样好。	□	□	□	□
5. 我觉得自己没有什么值得自豪的地方。	□	□	□	□
6. 我对自己持有肯定的态度。	□	□	□	□
7. 整体而言,我对自己感到满意。	□	□	□	□
8. (我总是觉得自己不够好)我要是能看得起自己就好了。	□	□	□	□
9. 有时我的确感到自己很没用。	□	□	□	□
10. 我有时认为自己一无是处。	□	□	□	□

SES 计分卡

非常不同意=1分　不同意=2分　同意=3分　非常同意=4分(**带 * 的反向计分**)

表 f.3　SES 量表计分卡

题号										总分
1	2	*3**	4	*5**	6	7	*8**	*9**	*10**	

[①] Rosenberg, M. (1965). 自尊量表. 普林斯顿大学出版社. 见:杨中芳总校订,性格与社会心理测量总览[M]. 台北:远流出版事业股份有限公司,1997:169-171.

解释：

自尊是人们赞赏、重视、喜欢自己的程度。你可以从自己的得分高低初步评价自己的自尊程度。

附录三：自评抑郁量表(SDS)[①]

以下列出了20个条目，请仔细地阅读每一条，然后根据最近一周或一个月的情况，在相应"□"上打"√"。注意不要遗漏！

下面开始答题：

	没有或很少时间	小部分时间	相当多时间	绝大部分或全部时间
1. 我感到情绪沮丧，郁闷	□	□	□	□
2. 我感到早晨心情最好	□	□	□	□
3. 我要哭或想哭	□	□	□	□
4. 我夜间睡眠不好	□	□	□	□
5. 我吃饭像平时一样多	□	□	□	□
6. 我与异性接触时和以往一样感到愉快	□	□	□	□
7. 我感到体重减轻	□	□	□	□
8. 我为便秘烦恼	□	□	□	□
9. 我的心跳比平时快	□	□	□	□
10. 我无故感到疲劳	□	□	□	□
11. 我的头脑像往常一样清楚	□	□	□	□
12. 我做事情像平时一样不感到困难	□	□	□	□
13. 我坐立不安，难以保持平静	□	□	□	□
14. 我对未来感到有希望	□	□	□	□

[①] 汪向东,王希林,马弘.心理卫生评定量表手册(增订版)[M].中国心理卫生杂志社,1999年版.

续 表

	没有或很少时间	小部分时间	相当多时间	绝大部分或全部时间
15. 我比平时更容易激怒	☐	☐	☐	☐
16. 我觉得决定什么事很容易	☐	☐	☐	☐
17. 我感到自己是有用的和不可缺少的人	☐	☐	☐	☐
18. 我的生活很有意义	☐	☐	☐	☐
19. 假若我死了别人会过得更好	☐	☐	☐	☐
20. 我仍旧喜爱自己平时喜爱的东西	☐	☐	☐	☐

计分：

SDS 量表(Self-rating Depression Scale,自评抑郁量表)的计分请使用计分卡。请根据计分规则,将自己的选择所代表的分数写在相应题号旁。

计分规则为：

计分卡中,第一行题号为正向计分,规则为：没有或很少时间＝1分,小部分时间＝2分,相当多时间＝3分,绝大部分时间＝4分；

第二行反向计分的题号则相反,即：没有或很少时间＝4分,小部分时间＝3分,相当多时间＝2分,绝大部分时间＝1分。

写好后,请计算出总分。

表 f.4　SDS 量表计分卡

计分	题号									总分
正向计分	1	3	4	7	8	9	10	13	15	19	
反向计分	2	5	6	11	12	14	16	17	18	20	

评分方法：

将总分除以80,即总分/80＝_____

若＜0.5,则表示无抑郁症状；若0.5～0.59,则表示有轻度抑郁症状；若0.6～0.69,则有中度抑郁症状；若＞0.7,则有重度抑郁症状,请进行必要的心理咨询。

附录四：自评焦虑量表(SAS)[1]

以下列出了20个条目，请仔细地阅读每一条，然后根据最近一周或一个月的情况，在相应"□"上打"√"。注意不要遗漏！

下面开始答题：

	没有或很少时间	小部分时间	相当多时间	绝大部分或全部时间
1. 我觉得比平时容易紧张或着急	□	□	□	□
2. 我无缘无故在感到害怕	□	□	□	□
3. 我容易心里烦乱或感到惊恐	□	□	□	□
4. 我觉得我可能将要发疯	□	□	□	□
5. 我觉得一切都很好	□	□	□	□
6. 我手脚发抖打颤	□	□	□	□
7. 我因为头疼、颈痛和背痛而苦恼	□	□	□	□
8. 我觉得容易衰弱和疲乏	□	□	□	□
9. 我觉得心平气和，并且容易安静坐着	□	□	□	□
10. 我觉得心跳得很快	□	□	□	□
11. 我因为一阵阵头晕而苦恼	□	□	□	□
12. 我有晕倒发作，或觉得要晕倒似的	□	□	□	□
13. 我吸气呼气都感到很容易	□	□	□	□
14. 我的手脚麻木和刺痛	□	□	□	□
15. 我因为胃痛和消化不良而苦恼	□	□	□	□
16. 我常常要小便	□	□	□	□

[1] 汪向东，王希林，马弘. 心理卫生评定量表手册(增订版)[M]，中国心理卫生杂志社，1999年版．

续 表

	没有或很少时间	小部分时间	相当多时间	绝大部分或全部时间
17. 我的手脚常常是干燥温暖的	☐	☐	☐	☐
18. 我脸红发热	☐	☐	☐	☐
19. 我容易入睡并且一夜睡得很好	☐	☐	☐	☐
20. 我做噩梦	☐	☐	☐	☐

计分：

SAS 量表(Self-rating Anxiety Scale，自评焦虑量表)的计分请使用计分卡。请根据计分规则，将自己的选择所代表的分数写在相应题号旁。

计分规则：

没有或很少时间＝1分，小部分时间＝2分，相当多时间＝3分，绝大部分时间＝4分；**带 * 的**反向计分，记分方式刚好相反，即：没有或很少时间＝4分，小部分时间＝3分，相当多时间＝2分，绝大部分时间＝1分。

表 f.5 SAS 量表计分卡

题号										总分
1	2	3	4	*5**	6	7	8	*9**	10	
11	12	**13***	14	15	16	**17***	18	**19***	20	

评分方法：

用总分乘以 1.25，即总分×1.25 → 取整数部分(25～100)，分界值为 50。

测量好后，请思考，自己的焦虑、抑郁情况如何？有必要去寻求心理咨询师的帮助吗？

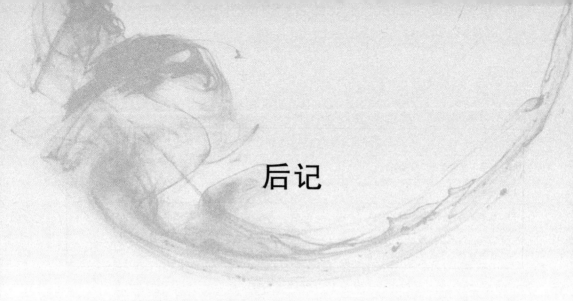

后记

本研究能顺利进行,特别要感谢上海市哲学社会科学规划办公室和中共上海市委宣传部。本研究有幸被批准为上海市哲学社会科学规划课题(2021FZX007),这对于我来说,不仅是资金上的资助,更是精神层面的激励。我的心中充满了感激之情!这种感激、感恩的心情,激励我认真、努力,累并快乐地完成课题!

非常感谢国家留学基金管理委员会。本研究得到中国国家留学基金资助(CSC NO. 202206895004),让我在德国海德堡大学(Ruprecht-Karls-Universität Heidelberg)访学期间能继续专注于本书的写作。本研究还被批准为中国青少年研究会2023年度重点课题(2023A10),让我在写作中有了更全面的思考。

非常感谢华东师范大学心理与认知科学学院的孔克勤教授多年来对我的培养。孔老师是我硕博连读的导师,我所有的研究成果都富含了导师的期许,在此对孔老师和师母表示衷心的感谢。

非常感谢德国海德堡大学的Sabina Pauen教授邀请我到海德堡访学,让我在海德堡收获了许多的灵感和启示。

非常感谢我的工作单位上海大学的各位领导、老师和同学们,没有大家的鼓励和支持,我难以完成本书的写作。

非常感谢我的父亲杨盛德、母亲徐名兰、姐姐杨秀群、姐夫王西能、侄女王彬洁、丈夫何华武、女儿何依杨等给我的支持和鼓励,特别是我亲爱的女儿在海德堡的朝夕相伴让我的生活既丰富多彩也充满甜蜜。感谢胡金辉、何华忠、邓蔚、何华兰、刘洪兴、何华月、罗亚美、何华柏、范文斌、肖言凤、谭松涛、谢玉兰、杜陈猛、高忠群、申崇明、杨洁、张丽、许静等对我的关心和帮助。

非常感谢华东师范大学出版社教育心理分社彭呈军社长,认可该书的价值并提出宝贵的修改意见。感谢编辑同志们!

感谢我的博士生年大琦、李晓璐、杨超杰、薛敏霞,硕士生杨晓丽、朱晓颖、张娟、葛蓓蓓、梁晓辉、何红炬、章敏、吴盈英、马建建、王亚莉、岑定国、朱丽、刘亚丽、经韵、韩晓月、魏迪、彭思敏、刘盈莹、严湘和本科生邓童等的支持，帮助我在搜集资料、实证调查等过程中能顺利前行。感谢对我们的研究给予理解和支持的同学们，是你们的配合，你们的认真，让本研究得到了宝贵的第一手资料，请谅解在此不能一一列出各位的姓名。

在本书写作的过程中，参考了许多前人的研究，也许在参考文献中未能一一列举，在此表示衷心的感谢！感谢所有对本书的出版给予帮助的人。由于时间和能力所限，书中存在的不足之处敬请读者指正。批评和建议请发送至电子邮箱：yxiujun@126.com。谢谢！

杨秀君

2023 年 1 月 10 日